NONGCUN ZONGZU
YU NONGCUN SHEQU JIANSHE YANJIU

农村宗族
与农村社区建设研究

贾先文 著

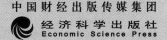

中国财经出版传媒集团

经济科学出版社
Economic Science Press

图书在版编目（CIP）数据

农村宗族与农村社区建设研究/贾先文著. —北京：经济科学
出版社，2018.10
ISBN 978 – 7 – 5141 – 9715 – 0

Ⅰ.①农… Ⅱ.①贾… Ⅲ.①农村 – 宗族 – 研究 – 中国②农村
社区 – 社区建设 – 研究 – 中国 Ⅳ.①K820.9②D669.3

中国版本图书馆 CIP 数据核字（2018）第 207305 号

责任编辑：周国强 毛羽健
责任校对：郑淑艳
责任印制：邱 天

农村宗族与农村社区建设研究

贾先文 著

经济科学出版社出版、发行 新华书店经销
社址：北京市海淀区阜成路甲 28 号 邮编：100142
总编部电话：010 – 88191217 发行部电话：010 – 88191522
网址：www.esp.com.cn
电子邮件：esp@esp.com.cn
天猫网店：经济科学出版社旗舰店
网址：http://jjkxcbs.tmall.com
北京财经印刷厂印装
710×1000 16 开 15 印张 240000 字
2018 年 10 月第 1 版 2018 年 10 月第 1 次印刷
ISBN 978 – 7 – 5141 – 9715 – 0 定价：68.00 元
（图书出现印装问题，本社负责调换。电话：010 – 88191510）
（版权所有 侵权必究 打击盗版 举报热线：010 – 88191661
QQ：2242791300 营销中心电话：010 – 88191537
电子邮箱：dbts@esp.com.cn）

　　本研究系国家社科基金项目"农村社区建设与农村宗族研究"部分成果，获得湖南省高校科技创新团队"农地流转与农业经营方式转变研究"、湖南省应用特色学科"应用经济学"、湖南省社会科学研究基地"现代农业经营方式研究基地"及湖南省洞庭湖生态经济区建设与发展协同创新中心的资助。

前　言

　　农村社会转型、全能政府退出，农村社会问题下沉社区，社会问题社区化，凸显农村社区建设意义重大、任务繁重而艰巨。党和政府审时度势地提出了加强农村社区建设的重大策略，出台了一系列政策，取得了较大的成效。但是离预期的目标还存在着一定差距。脱离农村社区实际、不注重社区内部力量的发动与挖掘是其重要因素之一。农村社区建设应该植根本土文化，尊重农村现实，走"内源式"的发展道路，利用"内源式"的发展力量。农村"聚族而居"的现实是农村社区建设必须面对和考虑的重要元素，也是可以充分利用的内源性资源。将农村宗族与农村社区建设结合起来，实质上就是将人的研究与物的研究结合起来，体现了以物为中心转变为以人为中心的新发展观。正确引导、有效改造宗族，合理利用农村社区传统因素的正能量，消除其不利影响，对落实国家政策、推进城乡统筹发展、改进农村社区发展现状、推动农村经济社会协调和谐发展具有重要的理论与实践意义。

　　本书首先从理论上分析了政府与市场在农村社区建设中存在的缺陷，提出了宗族社会资本也是配置资源的重要手段，突破了农村社区建设中政府与市场"二分法"，形成了政府—市场—社会资本"三分法"，论述了宗族社会资本对政府与市场缺陷的补充作用，建立了一个农村宗族作用于农村社区建设的机理模型，剖析了农村宗族网络机制、道德舆论机制、信任与规范机制、声誉机制对农村社区建设的作用机理，作为后续研究的理论基础与理论依据。

　　其次，从实证上对嬗变中的农村宗族与转型中的农村社区建设的适应性进行了论证，并重点分析了农村宗族对农村社区经济建设、社区治理的积极与消极影响，并分别提出了路径选择：顺应农村宗族血缘纽带关系，建立健全农村社区经济共同体和社区文化生活共同体，"两驾马车"共同推动农村社区协调发展，共创和谐家园。

最后，从宏观上分析了政府的政策措施，提出了打破传统思维，尊重"聚族而居"的现实，发挥宗族在农村社区建设中的作用；创新社会管理，发挥政府调控和法律规约作用，引导宗族向现代农村社区组织转化；健全政府服务功能，孵化农村社区组织，弥补宗族的不足。以此，达到合理利用、正确引导、有效改造宗族，促进农村社区经济持续发展和社区生活幸福和谐。

目录
CONTENTS

第一章
绪　论

　　农村社区建设应走"内源式"的发展道路，注重挖掘"内源式"的资源，利用"内源式"的发展力量。农村宗族与农村社区在地缘范围上基本是重合的。这种在传统社会时期对人类社会的生存、繁衍与发展曾发挥过重大作用的组织，目前仍然具有较大的影响。农村宗族的存在和农村"聚族而居"的现实是新农村建设和农村社区建设必须面对和考虑的重要元素。正确引导、有效改造宗族，合理利用农村社区传统因素的正能量，挖掘"内源式"力量，以政府和市场为主体，宗族等"内源式"力量为补充，构筑农村社区经济共同体和文化生活共同体，推动农村社区协调发展，维护农村社区利益，促进农村社区经济持续发展和社区生活幸福和谐。

一、研究的背景

　　如黑格尔所言：存在即合理。农村宗族在社区内长期存在必有其合理性。又如费孝通（1985）所言："从基层上看去，中国社会是乡土性的。"中国人从古代就以农业为谋生手段，而农业和游牧或工业不同，它是直接取资于土地的。游牧的人可以逐水草而居；做工业的人可以择地而居；而种地的人却搬不动地。因而，"以农为生的人，世代定居是常态，迁移是变态。"一块地被占有后，经过几代的繁殖，就形成了居住在一起的宗族。由此，中国农村社区"聚族而居"，从古至今农村社区与宗族不可分离，族是家的纽带。农村社区的基本单位是村落，但村落的基本细胞并不是家庭，"家庭只是社会圈子中的一轮……家的结构不能限于亲子的小组合，必须加以扩大……于是家的性质变成了族"（费孝通，1985）。农村社区与农村宗族在时空上都是并存的。尤其是中国传统社会"除了家（宗）族外，就没有社会生活"（梁漱溟，1983）。在工业文明的驱使下，特别是在市场经济的作用力下，我国宗族与社区都发生了剧变。根据农村居民"聚族而居"以及农村社会转型、社会问题社区化、农民"原子化"以及农村宗族变化的现实，客观分析农村宗族对农民的现实意义，正确认识农村宗族在新农村建设及农村社区建设的作用、正确评价农村宗族与农村现代化的关系，把农村宗族与农村现代社区建设结合起来，实际上就是将血缘与地缘结合起来，将人与社会结合起来，不断地改造宗族，消除不利影响，发挥其积极作用，以发展农村社区，促进农村社会经济协调发展、促进人性复归具有重要的理论与现实意义。

（一）农村社会转型与农村社会问题社区化

就全球而言，人类社会发展与社区发展的关系，经历了依靠社区、弱化社区、重建社区的过程。在农耕文明时期人们依靠社区发展谋求社会发展与共同福利，在工业化时期人们弱化传统社区而依靠国家与市场制度促进社会进步，在后工业时代人们重新依靠社区来促进社会发展。就我国而言，在社会转型条件下，新、旧矛盾与冲突加剧，农村社会问题凸显，许多农村社会问题下沉社区，农村社会发展需要以社区为平台，通过社区，经由政府、社区、社区居民等多种主体合作加以解决。

我国农村社会正在进行剧烈转型，从传统的、分散的小农、自然经济向现代化、组织化、商品化、市场化转化，由"人治"向"法治"转化，由一元文化向多元文化转化，并由此带来了一系列社会问题。尤其是，改革开放以来，我国社会结构从"政府一元化结构"向"政府、市场、社区三元化结构"转变，在这一转变过程中，各种社会组织承担的社会职能进行分化与分工，社会问题向社区集中，而政府对农村的控制力减弱，农村出现了权力真空；政府将不该管、管不了、管不好的职能转移给社会、社区。这使得农村社区在农村基层社会生活中的地位和作用日益凸显，社会问题也向农村社区集中，需要农村社区解决。首先，农村老龄化问题。在我国农村老年人不断增加的背景下，由于人口的流动，农村出现了"空巢"现象。根据民政部发布《2015 年社会服务发展统计公报》，截至 2015 年底，全国 60 岁及以上的老年人口有 2.22 亿人，占总人口比例的 16.1%，65 岁及以上人口 1.4386 亿人，占总人口比例的 10.5%。这些老年人中 3/4 居住在农村（高瑞琴、叶敬忠，2017）。加上家庭结构变化及其功能弱化，人口老龄化给农村社区的养老服务、医疗保障、老人照顾等公共服务带来一系列压力，政府与市场难以解决此问题，这需要农村社区根据自己的情况，在政府帮助下提供公共服务。其次，农村留守儿童问题。据全国妇联儿童工作部调研显示：目前，全国农村留守儿童总数超过 6100 万人，每 5 个儿童中就有 1 个是农村留守儿童（戴建兵，2017）。留守儿童缺乏亲情，性格孤僻，心理障碍严重，部分留守儿童已成为青少年违法犯罪的高危人群。另外，人口流动后的农村治理、农业经济发展问题较为突出。这一系列下沉社区的问题还得依靠其生活的社区组织解决，其中宗族可以发挥作用，以社区宗族为纽带让没有亲情、孤独无助的老人、孩子有归属感，通过具有血缘关系的宗族传递亲情、解决其心理障碍，以宗族为纽带进行合作，利用农村社会资本搞好农村治理、发展农村经济。

特别值得一提的是农村社会转型出现了一系列的社会问题，出现了一系列的群体事件，很多群体事件与宗族有千丝万缕的联系，一些农村社区的土地、山林、矿产资源等纠纷最后演化为宗族之争或宗族采用极端的手段抗衡政府。宗族的参与起到了维护社区利益的作用，但是也带来了一些负面影响。如何利用宗族的积极因素、引导或消除宗族的消极因素、化解社区矛盾是我们应该思考的问题。

（二）农村社区组织匮乏背景下的农村宗族作用

目前，我国农村组织缺乏，一般仅存在村委会等正式组织以及宗族等非正式组织。人民公社解体以来，特别是废除农业税以来，村委会的作用越来越小，而宗族的作用越来越大。总体上，我国农村组织偏少，农村组织化程度低，导致农村和农民没有被有效地组织起来，表达诉求的能力弱，由此，需要一种权威或组织来保护农民利益，而转型期农村利益分化，维持"家庭"和"国家"之间关系新纽带的农民群体组织未建立的时候,当代宗族才得以在农村普遍复兴,并发挥巨大作用(汪忠列,2005),成为农民利益自我保护组织。原生态的宗族给社区居民归属感和信任感,它不同于外生的人民公社时期的大队和家庭承包责任制的村委会,"对宗族的需要主要不是功能性的,而是内源性的"(钱杭,1995)。宗族是农村内源式发展的重要力量,而内源式发展是农村发展之本。农民之所以需要宗族"并不是因为要把宗族并为一种政治的、经济的、私法的或社会的组织……主要是因为在目前的社会格局中,宗族几乎是唯一一种可以真正与他们自己的实际生活结合在一起的自治性团体的形式"(钱杭,1995)。通过宗族活动,"不仅满足了自己对历史感和归属感的需求,更重要的是寻找到了连接现实与传统的中介"(钱杭,1995)。

党和政府意识到了农村社区组织是影响农村经济社会发展的重要缘由,由此急切希望通过组织化来发展农村经济社会、解决"三农"问题。不可否认,传统宗族有其落后的一面,允许其生存与发展、允许利用其来组织农民需要一个过程,这也是党和政府不断调整认识的过程,因为目前的宗族并非传统的宗族,它已转型,并不是现代化建设的对立物。因而,我们要改造人们观念,必须进入民众生活,真切地感受、认知民众仍在传承的文化或生活习惯,而不是根据自己奉行的准则贴标签,随之就是棒子的威胁或者糖的引诱(李小东、赵旭东等,2008)。可喜的是党和政府实现了从"大一统"的单一思想向包括容纳宗族观念在内的开放性、多元化思想发展,为农村宗族复兴提供了机遇。于是,20世纪80年代以来,沉寂多年的村落社区宗族势力在广大农村地区纷纷复兴,特别是在东南沿海及华南地区非常活跃。虽然不能排除其消极影响,但是对组织农民、维护农民自己的利益、解决农村社区问题在客观上起到了一定的积极作用。

(三)新农村建设背景下农村社区居民对乡土宗族文化的认同

"生产发展、生活宽裕、乡风文明、村容整洁、管理民主"是社会主义新农村建设的二十字方针。而新农村建设实际上就是一个新农村建设运动。新农村建设运动的实现需要植根于一种文化认同的基础上,得到居民的支持。

农村宗族是社区的内生力量，在新农村建设的内源式发展模式中是一种重要的内生力量。就农村而言，居民信赖自己的祖宗，并不断地继承与发展。农村居民对自己乡土宗族文化的认同是建设新农村、发展和改进社区的基础。实践证明：一味地企图通过城市文明观念改造乡村社会这一措施或者用城市社区模板来建设农村社区的"符号暴力"是行不通的。梁漱溟、费孝通等学者曾在中国农村开展了一场场声势浩大的乡村建设运动，希冀改变农村、促进农村发展。但是效果不好，存在着"号称乡村运动，而乡村不动"的困境，出现了"……我们动，他们不动。他们不惟不动，甚至因为我们动，反来和他们闹得很不合适，几乎让我们作不下去"（梁漱溟，2006）。他们在乡村运动中企图通过精英文化、城市文化等来改造乡村面貌，但因为脱离了农村的实际，脱离了乡土宗族文化这一主流，将其视为落后的糟粕加以改造，势必与农村对立，得不到农民的认同而无法成功。其成果肯定是要么使乡村文化成为一片废墟，要么就是激起农村居民的抵抗（李小东、赵旭东等，2008）。通过千篇一律的措施无法有效解决新农村建设中的千差万别的农村问题。宗族定性和定位是探求现代化之路必不可少的一环（陆相欣，2006）。因而，应该发挥乡土文化优势，让乡土文化发出有价值的声音，"自下而上"地体现发展愿望。

（四）宗族现代化背景下的农村社区建设

宗族具有几千年的历史，长期以来宗族与社区交织在一起，共同促进社会发展。可以这么说我国农村社会的发展史就是一部宗族史。这样一个源远流长的传统组织和文化，其影响也是根深蒂固的，不是一日能消除的。马克思·韦伯认为中国是一个家族结构式的社会，具有地缘和血缘关系的家族组成社区共同体，构成了共同的风俗习惯、规范为纽带的自治体，在农村社会生活中发挥着重要的作用，是一个以传统为准绳的封闭、自律的社会生活组织、政治组织、社会组织，打上了父系和家长制的烙印。1927 年，毛泽东在分析中国社会性质时曾认为"家族系统"在中国社会结构中具有至关重要的地位①。孙中山认为中国社会的家族和宗族的团结力非常大，往往因为保护宗族起见，宁肯牺牲身家性命②（转引自：王沪宁，1991）。

我们把注意力转移到现在，人民公社废除后，宗族"复活"了，而且在农村经济社会中起到了一定的作用，说明了其生命力较大。但目前的宗族不等同于过去的宗族，随着社会发展，它也发生了变化，带有了现代的因素，赋予了新的内涵，具有了新的作用。实际上，在人们的生活中，传统与现代是相对而言的，没有绝对意义上的传统与现代，传统是过去的现代，现代是过去的延续，也是将来的传统，仍然在流行的传统必定有现代色彩，它与现代一起发展，将现代内化为自己的一部分。我国农村宗族的宗法、族长、族田制度基本消失，现代化因素和功能不断增加。这对我国党和政府提出的农村社区建设具有重要的意义。一方面，农村社区建设是植根于带有传统色彩的农村，不能脱离农村社会传统，绕开传统进行现代化建设是一句空话；另一方面，我们建成的社区应该是现代社区，需要用现代思想和理念来建设社区。因而，需要将农村宗族传统与现代结合，利用传统与现代力量发展农村社区。正如杨复兴、梁君林（2004）在《家庭组织的演变和重建家庭保障制度》一文中引用新加坡前总理李光耀的论述："在现代化的过程中，我们必须不惜任何代价加以避免的就是，我们决不能让三代同堂的家庭分裂。这种三代同堂的家庭结构坚固，具有抚育下一代、继往开来的巨大潜力。家庭把社会价值观念用潜移默化、而不是正式传授的方法传给下一代。如果我国社会要在不失去它的文化冲劲、同情心和智慧的情形底下自力更生，我们就必须得有这种珍贵的家庭结构。如果能保存这种三代同堂的家庭制度，我们的社会将是一个更快乐、更美好的社会。"由此，在政府的指导和支持下，应利用农村宗族的内生性和强大的凝聚力，利用传统宗族的现代化元素，居民不断地参与社区建设，增强团队意识，通过宗族维护自我利益，提高农村组织能力，并不断改造社区宗族，促进社区经济社会文化发展。

---

① 毛泽东：《毛泽东选集》合订本，第31页。
② 孙中山：《三民主义》，见《孙中山选集》，人民出版社1981年版，第617页。

（五）中国人"家"的处世哲学下的农村社区建设

西方国家的价值取向是以个人价值为基点的。中国人则不是，中国人不是以个人来面对政治、经济、社会问题的，而是以家为单位，或扩大了的家——宗族来面对困境的。因此，普遍三代以内的家族中一荣俱荣，一损俱损。希冀强行改变这种存在几千年的处世哲学，另起炉灶来为农民新建现代化的处世之道，不仅新的没有立起来，还破坏或丢掉传统的积极元素，使农民完全处于一种无规范化的处世原则状态，加大农民的"原子化"程度，影响农村社区建设。人们思想的改变不是一朝一夕的，应在继承中来扬弃传统。中国人"家"的处世哲学有其优点。某种程度上可以说，治理好一个家或宗族，也就安定了一个社区乃至一个地区。在现代化过程中，吸收"家"的处世哲学优点和养分，使之与现代化建设相适应，促进农村社区政治、经济和文化协调发展。

二、研究的目的和意义

通过研究农村宗族，利用宗族促进农村社区建设，促进农村社区经济、文化发展，促进公共产品供给，促进农村社区治理，满足农村居民的需求，实现农村经济社会持续协调发展。终极目的是实现城乡均衡发展，实现社会的公平与正义，实现人性复归。(1) 梳理农村社区与宗族的关系，探寻在现代化过程中如何利用传统因素来发展现代化、建设现代化的农村社区，促进社区经济、社会、文化的协调发展的同时，改造宗族，促进人的发展。(2) 提高农村组织化程度，促进社区发展。在阅读大量文献和进行大量的调研基础上，总结宗族在现代农村社区建设方面的功能，探寻发挥宗族在社区建设方面的积极作用，遏制其消极作用，通过宗族或其纽带作用来提高农村居民的组织化程度，促进社区发展，增强"三农"发展活力，探寻城乡均衡发展的路径，消除城乡二元化，实现社会的公平与正义。(3) 强化农村居民的参与，增加居民的幸福指数。随着经济社会的发展，人们表现出了更高的需求，追求自我实现。参与是实现自我、满足自我需求的重要手段。而宗族是农村居民认同的组织,是居民参与的有效载体。以宗族为纽带,促进农村居民的合作,培育其参与精神,有力地促进新农村建设与发展,改变农村社区居民的生产与生活方式,提高生活质量,使农村居民在习俗文化、归属感、价值观念等方面具有趋同性,使社区良性运行和协调发展。

本书将农村宗族与农村社区结合起来,实质上就是将人的研究与物的研究结合起来,将社区的一系列以物的法则为中心造成的社会问题通过宗族这一以人为本的法则来加以解决,体现了以物为中心转变为以人为中心的新发展观,必将推动农村经济社会协调发展。对落实国家政策、推进城乡统筹发展、改进农村社区发展现状、促进农村社会和谐发展具有重要的理论与实践意义;对升华其学科的内涵、推进学科发展具有重大理论意义;对促进社会公平与正义、增加社会居民的幸福指数,从而达到人性复归具有重要的现实意义。(1)理论意义。建设新农村是一项宏大的系统工程。从社区的角度来研究新农村的发展,并把农村宗族结合起来,研究农村社区的发展与宗族之间的关系,能调节社会基本矛盾,理顺人与社会的关系,对促进农村社会和谐发展具有重要的理论意义。(2)实践意义。研究农村社区的发展与宗族之间的关系,起到协调农村居民与社区的资源、环境和社会的关系,符合农民以家(或家族)为单位的处世哲学,利用农村宗族社会资本或增加农村社会资本的存量,解决人们最关心、最直接、最现实的利益问题,解决“三农”问题,对和谐农村社会的构建具有重要的实践意义。(3)学科意义。本书将农村宗族与农村社区结合起来,实际上将血缘(宗族)与地缘(社区)结合起来,将传统与现代、国家与社会、治理与民主有机结合,利用经济学、社会学、管理学来研究看似纯社会学的相关领域。它对学科的发展,尤其是对公共管理学、行政管理学、公共经济学的发展具有重要的贡献。它从宗族的视角研究社区建设,将传统宗族治理与现代社区治理融入公共管理学、行政管理学、公共经济学乃至于纯经济学的资源配置之中,能升华其学科的内涵,为经济学、管理学、社会学在“社区”层次的理论与实践研究开创一片新领域。它有利于从宗族视角研究社区经济、文化、治理和公共服务的供给,是对经济学、管理学、社会学,尤其是对公共管理学、行政管理学、公共经济学学科的丰富和发展。(4)人性意义。新中国成立后,我国宗族受到了前所未有的瓦解，但几千年来人们以"血缘"为依托的互助共济形式没有消亡，在人民公社制度取消后，立即显示出了生命力。把社区建设与宗族结合起来研究社区的经济发展、民主法治、社会保障等问题，就是研究人的存在与生存问题，还原人的本来面目，并在社区建设中合理利用宗族、达到人性复归的同时，改造宗族、消除宗族的消极影响，促进社区发展。（5）政策意义。利用、改造宗族，动员社区"内源性"力量参与社区建设，对落实国家政策、降低政策的执行成本具有重要的意义，研究成果也可以作为政策参考。

三、相关概念界定

（一）农村社区建设相关概念界定

1. 社区与农村社区

社区的定义多达 140 余种，不同的定义也存在着一些差别。首先提出社区的是德国社会学家滕尼斯，他在《共同体与社会》中提出社区是指由同质人口组成、关系密切的社会团体（滕尼斯，1999）。很多学者从"社区的地域环境"对社区进行研究，如帕克（1987）认为社区是"占据在一块被或多或少明确地限定了的地域上的人群汇集"。它有三个主要特征：社区的地域性、人群汇集和互动关系。我国学者费孝通（2003）也认为社区是若干社会群体或社会组织聚集在某一地域里形成的一个在生活上相互关联的大集体。有研究者强调社区的功能、强调社区的"共同体"和"归属感"。郑杭生（2003）认为社区是进行一定社会活动、具有某种互动关系和共同文化维系力的人类生活群体及其活动区域。项继权（2007）认为社区是一定地域范围内的人们基于共同的利益和需求、密切的交往而形成的具有较强认同的社会生活共同体。徐勇（2008）认为社区的概念原本就来自乡村，其核心是形成具有共同的认同和归属感的生活共同体。

综合以上这些研究，本书将社区定义为：在一定的区域内，人们共同生活、相互交往、相互依赖、共同解决区域问题，而具有一定的认同感和归属感的共同体。有以下几个特征：第一，强调区域性，是在一定的区域范围内；第二，由一定的人群组成；第三，社区内人们具有归属感和认同感；第四，人们相互作用、共同解决人们面对的问题。

农村社区，也称乡村社区，是社区研究的开端。滕尼斯所指的"社区"就是传统乡村社区的代表，是指由同质人口组成、关系密切、疾病相抚、守望相助、富有人情味的社会团体。对农村社区的定义中，侧重强调共同利益、共同地域、简单同质群体等要素。如罗吉斯、伯德格（1988）认为由建立在地域的基础上、彼此联系、具有共同利益或纽带，具有共同地域的一群人所组成的群体。陈东凌（2003）等认为农村社区主要以农民为主体的同质人口组成、以多种经济关系与社会关系相关联、富有人情味的社会生活共同体，它是以行政村或中心村等一定的地域为范围的。很多学者认为，乡村社区亦即乡村社会，提出乡村空间经常被定义为具有社会关系的一个特殊形式，是礼俗社会。国外诸多学者还从地理学的角度给农村社区下定义。R. J. 约翰斯顿（2004）就从地理学的角度对乡村社区进行了定义：乡村社区是指生活在同一乡村地区并具有社会互动的人口集合体，通常享有一种或多种共同联系。国内学者对农村社区的定义还隐含中国特色。如黎熙元（2006）、陈东凌（2003）等认为农村社区存在经济、政治、文化、社会保障等功能，具有规模小、结构简单、生产力落后，人口密度低、同质性强、自给自足经济，社会流动缓慢、乡土文化浓厚等特征。

关于农村社区范围的界定目前尚没有定论。张兴杰（2007）等认为一般把我国广大农村目前的"行政村"作为一个农村社区。有学者，如杜漪（2009）提出不宜以"一刀切"地划分农村社区，认为"我国农村地区经济发展程度、地理位置、人口密度、自然条件和居住方式等差异很大，'一刀切'地以'行政村'为基本单元进行新农村社区建设规划会出现一些新问题。"许远旺（2008）提出农村社区可以是集镇型、建制村型、自然村型、中心村型（一村一社区、一村多社区、多村一社区），按照各方面情况进行选择。徐勇（2007）认为农村社区是有广阔地域，居民聚集程度不高，以村或镇为活动中心，以从事农业活动为主的社会生活共同体。民政部制定的《全国农村社区建设实验县（市、区）工作实施方案》没有规定具体的社区范围，而是要求各地"按照地域相近、规模适应、群众自愿的原则，科学界定农村社区的区域范围，明确农村社区的定位。"

对农村社区的定义，学者从不同的角度进行了研究，内容比较全面、丰富、具有一定的启迪性。但有些定义是在一定的背景下给出的，不免有些"老化"，不适合开放下、流动下的农村。

综上所述，笔者认为农村社区与前文笔者所界定的社区内涵相似，只是主体为彼此是"熟人"农村居民，亦即农村社区是指居住在一定区域的农村居民，共同生活、相互交往、相互依赖、共同解决区域问题，具有一定的认同感和归属感的共同体。较之城市社区，农村社区是"熟人社会"，地域广阔，居民从事农业活动，长期居住在同一区域，具有很强的认同感与归属感。

本书赞同农村社区范围的划分不应该有固定统一的模板，应该尊重农村社区长期以来的传统文化习惯，结合行政区划，在群众自愿的基础上，按照地域相近、利益紧密、方便交往、规模适度的原则，将有归属感、强关联的作为划分为一个农村社区。同时，社区划分要考虑公共服务的可得性、可及性、方便性、公平性，利于满足居民需求。以行政村为基础，在考虑政府规划、群众意愿、利益需求、人口、面积、人口密度、文化传统等因素的基础上来划分社区。

2. 社区建设与农村社区建设

在外文文献中不能检索到"Community Construction"（社区建设）一词，国外只有"Community Development"（社区发展）。从内容来看，笔者认为"社区发展"与我国所讲的"社区建设"基本相同。研究文献强调社区及其居民的参与，改进落后状态。联合国在 1955 年的 *Social Progress Through Community* 一文中指出，社区发展是动员和教育社区内居民积极参与社区和国家建设，充分发挥其创造性，改变落后状况，促进社会经济全面协调发展。联合国指的社区发展主要是农村社区发展。1966 年，非洲行政官员会议在英国剑桥召开，会议对"社区发展"做出界定，提出社区发展是通过整个社区的积极参与和首创精神，以改进服务、提高整个社区生活质量的活动。有研究强调构建理想社的过程。英国社区发展基金组织认为社区发展是指所有利于增强社区效力与活力，利于改善社区条件（特别是改善弱势群体的处境），使居民获得参与公共抉择、获得长期社区自治的一系列实践活动过程。各个国家和地区对社区的理解有很大的差异。为此，美国社会学家桑德斯（1982）将社区发展的内涵界定为四种：一是"过程"论，是指社区发展作为一个过程，由少数精英决策、依靠外部提供资源和服务转变为社区居民自己决策、充分利用自身资源、较大范围内合作的过程；二是"方案"论，指社区发展是有计划地解决社区所面临的实际问题的行动、活动或工程等计划；三是"方法"论，指社区发展是实现一种目的的方法或工作方式；四是"活动"论，指社区发展是居民致力于社区整体的社会活动，为实现理想和信念的一种社会运动。

我国社区建设起源于农村建设或乡村建设。梁漱溟、晏阳初、费孝通在20世纪二三十年代就发起了乡村建设运动，并进行了研究。新中国成立后中断，在20世纪80年代，随着社会转型，又开始了以城市社区为重点的研究。一些学者提出，虽然我国社区建设与国外"社区发展"相近，但更强调外在主体对城市基层生活和组织方式的作用。还有学者认为社区建设是人们在认识和掌握社会发展规律的基础上自觉地、有计划地推动社区变迁的过程。也有学者提出农村社区建设应参照城市社区化模式，是引导农村改革发展由生产增长单项突破向经济建设、社会建设、政治建设、文化建设"四位一体"整体推进的过程（杨迅，2008）。

我们现在的社区概念大多引用民政部的界定。民政部在《关于在全国城市推进社区建设的意见》提出：社区建设是指在政府的领导下，依靠社区力量，利用社区资源，强化社区功能，解决社区问题，促进社区政治、经济、文化、环境协调和健康发展，不断提高社区成员生活水平和生活质量的过程。党的十六届五中全会提出了建设社会主义新农村的20字的基本要求："生产发展、生活宽裕、乡风文明、村容整洁、管理民主"，这也是我国农村社区建设的目标。

综上所述，考虑中国国情，社区建设是指在政府的推动下，社区居民和社区组织积极合作，参与社区活动，利用社区内外资源解决社区问题，改善居民生活条件，促进社区经济、社会、民主协调发展。而农村社区建设是社区建设的一部分，其主体是农村社区居民，其内涵是指在政府的推动下，农村社区居民利用社区社会资本、"熟人社会"的优越条件，积极合作促成集体行动、与社区组织一起参与社区活动，利用社区内外资源解决社区问题，改善公共服务，改变落后状况，改善居民生活条件，促进农村社区经济、社会、民主协调发展。农村社区建设是一个系统工程，其内容包括农村社区经济建设、社区政治民主建设、社区文化及其他社区公共服务供给等。

（二）农村宗族相关概念界定

不同的学者对宗族的理解不同，得出了不同的定义。加之宗族本身不断发展，其内涵也在发生变化。有学者从传统意义上给出宗族定义，有学者根据变化后的现代意义给出宗族定义。作者将在梳理传统意义上宗族、现代意义上宗族以及宗族与家族关系相关文献的基础上，给出本文的宗族内涵。

1. 偏重传统的严格意义上的农村宗族概念梳理

有学者从传统的功能主义视角给出定义。弗里德曼（2004）将宗族定义为拥有财产、祠堂、社会政治地位等要素的组织。鲁先瑾（2006）认为宗族是同一父系的人们群居，拥有共同的土地财产、共同的宗庙、祭祀着同一祖宗，甚至还有共同的墓地的一个血缘群体。陈其南（1990）认为宗族反映实际社会功能的人群范畴，也可以是通过财产、祠堂等功能性要素发挥作用。常建华（1998）认为宗族既是一般意义上的血缘群体，也是一种功能性的组织。

有学者强调宗族的血缘性和宗法性。贝克（Baker，1977）从血缘关系、财产和宗法制等角度给出了宗族概念。冯尔康（1994）认为传统宗族是由男系血缘关系的各个家庭在宗法观念的规范下组成的社会群体。李文治、江太新（2000）认为宗族是一个以血缘为核心的家庭共同体。刘宗棠（2009）认为宗族是以血缘为纽带、地缘为基础、财产为保障，世代聚族而居的同一个男性的后代所形成的一种社会组织形式。李锦顺、章淑华（2006）认为传统意义上的宗族是指按男性血缘世系聚族而居并按宗法规范结合而成的特殊社会组织，其内部是按血缘辈分划分等级，族长可以利用强制遵守的族规对宗族内成员进行控制。

有学者从其他更多的维度来定义宗族。许烺光（1990）认为宗族具有共同单系祖先、公共财产、在父方居住、祠堂、墓地、行为规则的制度、长老制度等特征。华琛（1987）则按照严格的继嗣关系、共同政治利益、共同财产、共同祭祖仪式和族内出生等五个特点界定了宗族。还有学者认为宗族是指具有共同祖先祭祀、伦理、宗子继承、宗族财产、宗族活动和对族人有着严格和成型的规定的亲属联合（钱杭、谢维扬，1990）。还有常建华（1998）则强调宗族的族长组织系统、族规家法等组织规则、宗庙祭祀制度以及有族产制度。有研究者总结多方研究后，提出传统宗族作为社会组织或群体，至少应具备：一定数量聚居在一起的族人，相关的族规、宗约、宗范、宗训等宗族规范，较为完备的族长领导和组织体系，从事宗族活动的祠堂、族谱、族产、族墓等物质基础，宗族成员对于同一祖先的崇拜和血缘关系的认同（莫书有，2003）。

2. 偏重于现代农村宗族概念的梳理

根据宗族发展、演变，宗族内涵发生了变化，对宗族的定义也没有那么严格了。很多学者给出了更加宽泛的定义。

界定现代农村宗族，既不能全部丢掉传统宗族的内涵而另起炉灶，也不能无视农村宗族变化而原封照搬。正如李锦顺、章淑华（2006）等学者所言：给（现代）宗族下定义，既要传承传统社会中宗族的一般特征，又要兼顾中国农村现实生活中存在的宗族。目前对宗族的界定较为宽泛，符合现代农村宗族的现实。

首先，对现代农村宗族的界定，学者们强调传统宗族的血缘关系的存在。张为波（2011）认为宗族是以父系血缘关系为特征特殊利益群体。胡金龙（2006）认为宗族是一种以父系血缘为纽带的利益群体。吕思勉（1985）认为宗指亲族之中奉一人为主，族指凡与血统有关系之人。

其次，对现代农村宗族的界定，学者们也注重宗族的现实变化。莫书有（2003）认为目前农村宗族随着社会的变迁而发生了很大的变化，宗族组织较为松散，除了血缘关系，不可能还存在传统的族长、族规以及严格的组织形式，但是还是存在某些传统的组织形式和具有宗族色彩的活动，存在着内部认同和外部边界的社会群体。冯尔康（2009）认为现代宗族较为松散，只要经常联络，从事宗族活动的群体都可以称之为宗族。李锦顺、章淑华

（2006）认为宗族是按男性血缘世系或近血缘关系建立起来的，具有某种严密或松散的组织形式，存在修祠堂、族谱、祖坟等宗族色彩的活动的社会群体。许烺光（1990）认为宗族是沿着男系或女系血统从家庭延长了的组织，也包括具有向心倾向的成员流入父系宗族之内而形成越来越大的集团。郭于华（1994）提出了更为宽泛的宗族概念，认为宗族既包括按照父系继嗣形成的宗族群体，也容纳了由婚配构成的姻亲群体。

3. 宗族与家族异同的梳理

对于宗族和家族的异同，学术界有较大的分歧。有的认为宗族就是家族，而另有人认为宗族与家族不能混同。

（1）宗族与家族是同一概念。

费孝通（1985）将宗族和家族视为同一概念。认为家族是根据父系单系亲属原则组成的群体，是一个"社群的社群"，他给家族所下的定义实际就是宗族的定义。冯尔康（1994）认为宗族与家族、宗族制与家族制、宗族社会与家族社会、宗族生活与家族生活，并没有严格意义上的区别。胡金龙（2006）认为宗族又称家族，是一种以父系血缘为纽带的利益群体。徐扬杰（1992）认为家族又称宗族、户族、房头，古书中又常常直接称为族、宗，称家族成员为族人、宗人。李俊鹏（2008）、汪忠列（2005）等在其论文中同等意义上使用宗族和家族两个概念。

（2）宗族与家族不是相同概念。

一是宗族概念范畴比家族大。孙中山（1981）指出"中国国民和国家结构的关系，先有家族，再推到宗族，再然后才是国族，这种组织一级一级的放大"[①]。林耀华（2000）认为"宗族为家族的伸展，同一祖先传衍而来的子孙，称为宗族"。郑杭生（1999）等认为从现实情况看，中国人所说的家族一般是以五服为界，宗族则指同宗同姓同地域的各个家族结成的群体。二是宗族概念范畴比家族小。很多学者认为家族是比宗族大的概念，家族不仅包括宗族单一父系血亲关系，而且包括母系姻亲关系。如肖桂云（2001）认为宗族是家族组织的主要表现形态，宗族仅仅是指具有男系血缘关系的各个家

---

① 孙中山：《孙中山选集》，人民出版社 1981 年版，第 675 页。

庭，家族则指具有血缘、姻亲关系的家庭所构成的群体，是父母双系的亲属网络。莫书有（2003）认为宗族指按男性血缘世系原则建立起来的群体，而家族则指基于血缘和姻亲关系基础上多个家庭的联合体。孙本文（1947）也认为宗族是家庭的扩充，家族则是宗族的扩充，宗族为同姓，家族包括血亲与姻亲。吕思勉（1985）认为宗指亲族之中奉一人为主，族指凡与血统有关系之人。岳庆平（1994）就认为家族既包括血缘的父族，也包括以姻缘为主的母族和妻族。

4. 本书关于农村宗族的界定

本书研究的是现代农村宗族对农村社区的影响，所以应该对转型中的现代农村宗族进行合理的界定，使其符合农村现实。综合并吸收前人的研究成果，结合农村现况，本研究认为农村宗族是农村家庭的延展，是由一定的血缘关系或者"泛血缘"关系的人们组成，家庭成员或部分成员与族人有着共同的姓氏，具有一定的文化认同性，共同从事着某些宗族活动，维护着族人的共同利益的组织群体。由此，农村宗族应该具备以下几个特点。

第一，宗族成员具有血缘关系或者"泛血缘"关系。血缘关系是判断是否属于同一宗族的标准。只是并非严格意义上的血缘关系，"泛血缘"关系也被包括在内。所谓"泛血缘"，也称"拟血缘"，是"血缘关系的扩大化及广泛的运用，将一些不具有血缘关系的人或人群用拟制血缘的形式结合起来"（胡克森，2007），他们"并非是真正的血缘同化或血缘关系，而应是一种血缘认同之文化。由这种'泛血缘'关系所建立起来的宗法秩序是宗法制的扩大"（巴新生，2008）。"（他们）既非血亲亦非姻亲，他们之间关系的建立，是人为而不是自然生成的"（邵正坤，2010）。"泛血缘"在农村宗族中广泛运用，较为普遍的是"入赘"和"过继"，通过这种"泛血缘"关系，把非血缘关系的人们纳入到宗族内。

第二，宗族是家庭的延展，家庭间具有共同的姓氏。宗族是由一群具有共同姓氏的家庭组成的，宗族往往是以姓氏来称呼的，如："张氏宗族""李氏宗族""王氏宗族""贾氏宗族"。所以，宗族成员一般为同姓，我们所称的家门，但同姓并非是"同宗"，还必须是来自一个认同的"祖宗"或祠堂，只是目前没有那么严格了。"入赘"和"过继"并非"同宗"，但农村通常做法会把"入赘"和"过继"的异姓成员改为宗族同姓,通过"泛血缘"关系,吸纳为同宗人员。

第三,具有一定的文化认同性,共同从事着某些宗族活动。如果宗族内部没有任何文化认同性,从来不从事任何诸如修宗谱、建宗庙和祭祖以及其他宗族活动,这也不能算是一个宗族,或者说这个宗族已经不复存在了。具有一定的文化认同性是宗族存在的一个要素,在文化认同的基础上从事宗族活动证明了宗族的存在。正如冯尔康(2009)所认为的族人只要经常联络,从事修宗谱、建宗庙和祭祖等的任意一个宗族活动,就说明了这个宗族还存在。

第四,维护着族人的共同利益。与其说这是宗族的构成要素,不如说这是宗族功能、作用或者存在的结果。只要宗族存在、宗族具有认同性,他们就是一个团体,会在维护族人的利益上发挥至关重要的作用。

需要说明的是,由于现代农村宗族和家族具有一定的开放性和包容性,宗族与家族没有严格意义上的区分,我们将在研究中同等意义上使用这两个概念。

四、研究方法、思路、主要研究内容及创新之处

(一) 主要研究方法

本书采取文献研究法、实地调查法、个案研究法、比较研究法、定量与定性分析法等多种研究方法。通过综合运用多种研究方法,充分利用前辈优秀研究成果,发现一些研究不足,获得一些新的研究内容,得出某些新观点。

第一,文献研究法。通过查阅大量的国内外文献典籍,梳理有关农村宗族、农村社区建设以及宗族与农村社区建设的关系等方面的资料,对本书相关研究有了一个全面的了解。并充分挖掘、利用已有的研究成果,利用学者们的第二手数据资料,作为本项目研究基础。同时,利用前人的研究理论,为本书提供理论支撑。

第二,调查研究法。课题组成员大多从小生活在农村,对农村较为了解,

首先对自己老家农村及其周边村庄进行了深入的调查。并尽量组织在全国较多省市进行较大范围的调查。同时，为了提高调研效果，课题组选择一些具有典型意义的村庄进行个案和对比调查研究（第三点将谈到）。实际上，在近3年的调查研究中，学生及其家长发挥了很大作用，我们很多调研工作是通过他们完成的。课题组根据需要精心挑选了一些省市的学生，带领或委托其在寒、暑假期间对其所在地农村发放问卷。一般来说，学生独自进行的调研主要是发放课题组设计好的问卷或电话采访。课题组成员自己进行调研或带领学生进行的调查，运用的方法较多，比如与县乡干部、村干部、村民进行座谈，对他们发放问卷，对村民行为进行观察。

第三，个案研究与比较研究法。本研究组选择了民政部挂牌和推荐的湖南省临澧县同心村、湖南省韶山市韶山村、江西省兴国县垓上村等几个农村社区进行个案研究，对历史悠久的张谷英村等具有特色的宗族式的社区进行了多次考察。选取了湖南、江西、山西三省，各省选"全国农村社区建设实验全覆盖示范单位"的县和非"全国农村社区建设实验全覆盖示范单位"的县，各县随机选取不同的乡、村进行比较分析，了解宗族状况，探究农村社区建设中宗族的影响，希望以此增加样本的代表性。

此外，还运用了定量和定性分析法。对调研获取的第一手资料和已有的第二手资料进行定量分析。并采用定性研究方法，得出相应结论。

（二）研究思路

本书运用社会资本理论，采取发现问题、分析问题、解决问题的研究思路。首先，在进行大量文献阅读的同时，进行实地考察，发现问题、提出问题。其次，从理论和实证两个方面分析农村宗族对农村社区建设的影响。在理论剖析的基础上，就宗族对农村社区经济建设和社区文化及公共产品供给等多个方面进行了实证研究，并提出适应农村"聚族而居"的现实，建设农村社区经济共同体和文化社会生活共同体，共同促进社区有序发展。最后，从国家层面提出积极利用、合理引导、有效改造宗族的政策建议。技术路线见图1.1。

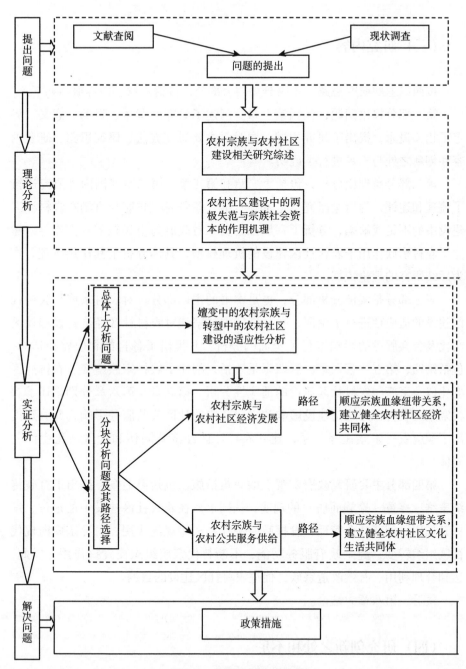

图 1.1　本研究的技术路线

（三）研究内容

按照以上的研究思路，本书分为四大部分，包括八章。内容概括如下：

第一部分提出问题，包括第一章。阐述了研究的背景、目的、意义，界定了相关概念，提出了研究主题，同时对主要研究方法、研究思路、研究内容和创新之处与不足进行了说明。

第二部分是理论分析，包括第二章和第三章。第二章对国内外研究进行了梳理和述评，为后续研究奠定基础。第三章研究了政府与市场在农村社区建设中的不足或缺陷，分析了宗族社会资本对政府与市场缺陷补充作用，建立了农村宗族作用于农村社区建设的机理模型，具体分析了其作用机理，作为后续研究的理论依据。

第三部分是实证分析部分，也是本书的主体部分，对农村宗族与农村社区建设的适应性进行了论证，并分别就农村宗族对农村社区经济建设和社区文化及公共服务的影响进行了全面的分析，并提出了各自的相应路径选择，包括第四、第五、第六章。第四章是总括，阐述了农村宗族嬗变、农村社区变化以及宗族与农村社区建设的适应性分析。第五章、第六章分别论述了农村宗族对农村社区经济建设影响和文化在内的社区公共服务影响，并分别提出了顺应农村宗族血缘关系，建立农村社区经济共同体和社区文化生活共同体。

第四部分主要研究政府宏观上的政策措施，包括第七章，提出了打破传统思维，尊重"聚族而居"的现实，认同宗族在农村社区建设中的地位、发挥其作用；创新社会管理，发挥政府调控和法律规约作用，引导宗族向现代社区组织转变；健全政府服务功能，不断替代宗族组织而发挥作用。以此，达到合理利用、有效改造宗族，促进农村社区建设的目的。

最后，第八章为结论。

（四）研究创新之处和不足

研究创新之处在于：第一，视角创新。目前，还没有一部完整的全面分析新时期农村宗族对农村社区建设影响的专著。本书从经济、文化和社会等多个视角，提出在新农村建设和农村社区建设中挖掘传统的、内源性的因素，提出农村社区建设应植根于本土文化，将血缘与地缘结合起来，促进农村社区协调发展，促进人性复归，提高农村居民的幸福指数。第二，研究内容与方法创新。本书综合运用文献研究、实地调研、个案分析、比较分析、定量与定性分析多种研究方法，运用经济学、政治学、管理学、历史学、社会学等多学科，全面、多方法、跨学科的分析了农村宗族作用于农村社区建设的机理，论述宗族对农村社区经济建设和社区治理的影响，提出了根据农村社区"聚族而居"的现实，顺应农村血缘纽带关系，建立农村社区经济共同体和文化生活共同体，共同促进农村社区经济持续发展、文明和社区生活幸福和谐。

　　本书存在着以下不足。第一，我国农村地广人多，社会、经济、文化差异较大，地区间差异较大，而笔者虽然进行了一些调研，但所获得的资料还是非常有限，不能代表所有的农村，可能与全国其他地区的农村存在着差距。第二，本书虽然综合运用多种研究方法、跨学科进行研究，但数量分析方法应用不够。虽然通过调查获取了一些原始数据，但对数据缺乏进一步的处理。还需在以后的学习和研究中进一步探索，利用数量模型分析经济、社会现象，增加分析的精准度。

| 第二章 |

农村宗族与农村社区建设相关研究综述

农村社区建设是一个古老而又崭新的话题。21 世纪以来,党和政府多次提出农村社区建设,在理论研究方面也取得了一系列的成果。农村社区具有地缘性,并与宗族范围基本吻合,因而研究农村社区建设与农村宗族的关系具有重大价值。本章在分别梳理农村社区建设、农村宗族相关研究的基础上,对两者关系进行综述,并对已有的研究成果进行简要的评述。

一、关于农村社区建设研究综述

社区建设最初是表现为农村社区建设,社区建设理论具有普遍意义,所以,我们在进行农村社区建设综述时会夹杂一般性的社区建设研究成果。

(一)农村社区建设基本原则研究综述

关于社区建设原则的相关研究较多,梳理国内外重要研究成果,可将社区建设原则概括为以下几个主要方面。

(1)因地制宜、满足居民的多种需求为目标原则。联合国《社会发展经由社区发展》所提出的基本原则中的第一条就是社区发展必须按照社区人民的愿望、符合社区的基本需要,并提出了建立多目标的计划(殷妙仲、高鉴国,2006)。邓纳姆(Dunham,1965)提出的社区发展的原则中有一条就是满足需要原则，即强调社区福利服务项目应基于社区大多数居民的需要开展。罗伯特·P. 雷恩（Lane，1939）认为社区工作的目标在于合理利用社会资源，实现社会福利。我国民政部提出社区建设以人为本、服务居民，因地制宜、循序渐进的原则。奚从清（1996）提出社区建设应从社区实际出发，根据社区发展的需要，发展有本地特色的社区建设事业。唐忠新（2004）认为我国社区建设应秉承以人为本、服务社区原则，即不断满足社区居民的物质文化需求，提高居民的生活质量和文明程度，实现人的全面发展为基本目标。

（2）强化居民参与，促进社区合作原则。这也是联合国非常强调的，联合国提出的十条基本原则中有六条与此有关，例如，利用社区资源，促进社区发展原则；改变社区居民的参与态度、实现社区自助计划；选拔、鼓励和训练地方领导人才；重视妇女、青年的参与，以获取社区的长期发展；等等（殷妙仲、高鉴国，2006）。罗斯（Ross，1973）提出实现社区建设目标，必须坚持在社区内培养居民合作精神并将这种精神付诸实践的原则。德尔加多（Delgado，2000）从社区能力建设视角出发，认为促进社区参与是社区工作的指导原则。罗斯曼（Rothman，2001）提出社区建设应建立社区内不同群体的合作关系，发掘及培育社区领袖参与社区事务，增强解决问题的能力和技巧等。邓纳姆（Dunham，1965）强调了大众参与原则，提出了民主自治、基层自发、大众参与原则。我国学者陈百明（2000）提出村社区建设应遵循农村社区成员广泛参与原则基本原则。荣超（2009）认为农村社区建设应坚持群众参与原则。民政部提出调动社区内的一切资源，实现资源共享、共驻共建。

（3）政府支持、多方合作原则。海恩波特（C. Heginbotham）在《回归社区：志愿者道德与社区照顾》中提出社区建设的多方合作原则，特别强调政府的支持与物质资源的投入（陈雅丽，2007）。联合国重视政府支持、利用多种资源、通过多方合作来发展社区的原则，提出社区发展必须依靠政府积极而广泛的支持与协助，必须由各方面、各部门联合行动，充分利用地方、全国和国际的非政府组织资源等原则（殷妙仲、高鉴国，2006）。我国学者根据我国实际，提出了社区建设的党政主导、广泛参与原则，认为应在党和政府领导下，充分发动社区内机关团体、企事业单位、中介组织和居民群众等各种力量共同参与社区工作，形成"共驻社区、共建社区"格局（唐忠新，2004）。尤其是农村社区文化建设中的坚持政府主导、主体多元化原则（门献敏，2011）。

（4）全面规划、协调发展原则。很多学者强调全面规划原则，提出社区服务项目和建设项目必须进行全面的综合规划，以使社区发展计划既适合当前的需要，又符合社会发展的长期目标；必须注重预防、协调发展原则，即社区发展工作应体现预防为主原则，在社会问题出现前采取必要的措施，因而社区发展工作并不仅仅限于福利工作，还应包括经济、文化、体育、卫生等多方面综合性建设（Dunham，1965）。社区地方层次的社会经济进步，须与国家的全面发展相互配合（殷妙仲、高鉴国，2006）。农村社区建设应坚持科学规划原则（荣超，2009）。

（二）农村社区建设内容研究综述

（1）农村社区建设的内容主要是提供公共服务。很多学者认为农村社区建设的内容主要是提供公共服务。潘屹（2009）认为农村社区建设的中心是为社区提供服务。沈亚南（2008）认为建立农村公共服务体系是社区建设的首要目标。唐梅（2011）认为农村社区建设的内容有：社区服务、社区卫生、社区文化、社区环境、社区治安，以及和农民相关的生活服务设施的提供。李宝库（1999）认为社区服务、社区卫生、社区治安、社区文化建设应该成为社区建设的核心内容。金家厚、吴新叶（2002）认为农村社区建设的内容有社区环境、社区治安、社区自治、社区文化体育卫生及完善的社区组织体系建设等多个方面。

（2）农村社区建设应把培育社区组织作为重点。甘信奎（2007）认为农村社区建设应优先发展社区组织和培育社区精神。唐政秋（2008）强调应加强社区社会组织的培育，它是社区建设中的重要社会力量，可弥补政府功能的不足，化解各种社区矛盾。政府部门要转变观念，转变政府职能，积极培发展社区社会组织，鼓励、引导、支持社区社会组织参与和谐社区建设（唐梅，2011）。王凯元、何晓波（2011）把农村社区组织放在首要位置，认为农村社区组织建设可以增加农村参与社区建设的积极性和社区建设的效果。王正宇（2011）认为农村社区组织领导体制是农村社区建设最为重要组成部分，对农村社区发展具有不可忽视的作用，应重点培育农村社区组织，加强村支两委建设和村级其他组织建设。

（3）农村社区建设内容众多。肖茂盛（2007）在论述农村社区建设重点时提出了农村社区建设应包括发展农村经济、增加农民收入，加强农村基础设施和社会公共事业建设，造就一批有文化、懂技术、会经营的新型农民。潘屹（2009）认为社区应该具备经济发展功能、社区文化功能、社区治理功能、公共管理和服务功能，在介绍山东胶南农村社区建设时，提出了农村社区建设的内容包括发展社区生产、搞好社区政治民主建设、提供教育文化、整治社区治安、搞好社区环境卫生、建设社会保障网络等。常铁威（2005）认为社区建设是提供社区服务，发展社会事业，促进社区内部及社区间的政治、经济、文化、环境协调持续发展的过程，就此可以推断他所论证的社区建设包括社区政治、社区经济、社区文化、社区环境以及社区其他服务等。李学举（1998）认为社区建设包括社区管理、社区服务、社区经济、社区文化、社区教育、社区卫生和社区治安等。奚从清（2001）认为社区建设是一项全方位的社会系统工程，内容包括社区人口、社区环境、社区服务、社区经济、社区政治、社区文化、社区教育、社区卫生、社区保障、社区管理、社区组织等。

（4）农村社区建设的内容是动态变化的。民政部在提出社区建设的内容包括社区服务、社区卫生、社区文化、社区环境、社区治安等的同时，要求各地结合实际不断丰富其内容，在实践中发展了自己的社区建设内容体系。奚从清（2001）认为社区建设是一个动态的过程，随着社区建设理论和实践的发展，会不断涌现出新鲜的经验，需要在认真总结的基础上进一步充实和丰富社区建设的内容。

（三）农村社区建设存在的问题与对策研究综述

由于新时期农村社区建设刚刚开始，其建设中的问题在所难免，找出当前农村社区建设中存在的问题、总结经验教训、提出相应对策是搞好建设的关键。从目前查阅的文献资料来看，我们将农村社区建设存在的问题与对策综述如下。

（1）政府行为和政治体制对农村社区建设影响与对策。政府出于追求政绩、扩大城镇建设用地、通过城市化带动经济发展等目的，在农村社区建设中出现了农村"被城市化"问题，使得农村社区建设进程中出现了一个超越当地经济社会发展承载能力的、由政府强制推动的村庄撤并问题，不仅损害了农民利益，也带来了一系列社会问题。为防止农村社区建设中出现"被城市化"给农民带来负面影响，要坚持因地制宜的原则，加强政府的正确引导，不断完善农村社会保障体系（司林波，2011）。乡村分治的政治体制、国家的宏观管理与农村微观管理脱节的管理制度、村民自治制度不利于农村社区建设（项继权，2007）。政府角色的转换不到位，缺乏协调统一的服务管理体制，缺乏便捷有效的社区建设的参与机制（刘三，2006）。李旭凤（2011）认为政府在社区建设中的越位与缺位是影响贫困农村地区社区建设的主要因素。针对此类制约因素，肖茂盛（2007）提出转变政府职，积极推进乡镇综合管理体制改革，强化乡镇政府的社会管理与公共服务的职能；建立改变城乡二元结构的发展机制和建立社会各界支持农村社区建设的参与机制；构建有利于提升农民参与社区事务积极性的城乡一体社会组织和管理体制（陈建胜，2011）。

（2）经济条件对农村社区建设的影响与对策。很多学者分析了经济条件对农村社区建设的影响，提出了相应的对策。盛立超、白福臣（2011）认为政府对农村社区建设的投入不足已成为制约农村社区建设的重要因素，缺乏资金使得社区内基础设施和配套设施相对落后和陈旧，已不适应农村社区日益发展的物质文化需要，提出改变投资方式，充分发挥市场机制的作用，倡导投资主体多元化，走政府引导、农民为主体、社会参与的融资道路。段炼（2009）认为农村社区建设需要大量的资金，而政府投入不够、农村贫困，农村社区建设缺少资金来源，尤其是农村公共产品投入不足使农村居民应有的物资与精神文化需求得不到满足。肖茂盛（2007）认为应增加投入，建立健全投入机制，积极发挥财政支持三农工作和建立有利于农业和农村发展的融投资机制。有学者推介了国外的经验，认为国外政府对农村社区建设的投入力度较大，如加拿大政府与农村社区建立了伙伴关系，确保了农村社区的发展能够从政府获得足够的资金、项目等支持；在"新村运动"中，韩国政府给予农村建设以极大的财政支持（滕玉成、牟维伟，2010）。陈建胜

（2011）提出坚持政府主导、多渠道筹集农村社区建设和社区服务所需经费，增加公共财政对农村社区的支出，将社区居民委员会的工作经费、人员报酬以及服务设施和社区信息化建设等项经费纳入财政预算，引导企业投资、社会捐助等多元化筹资渠道，为农村社区的长久发展提供有效的资金保障。

（3）法律制度对农村社区建设的影响与对策。蒋传宓、周良才（2008）认为农村社区组织的法律地位和职能不明确，造成村党支部、村委会和村集体经济组织职能错位阻碍了农村社区建设，提出应不断完善涉农法律体系，进一步明确农村社区各主体的地位和权责，实现农村集体产权制度化、法律化。刘三（2006）认为农民对土地拥有权不明确的法律界定和其他歧视政策阻碍了农民建设新农村社区的热情，使社区建设难以有效进行。肖茂盛（2007）认为应加快农村征地制度改革，探索对被征地农民的合理补偿机制和安置机制。张景峰（1999）提出利用村规民约推动农村社区法治建设的进程，总结村规民约实践经验，在有关村民自治的法律规范中，完善村规民约方面的规定，发挥其在社区法制中的作用。

（4）社区本身对农村社区建设的制约与对策。李旭凤（2011）认为从农村社区管理层而言，农村社区内组织建设不完善，人才缺乏，农村社区管理者年龄偏大、整体素质与能力偏低；从农村社区居民而言，农村社区居民参与社区共建意识不强，农村社区居民自身综合素质不高。段炼（2009）认为，一方面，由于农村社区建设中宣传工作不到位、居民对社区建设认识不清，村民参与不足，缺少社区发展内驱力；另一方面，村民本身缺少民主自治意识，对社区政治表现出冷漠，根本不愿意参与社区建设。我国农村社区非政府组织不发达，社会参与不够不利于农村社区建设，而不像发达国家通过社区非政府组织进行社区自治，参与社区治理程度比较高，如日本农协在提供社区服务方面发挥着重要的作用，欧盟地方社会团体联合会在欧盟农村社区建设中发挥重要作用（叶齐茂，2006）。学者们根据现实情况提出了很多建议。肖茂盛认为应培养新型农民，不断提升农民的组织化程度（肖茂盛，2007）。陈小京（2008）提出应以居民代表会议、居民议事会、户代表会议为主构建新型居民参与平台，逐步健全和落实各项民主制度，拓宽居民参与的渠道和途径，使农村居民切实享有农村社区事务的参与权和决策权，增强农村居民对社区建设的关联度、依存度，以促进农民参与农村社区建设的积极性。

（四）农村社区建设模式研究综述

（1）按照农村城市化进程标准划分的农村社区建设模式。按照城乡进程，甘信奎（2009）将全国农村社区建设概括为三种：城市化扩张下的农村社区建设模式，主要以珠江三角洲地区较为典型；就地城镇化下的农村社区建设模式，以江浙地区较为典型，又可将其概括为以村办企业为依托的村落单位社区、超级村落社区和小城镇大社区三个层次形态；村民自治体下的社区建设模式，以江西、湖北地区较为典型，认为就地城镇化模式是农村社区建设的理想模式。居德里（2006）以苏州为例，将农村社区建设模式划分为六种：融入城镇型社区模式、拆迁安居型社区模式、股份合作型社区模式、投资开发型社区模式、规模经营型社区模式、休闲景观型社区模式。

（2）按照农村社区建设力量来源标准划分的农村社区建设模式。盛义龙、尹利民（2011）认为农村社区建设的力量来源总体上可以分为外部型力量、内生型力量和共生型力量。他们在对L村社区建设力量来源的经验分析后认为，通过借助国家的介入与村庄内生的合作性共治模式，符合当前乡村治理的制度逻辑，是当前乡村治理和今后社区建设的重要参考模式。潘屹（2009）全面论述了农村社区建设的模式，按照社区建设的组织力量将农村社区建设的模式划分为村委会建邻里中心、志愿组织牵头的村落建设、企业组织建设社区等。唐梅（2011）认为社区建设主体间的关系和角色定位应从强政府、强社会的政府主导型治理模式，经政府推动与社区自治相结合的合作型治理模式，向社区主导与政府支持的小政府、大社会的社区自治型治理模式转变。

（3）按照社区布局标准划分的农村社区建设模式。项继权（2009）从农村社区的建置及其边界角度把农村社区建设分为"一村一社区""一村多社区""多村一社区""集中建社区""社区设小区"等五类。吕俊平（2010）按照社区规模、组织调整和社区布局将农村社区建设划分为"多村一社区""一村一社区""一村多社区"三种模式。潘屹（2009）按照区域布局将农村社区建设分别为以乡镇为基础、建制村为单位和自然村落范围为基础三种类型。周良才、胡柏翠（2007）提出应以自然村或中心自然村为基础带动周边小村落进行社区建设。余坤明（2007）则认为社区建设应以不同建设事项本身的特征和要求来确定社区的地域边界。

二、关于农村宗族研究综述

随着 20 世纪 80 年代农村宗族的复兴，学界对农村宗族的研究不断增加。纵观当前的研究，主要涉及农村宗族产生的原因、当代农村宗族复兴的缘由、农村宗族变化、农村宗族功能等四个方面。

（一）农村宗族产生与发展的原因研究综述

（1）自给自足的小农经济是宗族产生与发展的基础。研究者普遍认为自给自足的小农经济是宗族产生与发展的基础。崔树义（1996）认为男耕女织式的自给自足自然经济是宗族赖以存在的经济基础。费孝通（1998）认为中国人从古代就是以农业为谋生手段，而农业和游牧或工业不同，它是直接取资于土地的。游牧的人可以逐水草而居；做工业的人可以择地而居；而种地的人却搬不动地。因而，"以农为生的人，世代定居是常态，迁移是变态"。一块地被占有后，经过几代的繁殖，就形成了居住在一起的宗族。莫书有（2003）认为我国自古是一个传统的农业国。男耕女织的农业小家庭经济早在春秋战国时期已初步形成。家庭（核心宗族）成员内部简单协作的生产和生活方式在铁质农具出现后进一步确立。家庭组织发挥着重要功能，在生产、生活、教育、生育、娱乐和防卫等方面具有不可替代的作用，集生产、生活于一体，是一个完整的自给自足的传统型社会组织，而且政府由于采取重农抑商的政策，商品经济较为落后，小农经济盛行。这种落后的生产力与生产方式把人们祖祖辈辈禁锢在小块土地上，依靠宗族维持着人们的生产与生活。

（2）人类的生存与发展需要宗族。宗族是维护人类自身生存与发展需要而产生的。费孝通论证了我国农民聚族而居的原因，费老认为每个家庭耕地面积小，采用小农经营方式，聚族而居，住宅和农场不会距离得过远；农田需要水，从而需要水利，需要合作，而居住在一起合作较方便；为了保护自身的安全而居住在一起；因为土地平等继承，兄弟分别继承祖上遗业，使人口在某一地方一代一代积聚起来，成为大村落（费孝通，1998）。莫里斯·弗里德曼（2000）对广东、福建等东南沿海各省份进行调研的基础上，认为东南沿海省份宗族组织产生与发展的主要原因是水稻种植、水利灌溉、边陲环境等。他认为广东、福建地属边远地区，政府管辖或控制力较弱，为了生存与发展人们聚族而居，宗族组织得以产生与发展。

（3）农村居民在心理上对宗族需求支撑着宗族的发展。农村个人和组织对宗族存在心理上的需求，支撑着宗族的发展。许烺光（1990）从文化心理视角研究中国宗族产生与发展。在与美国、印度社会进行对比后，认为中国人具有相互依赖的处世观念，倾向于在家庭这个人类初级社会群体中来解决生活中的问题。只有这个较为自然的组织能够满足他的各种需求，因而随着人口增加，中国人建立了具有内聚性的、扩大了的家庭组织——宗族。冯尔康（2009）等认为宗族丰富了人们的群体生活，能给人们心理上的安慰，提高了人们的生活情趣。

（4）儒家思想维持着宗族发展。儒家思想、文化是维持宗族长久不衰的主要原因，促进其不断发展。宗族的家法族规、伦理道德来源于儒家思想，是儒家思想观点的宣扬和传播，与儒家学说的"仁、义、礼、智、信"的主张相符（莫书有，2003）。正如王沪宁（1991）所说的，"儒家学说的基本精神与家族文化是合拍的，只不过儒家学说将原来原始群体的基本精神系统化和理性化了，并做了更高层次的归纳和提炼，使其成为一种比家族文化系统适应面更大的观念系统，用以治理社会。"

（二）20世纪80年代以来农村宗族兴起的缘由研究综述

宗族的发展是一个曲折的过程，尤其是近30年来，从改革初的基本"销声匿迹"到目前的宗族活动较为活跃的过程中，必有其复兴的原因，很多学者对此进行了研究。

（1）经济方面因素。经济动因是宗族产生、发展的基础，也是30年前宗族复兴的缘由。在历史上，小农经济曾是宗族势力赖以存在的基础。新中国成立后，特别是农业合作化运动和人民公社确立后，集体合作组织兴起，农民作为一员参与生产，对宗族的依赖减弱。但 20 世纪 80 年代后，集体经济解体，单个家庭无力承担生产活动，宗族成为一个生产合作的重要组织（王思斌，1989）。同时，长期以来，国家或社会对家族文化的冲击力不够，没有形成强大的物质生产力，不能给农村居民带来经济利益，而宗族复兴却能给农村带来经济收益（王沪宁，1991）。

（2）政治体制方面因素。国家政治体制及其变革是宗族复兴的条件。从政治制度来看，宗族的存在、复兴与我国长期实行的城乡二元结构的户籍管理制度有关（秦位强、吕学芳，2011）。改革开放后，政府对乡村行政控制的弱化，农村居民得到了自由，是宗族复兴的重要原因（王沪宁，1991）。人民公社的废止、村民自治的实践，为宗族组织的兴起提供了机遇，使得宗族组织借助这种合法化的形式出现，得到复活（孙秀林，2011）。

（3）社会功能方面因素。改革开放后，集体力量削弱，集体提供公共服务的能力下降，农村社会保障在广大农村地区的缺失，而宗族共同体能够通过合作，为社区提供一些急需的公共服务，推动了宗族的复兴（王铭铭，1997）。宗族以互助共济的形式解决人们的生产与生活困难，为宗亲谋求生存与发展，在生老病死互助、资助学子学业等方面发挥重要的作用，间接推动了宗族的兴起（冯尔康，2009）。

（4）文化和心理方面的因素。宗族历尽几千年而未衰，尤其在新中国成立后的几十年里被瓦解，但 20 世纪 80 年代后，仍然得到了复兴，其原因是内在的深层次的，那就是宗族通过若干年的发展已经形成了约定俗成的文化，是这条根构成了他们的价值源泉，满足了农村居民历史感和归属感需求（钱杭，1995）。同时，农村居民信仰缺乏、精神文化匮乏，宗族将族人聚集起来，通过婚丧嫁娶、祭祀以及族戏等宗族活动，一方面是农民精神心理消极因素的反映（买文兰，2001）；另一方面人们在参与宗族活动过程中感受集体力量的强大，可增强人们的认同感和归属感，从归属感中获得心灵的慰藉，使人们在心理上得到满足，使处在焦虑不安或者孤独无依的农村居民在心理上得到舒缓，因而选择了通过参与到宗族集体活动中使农村宗族的力量得以彰显（田玉麒，2010）。

（三）农村宗族变迁研究综述

（1）农村宗族制度总体的变迁研究。冯尔康（2009）采用通史的形式论述了农村宗族的变迁，他从史前时代的宗族开始，一直研究到当代社会的宗族，将政治统治与宗族结合起来，并将农村宗族变化分为上古分封社会的宗族、中古士族制宗族、宋元科举制下宗族、明清祠堂族长制宗族、近现代移民社会和大陆社会的宗族，认为宗族是我国农村的基本的组织。更多的学者是以断代史的形式论述宗族变迁的。如李卿（2005）考察了秦汉魏晋南北朝时期的家庭结构、乡里社区内居民的姓氏分布，阐述了其变化，认为秦汉魏晋南北朝时期，不管宗族组织如何变化，尽管没有族长、祠堂、族产、宗族的特殊制度，但并不影响家族、宗族的向心力、凝聚力，宗族发挥着在经济上赈恤宗族、收养孤寡，政治上互相支持提携，生活上的互助作用。在断代史中，对明清以来的宗族变化研究较多，如徐斌（2003）以明清时期鄂东地区宗族为视角，作者通过研究宗族组织形成与发展过程中的户籍、赋役变化，以及祖先崇拜与神祇崇拜之间的关系等方面，深入地反映出宗族是明清时期鄂东基层社会的全貌。朴元熇（2009）研究了明清徽州宗族，并将我国宗族发展变化与国外进行了比较后，认为在欧洲历史上，越是接近近代，血缘组织及其社会功能越是弱化。而在中国历史上，在商品经济较发达的 16 世纪，血缘组织反而会扩大强化。作者对某县方氏宗族进行了个案研究，将个案研究与宏观考察相结合，揭示了宗族制度的变迁。有学者研究了新中国成立后宗族的变迁，如蔡立雄（2010）考察了新中国成立以来的宗族变化，认为解放初宗族制度的衰退是"土改"使宗族制度生存保障的必要性和能力大为下降的结果；而集体化、人民公社化运动使农民回归向宗族寻求生存保障；改革开放初期由于正式制度的不完善性，农民大量发掘宗族制度中有利发展的因素，使得宗族制度再度复兴。

（2）农村宗族组织结构的变化研究。研究认为传统宗族组织有完整的结构，而当前的宗族组织结构松散。冯尔康（2009）认为传统宗族结构完整，有一整套制度，是族长"专制"下的宗法机构。钱杭（1995）认为现代的宗族比较松散，一般都没有确定的宗族首领，只有几个临时的宗族事务召集人，是为开展一具体工作而临时性组成的一个职能化的工作班子，完成任务后就散了，并认为转型中的宗族在组织形式上呈现出没有正式的宗族名义、形式的多样性、不稳定性、临时性、普通成员与宗族领导机构的关系是直接的等特点。

（3）农村宗族家法族规、族老、族谱等宗法制度的变化专项研究。很多学者对宗族的新旧家法族规进行了比较，认为家法族规已经随时代的变化而发生了很大的变化，具体表现在：规范的范围不同（新族规调整的关系已大为减少）；体现的观念不同（新族规订立者的思想、观点具有现代性，旧礼教对社会的影响早已大大下降）；奖惩的行为不同（新族规的惩罚力度非常小）；奖惩的办法不同（新族规中所能保留的惩罚办法主要是精神方面的，肉体或物质上的惩罚很少或者说几乎没有了）（费成康，1998）。冯尔康（2011）出版了有关族谱的专著——《中国宗族制度与谱牒编纂》，回顾了自秦汉以来的族谱变化，是一部具有通史性质的中国宗族史和谱牒史论文集，认为古代宗族具有滥以名贤为祖先的通病；20世纪上半叶的家谱修纂与谱例的改良后，族谱变化较大；目前的族谱无论在形式上，还是内容上与传统的族谱差别较大，且无实际作用。沙其敏、钱正民（2003）等编著了论文集，将地方志与族谱方面结合，收集了19篇文章。其中，陈英毅从历史的角度研究族谱的编纂，张奇则以上海图书馆收藏家谱状况研究了族谱的现状和未来发展趋势。

（4）农村宗族变化的特点和趋势研究。有学者考察新中国成立后宗族的变化，认为我国的农村宗族必将随着社会发展而消失，并提出农村宗族在新中国成立后、改革开放前，集体性宗族因与新制度下的集体组织重合而得以隐性存在，是农民面对灾难时寻求保护的重要资源。而改革开放后，并随人口流动，农村空壳，使宗族后继无人，宗族与农民的血缘关系被国家与公民的社会契约取代而最终消亡（王朔柏、陈意新，2004）。甚至有学者认为早在革命时期，苏区农村的宗族势力在革命的作用下已基本消亡（何友良，1994）。与此不同，王沪宁（1991）等认为宗族一时难以消亡，但即将或已经发生重大变化，他提出传统宗族的血缘性、聚居性、等级性、礼俗性、农耕性、自给性、封闭性、稳定性的特点，已经或正在转变为：血缘关系犹存，但不是决定人们社会地位的正式依据；地缘关系的意义被削弱；传统的宗法逐渐被法理因素替代；宗族群体对社会的需要越来越多；单一的农耕方式已被打破；长期的稳定也在发生变化；宗族的封闭性也逐渐被打破；社会体制力量压倒宗族共同体；宗族还执行一定功能，但社会体制已是村落基本功能的主要执行者。

（四）农村宗族功能研究综述

（1）互助救灾功能。很多学者研究了传统宗族的互助救济功能。周致元（2006）认为明代徽州宗族组织在自然灾害背景下发挥出非常有效的社会救助功能，包括防灾和救灾、赈济饥民、储粮备荒、通商平粜、医疗救助、兴修水利等。唐力行、苏卫平（2009）等认为明清以来徽州地区的宗族内部自我保障日趋完善，尤其是在医疗方面建立了疾病预防、医疗（侧重在族医体制）和救助等较为完善的医疗体系。村落宗族往往利用公田、族田资产，或采用社仓等形式赡济本族贫民、进行"疾病相救"或供族人读书及应试等。根据道光《广东通志》记载："民重建祠，多置族田。岁收其入，祭祀以外，其用有三：朔日进子弟于祠，以课文试童子者，助以养金……年登六十者，祭则颁以肉，岁给以米；有贫困残疾者，论其家口给谷，无力婚嫁丧祭者亦量给焉。遇大荒又计丁发粟，可谓敦睦宗族矣。"（李文治、江太新，2000）宗族精英还以私人的名义提供救济，如以俸禄或以家中的财物进行救助。《后汉书》中的《任光传》记载了东汉任隗，"少好黄老，清静寡欲，常以赈恤宗族，收养孤寡。"宗族精英的救助还表现在为对社区丧葬事宜提供各种帮助。直到目前，国家保障缺失下，宗族仍然是互助救济的重要形式（贾先文、黄正泉，2009）。

（2）维护本族的秩序和抵抗外来侵略。在传统时期，族长利用自己在宗族组织中的特许地位，制定乡规民约，发挥着规范族众的行为、调整族内的利益分配以及解决纠纷的作用。族规的内容一般涉及宗族社会内部秩序的各个方面，如要求族内患难相恤，守望相助，禁止族众赌盗、不务正业、斗殴和争讼等。遇到族内纠纷，则由族长召集各房长老或全体族人共同协商解决，对于违反族规的人，可以使用竹篙责打，还可以罚酒、罚谷、罚戏，甚至逐黜族籍（史风仪，1999）。宗族组织在清代有了长足的发展，并在司法权上实行有限度的自治，逐渐形成了具体的宗族调解程序和原则，具有很强的约束效力。清代宗族组织承担了大量对于民事关系的法律调整任务，通过对大量民间纠纷的调处，达到了维持封建秩序、巩固封建统治的目的（袁红丽，2009）。宗族规约是国家法律体系的一个重要补充，可调节本族内部的各类矛盾，稳定社会秩序（刘宗棠，2009）。当前农村宗族在纠纷解决中的权威性、在诸如村民讨薪过程中所表现出的强大的交涉能力，支撑了农村宗族在解决纠纷方面的功能，利于对社会秩序的有效控制、和谐社会的构建，是对国家纠纷解决能力不足的有效补充（骆东平，2009）。在对外关系上，传统宗族有保护并扩大本社区利益免受外界侵犯的功能。在战乱时期，乡村精英组织武装力量进行自卫。魏晋南北朝时期战乱年代中的宗族军事武装组织，起到了保护社区的作用（李卿，2005）。当然，在保护自己、防止外界侵扰的同时，也易发生为小事械斗之类的事，如莫里斯·弗里德曼（2000）研究了历史上东南地区频繁发生的宗族械斗事件，他综合运用各类资料，认为宗族为了保护自身的利益，械斗频繁发生，有为反对强制性捐款、摊派、抗税而械斗，也有宗族间为争田土、祖坟而械斗，因械斗还形成了超出暴力区域的合作同盟，作者还分析了械斗的动因、械斗前的动员、对参加者的许诺等。

（3）对现代化建设的作用。关于宗族对我国现代化的作用，研究者存在分歧，部分学者认为宗族对现代化具有积极作用。如陆学艺（2001）等认为：宗族文化作为具有几千年历史的中华传统文化，在现代化及后现代化过程中，将长期发挥重要作用。秦晖、苏文（1996）指出宗族是特定历史条件下与特定发展阶段上的"小共同体"，对个性发展与现代化进程具有促进作用。黄世楚（2000）认为宗族具有高度的适应性和灵活性，他通过现代化改造，促进现代化建设。杨平（1994）认为宗族对农村政治、经济、文化等方面具有重要作用，与国家政权也存在着较为广阔的合作空间，能与现代化相适应。更多的学者则认为宗族对我国现代化建设具有阻碍作用。比如：有的研究者认为宗族的复兴是一次文化的倒退，将阻碍我国现代化建设（何清涟，1993）。有的研究者认为宗族的封闭性限制了市场经济体制建设，影响了现代经济结构的形成，束缚着人们的市场经济意识，从思想上制约了现代化建设（吕洪平，2001）。还有研究者认为宗族文化影响社会体制运行、不利于社会整合，导致法律法规贯彻执行困难，延缓现代化实现进程（王沪宁，1991）。

三、关于农村社区建设与农村宗族关系研究综述

我国农村社区与农村宗族组织在地域范围上基本是重合的。农村社区是由血缘与地缘关系组织起来的，血缘关系在农村社会中占有极其重要的地位。血缘关系决定了农村基本社会关系，规定了居民的互动范围（王忠烈，2002）。可以这样说，在中国传统社会"除了宗族外，就没有社会生活"（梁漱溟，1983）。当前，宗族仍然是农村社区生产与生活的重要组成部分。无论古今，宗族与农村社区建设的关系都无法割裂。

（一）农村社区经济建设与农村宗族关系研究综述

关于农村宗族对农村社区经济影响的研究较少，且在少有的文献中又主要集中在对传统社会的宗族与社区经济关系的历史研究，而对现代社会中的宗族与社区经济关系研究更少。我们将与此直接或间接相关的研究归纳如下。

（1）农村宗族共有经济为农村社区经济发展奠定了基础。传统农村存在着族田、祭天、义田、学田、义庄等宗族共有财产。这些共有经济在互助共济、维护人类的生存与繁衍方面做出了重大贡献。族田族产也是家族经济实力的一种重要体现。这些共有财产为社区提供了道路、桥梁、水利工程等公共产品，为社区经济发展奠定了基础。同时，宗族通过经营族产而增加资产数量，从而进一步的为社区发展提供服务。如明清时期，许多宗族通过工商业活动（出租店屋、放高利贷、经营手工作坊等）增加家族财产，为本族社区提供服务（王日根，2001）。宗族的工商业活动富裕了一方人，推动了商人捐献，推动了族产共有经济的发展，并显示了其在社区的经济功能（常建华，1998）。宗族利用其经济收入进行互助，保障族员生产与生活顺利进行（田伟、任中平，2011）。明清时期商业发展增加了族产，成为宗族开展各种活动的经济基础（元廷植，1999）。

（2）农村宗族是实现社区和个体经济目标的手段。人们依靠宗族的力量凝聚为一个经济单位，在宗族内部开展相互间的经济协作、换工、相互借贷乃至合股经营，开展海外经济贸易活动，实现社区和个人经济目标。宋元时期东南地区商品经济有所发展，载货外洋较为发达，但政府执行消极的防御政策，限制海外贸易的发展，单凭个人难以实现海外贸易的目的，人们凭借宗族势力开展贸易活动、抵御"倭寇"、盗匪的侵扰，达到海外贸易的目标（王日根，2001）。目前，在制度内组织缺乏下，宗族组织是维护农民经济利益、保护自身合法权益的重要力量（买文兰，2001）。由于农民的收入受到气候、价格不确定性因素的影响，面临着较大的风险，宗族网络的存在或其强度的增加为农村家庭提供了更完全的平滑消费（郭云南、姚洋，2012）。

（3）农村宗族与商品经济发展的关系。冯尔康（2009）认为宗族产生于自然经济社会，同时在商品经济社会依然能立足，宗族与现阶段的商品经济有某种适应性和促进作用。韩国学者元廷植（1999）也认为宗族并不排斥市场，而是积极接受商品经济，建立市场，确保商业活动场所的主体，促进了商品经济的发展，使得明清时期宗族成长与商品经济发展相互促进。日本学者臼井佐知子（1991）对徽商进行了研究，认为徽州有其特殊性，地势险峻、受外界影响小，千百年来保持着宗族聚居的格局，资源少、谋生困难，长期保持着经商的传统，且网络特别牢固，为商品经济发展提供了条件。首先，徽商依靠同宗同族的信用，为资金融通提供便利，克服了流通中资本短缺；其次，徽商雇用同族、同乡作为商业经营者，解决其就业谋生问题；最后，徽商通过修编族谱达到为商业活动收集情报的目的。陈进国（2001）认为大量的家法族规、家训等突出强调族众当各安于四民之业，强调市场交易的公正性和公信性，要求族人不可萌生损人利己之心，不可乘人之危，对违反规范者以相应处罚。这对当时的商品经济实践产生了深远影响，促进了工商业的有序发展。张先清、詹石窗（2001）以东南民俗为例，探讨了宗族传统礼制对商品经济的影响，认为民俗本质上属于一种上层建筑，必须以一定社会的物质生产为基础，认为东南地区民风习俗的发展变化与其社会经济发展紧密相连，东南地区的经济发展推动了该地区民俗变化，而民俗的变化对该地区社会经济的发展有一定的影响，表现在：趋利的风俗局部刺激了明清东南社会经济的发展，民间奢侈消费风俗在客观上也促进了城乡手工业、商业的繁荣，并拓展了海洋经济，促进了海外贸易发展。在肯定宗族对商品经济发展具有积极作用的同时，很多学者揭示了宗族对商品经济发展的负面影响，如章友德（1995）较为全面地阐述了传统宗族对商品经济的遏制作用。他认为传统宗族对商品经济的发展具有以下消极影响：对劳动力人身自由的束缚、对商品经济生产市场的干涉、对商品流通市场的干涉、阻碍商业资本的积累、对新型商品经济经营方式的干涉。

（4）农村宗族对农村社区企业发展的影响。在古代，宗族钱会就为社区发展、为商业企业提供融资，成为民间资本投资商业经营的平台（胡中生，2011）。传统宗族钱会融资被誉为中国人互助协作最具特色的范例，这种轮流贷款的方式是满足商业、个人或宗族生产或生活资金需求的重要手段（明恩溥、陈午晴、唐军，2006）。当代有关农村宗族对社区企业发展作用的文献主要体现在家族企业方面。家族企业一开始是以乡镇企业出现的，带有社区色彩，是社区经济的重要组成部分，也是社区经济建设的主要力量。有学者预测今后中国的社区企业将主要是家族企业（潘必胜，1998）。从世界范围看，以家族作为资本来源和生产组织的家族企业是人类社会历史中最早出现的企业形式，目前高度发达的市场经济下，家族企业仍然是一种在世界范围内普遍存在的企业形式，美国有80%～95%的企业是由家族控制或拥有，《财富》500强中有超过1/3的企业受家族控制，有大约60%的上市公司仍然摆脱不了家族的影响。家族式管理是当前中国私营企业主要采用的企业管理模式，家族企业不仅在数量和分布上具有普遍性，而且在社会就业、国家税收和外贸易方面扮演着重要的角色（范烨，2009）。有学者认为宗族保护了社区企业的生产与发展，认为在中国这一产权制度缺失的国家，宗族组织对保护农村地区私营企业免受掠夺起到了不可磨灭的贡献，如果没有宗族的支持与协助，20世纪90年代早期私营企业数量可能会减少一半（Peng Yusheng，2004）。有学者认为家族企业是重要的有效经济组织形式。它将血缘关系和利益关系有机结合，并结合社区经济在地域上优势，是推动工业文明的有效载体（潘必胜，1998）。也有学者认为家族企业是低效的，易导致决策失误、引发企业整体利益与家族利益的矛盾（李旭辉，2005）。家族关系成为一种权力资源会扭曲企业组织内部正常的权力运行；家族统治导致企业权力结构的封闭性；家族统治实际上形成了一个特殊的利益集团，并按照"差序格局"为自已某私利（吕绍清，1995）。

（5）农村宗族对农业生产的影响。宗族势力的活动，干扰农业生产，影响经济建设这个中心，瓦解了集体经济。目前有些地方的农民通过串宗修谱，按照族谱上的山林地界索讨已集体化的族田族业，将国家的自然资源视为本族所有；通过大搞宗族祭祀活动，重建已经平整的祖坟，强占集体财产房屋作为本宗族活动祭祖的场所。宗族势力往往从自身利益出发，反对、抵制农村改革政策措施，阻碍了农业和农村各项改革的深入进行，使得农民群众的积极性受挫，资源难以合理配置（张善斌，2002）。

（二）农村社区治理与农村宗族关系研究综述

随着改革开放后农村宗族的复兴，学术界就农村宗族对农村社区治理影响的研究不断增加。综观当前的研究，主要涉及农村宗族在社区治理中的模式、农村宗族对促进农村社区治理的正面与负面影响、消除农村宗族对农村社区治理影响的对策等方面，我们将主要从这些方面就农村宗族对农村社区治理影响相关研究进行述评。

（1）农村宗族治理农村社区的模式。肖唐镖（2001）通过对江西和安徽等省九个村的调查后，按照社区内宗族的组成，将社区治理模式分为宗族强弱悬殊下的村治模式、单一宗族聚居下的村治模式和一强多弱宗族下的村治模式，不同的宗族状况对村治的影响不同。王沪宁（1991）对我国农村宗族在社区治理中的作用进行了研究，着重讨论了农村宗族中的传统族老在社区治理中的模式，并将其分为四种类型，即：一是享有一定的地位与威望、对社区的一些族内事务具有发言权的荣誉型族老模式；二是拥有一定权势和地位、在社区村落家族中起到调节作用的仲裁型族老模式；三是拥有较大的实质性权力和地位、对族内重大问题能做出决定的决策型族老模式；四是拥有较大的实质性的权力、具有最高地位的主管型族老模式。他认为在农村仲裁型模式最多，决策型模式较多，主管型模式较少且不断减少，认为宗族最终消亡是趋势。传统宗族权威的力量可分为三类：公共权威占绝对优势，宗族权威基本无作用；公共权威和宗族权威势均力敌，呈胶着状态；宗族权威较强，公共权威较弱。当前，这些有关农村宗族在社区治理中发生作用的模式研究较多、具有典型性。但是，由于我国幅员辽阔，宗族地域差异较大，不同的区域可能存在不同的模式。因此，这些研究只能代表某一个或几个区域，可能还存在很多其他的模式需要继续探索。

（2）农村宗族促进农村社区治理。传统宗族在现代化潮流中仍有其生命力，对促进社区民主、维护农民利益、维护社会稳定、达到善治的目的具有重要的作用，为此，可发挥宗族的部分积极功能。20世纪早期韦伯就肯定了传统中国宗族自治的作用，尤其是宗族利用公共财产，为内部成员提供服务（韦伯，1989）。俞可平（2002）认为传统的长老组织与宗族组织，诸如老年协会不仅有利于村庄正式权力机构的运行，而且还利用自己的资源与资金经营着社区许多公益事业。钱杭（1995）认为宗族的重建和转型有助于推动并提高乡村社会的自治程度和有序程度。贺雪峰、仝志辉（2002）认为宗族制度等习惯法是获得村庄秩序途径之一，宗族是社会联动的基础之一。汪忠列（2005）认为传统中国农村社会的治理结构是由国家政权和宗族权威的两者结合，既互相支持又相互制约，有利于组织参与社区民主。张善斌（2002）认为宗族组织可促进农村多元化利益格局的形成，对防止免受某些腐败分子和乡村基层干部的侵害起到一定的保护作用，成为制约正式权力的一种势力。宗族可以成为村治的辅助力量，能促进基层民主，加强民众对农村公共事务的参与，增强对基层行政的监督（徐声响，2012）。当选为村干部的宗族精英生活在宗族姓下，其行政作为都或多或少的受到熟人们的监督，不能不考虑大众舆论，使其行为不得越出这种信用及规矩，否则会受到宗族强有力的惩罚（贺雪峰，2003）。

（3）农村宗族破坏农村社区治理。农村宗族破坏农村社区治理表现在对抗基层政权组织、破坏村组干部选举、干扰党的路线方针政策的执行、增加正式制度的执行成本、降低政策的有效性等多个方面。于建嵘（2004）认为近些年来，一些地区的农村宗族势力通过修谱、建祠堂、祭祖等活动，联络的人员不断增加、组织日趋严密、规模日趋扩大，宗族势力不断增强，出现了宗族势力把持或对抗基层政权组织现象。陈永平、李委莎（1991）认为宗族对农村社区治理的影响主要有对村组干部选举破坏和向基层政权渗透等方面。曹泳鑫（1999）提出农村宗族与"地方政权结合在一起"，并且"干扰党的路线方针政策的执行"。A. F. 瑟斯顿（Thurston，1998）认为宗族组织利用村民自治制度影响村庄权力结构与运行。孙秀林（2011）认为宗族组织与民主组织之间是一种替代性的关系，作为非正式组织的宗族一旦发展起来，会对正式组织产生明显的替代作用，抑制正式的村庄民主的发展，限制基层民主的实质内涵。彭玉生（2009）以计划生育为例，论证了非正式组织会增加正式制度的执行成本，降低政策的有效性。这些文献有其正确的一面，但大多带有偏见，一叶障目，用传统思维看问题，或者站在政府维护社会稳定而不是站在农民的心理和利益需求角度考虑问题，不能客观、全面地评价宗族对社区治理的作用，脱离实际，不利于社区的有效治理。

（4）消除农村宗族对农村社区治理负面影响的对策。消除农村宗族对农村社区治理的负面影响，学者们从"正反"两个方面提出对策：一是对宗族进行严厉的打击措施，削弱宗族的作用，最终达到消灭宗族；二是加强对宗族管理，削弱宗族的影响。于建嵘（2004）认为消除农村宗族对农村社区治理的影响，要制定更为严格和规范的村民委员会选举规则，明确规定不许宗族势力干涉村委会选举，并制定对其进行严厉惩罚的具体措施，甚至可把破坏村委会选举作为刑事犯罪来加以处罚；采取强硬的措施，利用国家专政力量，打击利用宗族势力抗衡农村基层政权的不法分子。徐声响（2012）也提出对违反国家法律和政策的宗族活动则坚决打击、取缔。王沪宁（1991）认为应从全面促进社会资源总量的增加、加强社会体制对村落家族共同体的调控、积极推进乡村的文化教育等三个方面入手来促进村落家族的衰落，减少其对社区治理的影响。朱又红（1997）提出了通过加强农村科学文化传播而促进农民心理、观念和农民的生活方式的改变；通过加强法制教育而消除宗族对社区治理的负面影响。陈永平、李委莎（1991）认为应严惩利用宗族开展违法活动；提倡在农村大力开展健康向上的娱乐活动，消除宗族势力对农民生活方式的影响。肖唐镖（2001）则提出通过利用宗族的合理成分，达到减弱宗族对农村村治影响的目的。还有学者提出要实现农村社会稳定，应增强社区居民对政治权威的认同、削弱对诸如宗族权威的认同基础（蒲晓业，2005）。这些有关消除农村宗族对农村社区治理负面影响的对策，学者们论述较多、也较充分。有从积极引导、合理利用宗族视角，提出农村社区有效治理对策；也有从严厉打击并最终消灭宗族视角来消除宗族对农村社区治理的负面影响。这些研究对农村社区治理具有一定借鉴意义。但是，我们应该用长远的、发展的眼光全面看待问题，从农村社区治理的历史以及农村、农民与农业实际现况来进行思考和研究，既不能隔断历史，也不能漠视现实，以宽阔和包容的心态来认识宗族对社区的治理，积极利用宗族合理的一面治理社区，将农村宗族组织转化为农村现代社区组织，以达到农村社区善治目的。

（三）农村社区公共产品供给与农村宗族关系研究综述

农村宗族在提供社区公共产品方面虽然具有一定的局限性，但其作用不可忽视。传统宗族为农村社区族人提供了基本生存的社会保障，维持了农村社区的稳定和抵御外界侵犯，为社区提供道路桥梁、水利设施、农业技术发明与传播等农村公共产品。新中国成立后，宗族虽然遭到了打击，但是当时的农村村社与宗族组织几乎是重合的，村社的社会保障、农业基础设施建设等都是以社区也即以宗族为基础来提供的。目前，农村宗族在社区公共产品供给中仍然发挥着不可替代的作用（贾先文，2009）。

（1）农村宗族对农村社区文化建设具有一定影响。事实上，农村宗族及其活动对农村社区文化建设的作用显著。但是，对此方面的研究较少，没有足够的内容进行综述。所以，我们将一些农村宗族文化相关内容都罗列在此。第一，农村宗族文化与农村社区现代性关系。王铭铭（1997）以闽台三村为研究对象，利用社区调查，研究宗族文化对社区现代化建设的作用，并认为传统家族文化对现代国家制度与现代化进程具有重要的作用；宗族互助性的民间福利模式与民间生活观念是民间文化的重要组成部分，对社区现代福利制度具有现实意义，具有强大的适应性，是构成现代福利国家理论与市场慈善机构理论所无法替代的类型；家族民间权威的延续对现代幸福观、现代权威制度建设作用较大。他通过理解家族民间文化，反思现代性、促进现代化建设。第二，家族文化是农村社区的组织特征和文化特征。王沪宁（1991）认为家族文化是基于家庭活动的一定行为方式，不同的家庭活动方式构成不同的家族文化，家族文化从古至今在中国农村社区乃至整个社会中发挥着重要作用，其核心精神对传统社会和现代社会具有驱动作用，并认为以社区为范围的家族关系及其种种体制、观念、行为和心态构成了家族文化，是中国农村传统的组织特征和文化特征。肖唐镖（2001）等认为宗族文化功能在村治中具有重要的地位，是农村社会的重要特征。第三，家族观念、文化是农村社区的纽带。陈永平和李委莎（1991）以江汉平原的 5 个自然村为例进行了研究，认为虽然宗族是当前农村社区生活中一股潜在的破坏力量，但是以自然村为基础的居住模式形成了以血缘为基础的家族，是联系人们的纽带，家族观念、家族势力、家族活动使得社区居民紧密联系在一起，即使在新中国成立后建立的合作社内部，宗族也是连接其成员的一条无形的纽带。另外，宗族可以促进农村社区文化建设。冯尔康（2009）等介绍了中国香港、中国台北和美国旧金山等地的宗族文化活动后，认为我国内地宗族可以在开展娱乐活动、丰富人们的生活等方面发挥积极作用。

（2）农村宗族的凝聚力和道德权威能增加公共产品供给的有效性。滕尼斯（1999）研究了中国农村宗族和非洲部落，认为这些共同体的凝聚力和权威能有效解决公共事务。蔡晓丽（Tsai，2002）通过对 316 个行政村的调查，认为我国农村存在着与社区发展休戚相关团体，利于政府提高公共产品供给绩效，短期内可缓解村镇一级政府供给公共产品的压力，长期内将有助于推动正式体制改革，农民和政府都能从中获益。由于宗族具有一种强大的凝聚力和受众人默认的规定，可通过强化人们之间的血缘、亲情和面子等来增强其群体意识和主人翁意识，增加公共产品供给的有效性（汪洋、汪森，2010）。钟灵（2009）以社会保障为例，认为人对血缘的肯定、对祖先的认同和自身强烈的公益心是促使乡土社会资本发挥效用的催化剂，是宗族社会救助获得充足资金的重要途径。

（3）农村宗族的组织身份和结构影响农村公共产品供给。首先，作为非正式组织在与正式组织竞争中促进农村社区公共产品供给增加。在社区公共品投资过程中，正式组织是必不可少的，非正式组织也发挥了重要作用。在一个村落社区中只有当这两种组织并存时，为了强化各自的合法性和认同性，都会尽力增进社区居民的福利，这二者间的竞争导致了公共物品投资的增加，达到了一个最优的公共选择。在农村许多地方，宗族作为非正式组织在村集体解体之后，为当地社区公共物品提供发挥了重要作用（孙秀林，2011）。其次，宗族组织没有合法的正式身份，组织结构松散，运行不规范，组织机构、运行机制和约束机制不健全，使其对公众募捐的合法性遭到质疑，影响了宗族对公共产品的供给（钟灵，2009）。

四、简单述评

农村社区与农村宗族在地域范围上基本一致，据此两者应该是相互影响相互依赖的关系，研究农村社区建设与农村宗族关系的文献理应很多。近些年此方面的研究的确在增加，这为我们的研究奠定了基础。但是也存在着不足。研究者将农村社区与农村宗族割裂开来，分开研究，虽然各自的研究成果较为丰硕，但将两者结合起来进行研究较少，即使结合也是零散的，目前还没有一本系统研究农村宗族与农村社区经济、社区民主政治和社区文化关系方面的专著。

第一，农村社区建设相关研究成果丰富与研究成果缺陷并存。关于农村社区建设的研究文献较多，涉及农村社区建设的诸多方面，包括农村社区建设的原则、内容、模式、存在的问题与对策，不仅研究的范围广，而且深入到实质性内容。同时，由于我国新时期农村社区建设刚刚起步，对新时期农村社区建设研究上也还存在一些误区和亟待解决的问题。首先，对农村社区建设中的内源性力量重视不够，没有很好地挖掘和利用宗族等内源性力量来建设农村社区，内因不发挥应有的作用必定影响着农村社区建设的进程和社区全面发展。其次，理论与实践结合不紧密。一方面，农村社区建设的很多研究还停留在对试点社区经验的介绍上，没有进一步提升到理论高度，没能将农村社区建设与城乡统筹发展结合，也没有结合当地经济、文化、环境来进行社区建设；另一方面，很多研究大量介绍国外的社区理论，缺乏与我国农村的实际对接，没有体现对我国农民意愿的尊重，得不得农民的支持，其理论也就是"空论"，不能起到解决农村问题的作用。最后，对农村社区建设的内容还存在误解。一些研究者认为农村社区建设就是为农村提供公共产品，政界则认为农村社区建设就是拆除农民的旧房、集中起来建新房，没有认识到农村社区建设是一个系统工程，涉及经济、政治、文化、公共产品供给等多个方面，而且农村社区建设的内容也是动态变化的。

第二，农村宗族相关研究成果丰富和研究成果缺陷并存。关于农村宗族研究历史较长、成果较多，但问题不容忽视。农村宗族几乎伴随着整个中华民族的历史，其研究自古没有间断过，尤其是改革开放以来，随着思想的解放，人们得到了更多的自由，许多被视为非法的严格禁止的活动开始活跃起来，农村宗族也开始显性化，对其研究也不断增加，特别是 20 世纪 90 年代以来，出现了许多关于农村宗族的专著和系列论文，为进一步了解农村宗族打下了坚实的基础。但是，研究内容与现实结合不紧，尤其是在新时期如何利用、引导、改造宗族为新农村建设服务的相关研究还有待加强。纵观农村宗族相关研究，研究内容主要涉及对古代传统宗族的追忆，如对传统宗族的产生、功能的研究，而对现代宗族及其对现代社会的作用研究较少，仅有的少量关于现代宗族的研究，也是论述其消极功能，而没有意识到随着社会的变迁和现代化的实行，我国农村宗族也发生了变化，剔除了消极元素，加入了积极元素，能与现代化相适应，对新农村建设，对农村社区经济发展、民主治理、文化建设等具有重要的作用。同时，研究方法单一。关于农村宗族的研究主要是历史研究法，根据历史文献，研究农村宗族的历史，缺乏各个层面上的综合性研究，局限于局部或时段式的探讨。实际上，农村宗族不仅过去存在，现在、未来也会存在，而且将会继续发挥作用。宗族是一种管理组织制度，涉及经济学、政治学、管理学、组织行为学等学科，应通过实地考察方法，采用实证与规范研究、定量与定性研究，从经济学、政治学、管理学、组织行为学等多个学科进行研究，揭示农村宗族在新的历史时期应该发挥的功能。

第三，对农村社区建设与农村宗族关系的相关研究有所增加，但数量很少且缺乏系统性。无论是历史上还是现实中，农村社区与农村宗族是密不可分的，很多农村社区是由一个或者几个宗族构成的，农村社区的地缘与农村宗族的血缘是重合的，农村宗族应该是影响农村社区建设的重要因素。虽然农村社区建设与农村宗族相关研究有所增加，但是，数量与系统性仍然较为欠缺。从研究成果数量来看，研究农村社区建设与农村宗族关系的文章很少，也就是为数不多的一些论文。这些成果较为零散，缺乏科学、系统的研究，且大多停留在传统时期的农村宗族对农村社区建设的影响。目前还没有看到一篇全面论述农村宗族对农村社区经济、社区文化、社区公共产品供给等影响的专著。割裂农村宗族与农村社区应有的必然联系来单方面的研究农村宗族或社区，脱离了农村的现实，其实际意义不大。脱离宗族研究农村社区，也就是脱离本土文化、习俗来研究社区，无异于缘木求鱼。

第四，农村社区建设与农村宗族关系研究的内容有所增加，但是也还存在一些缺陷。关于农村社区建设与农村宗族关系的研究不断增加无疑给我们研究提供了借鉴、打下了基础。但在仅有关于农村社区建设与农村宗族关系的研究成果中也存在一些缺陷。首先，大多成果主要是对古代宗族对古代社区建设的影响研究，而与目前我国党和政府启动农村社区建设的现实结合不紧密，没有把宗族的转型发展与新农村建设下的农村社区建设统一起来，没有把农村社区建设与农村传统文化习俗有机的结合，没有意识到农村社区模式与农村文化模式是一致的，割裂了传统与现代的关系、宗族与农民的关系以及社区与农民的关系，漠视处于特定社区生存环境下农民的政治经济利益诉求，脱离了人性与具体的时空背景抽象地谈论社区建设。应摒弃自我文化优越论，尊重城乡社会生存方式和各社会阶层利益的多元选择，否则，社区建设得不到农民的支持，也就不能解决农村存在的现实问题，研究也就没有现实意义。其次，相关研究不能正确看待农村宗族对农村社区建设的积极作用。有些学者不能与时俱进，总用老眼光看待宗族，强化宗族的负面影响，认为宗族是封建社会的产物，其对社区建设的影响必然是负面的，障碍了社区民主政治建设和经济增长。虽然我们不能完全否认宗族存在某些负面影响，但宗族正在适应现代化发展的需要，进行了自我改良。作为弱势群体的农民，在与外界博弈过程中，宗族是维护其权利的重要途径，利用宗族来促进社区建设，体现社区建设的人文关怀，增加农民的幸福指数，从而得到农民的广泛支持，达到社区建设应有的效果。最后，关于农村宗族对农村社区建设影响的研究内容较为狭窄，不能公正、全面论证农村宗族对农村社区经济、政治和文化建设的作用，而是更多地体现为农村宗族的政治功能、宗族对农村社区民主政治建设的影响，而就农村宗族对农村社区的社会功能研究不足。

第五，关于农村社区建设与农村宗族关系研究的方法与学科还有待进一步改进。对农村社区建设中宗族影响的研究方法单一，缺乏多视野、多角度、跨学科的综合研究。研究方法上以历史研究为主，以文献研究和定性研究为主，缺少定量研究，缺乏系统的综合性的研究。研究学科也多局限于以历史学、社会学和政治学为主，缺乏从经济学视角和采用经济学的方法进行研究。而且各学科一般只从自己的学科出发研究宗族与社区问题，客观上降低了研究成果解决实际问题的能力和社会影响力。历史学通常注重宗族本身的研究，将宗族视为考古文物，很少研究宗族与农村社区建设的关系；社会学因对宗族缺乏整体认识，很难得出正确的结论；政治学也只站在自己学科看问题，一般仅仅研究宗族对农村社区治理的影响。缺乏多学科、多视角整体的综合性的研究。

据此，本书将根据现代农村社区的内涵，充分利用已有的研究成果，融各家之长补各家之短，采用文献研究、实地调研、个案分析、比较分析、定量与定性分析等多种研究方法，从政治、经济、文化和社会等多个视角，运用经济学、政治学、管理学、历史学、社会学等多学科，提出在农村社区建设中挖掘传统的"内源性"因素，结合本土文化，在政府的指导下遵循市场规律，利用社区自有资源，调动社区居民参与，使传统"内源性"资源在新农村建设中发挥作用，并综合地、较为全面地研究宗族对现代农村社区经济、社区文化及公共产品供给等各方面的影响，分析宗族社会资本作用于农村社区建设的机理，以尽力弥补研究的不足，促进农村社区全面协调发展。

| 第三章 |

农村社区建设中的两极失范与宗族社会资本的作用机理分析

政府与市场是农村社区建设不可或缺的最重要力量。政府机制与市场机制是农村社区建设的重要作用机制，发挥着不可替代的作用，推动着农村社区建设的发展。但是，政府与市场也存在着某些不足。这为农村社区固有力量——"聚族而居"的宗族发挥作用留下了空间，尤其是我国，市场发育不良、政府正在改革规范中，农村社区传统力量影响空间可能更大，尽管宗族可能存在某些消极作用。实际上，任何地区发展都必须依靠内源性力量，内源性资源也是农村社区建设的根本，必须加强农村社区内部化配置资源作用（温铁军，2009）。"聚族而居"的宗族是农村社区建设的重要内源式力量，宗族的某些功能是政府与市场无法具备的，宗族的道德机制、信任机制、网络机制以及声誉机制等能弥补农村社区建设中的政府与市场某些不足。它不是抛弃政府与市场，而是弥补政府、市场不足，配合政府与市场，共同促进农村社区建设。本章将分析农村社区建设中的两极失范，探究农村宗族对两极失范的补充作用，当然也不排除非宗族的负影响，剖析农村宗族作用于农村社区建设的机理，为后续研究打下理论基础。

一、农村社区建设中的两极失范

自从 20 世纪 30 年代以来，许多国家采取了政府全面干预，取得了明显的成效。但西方各主要市场经济国家在进入七八十年代以后，出现了一系列问题，使人们开始反思以前政府干预的有效性，政府与市场之间关系的讨论，又重新引起人们的关注。

就农村社区建设而言，政府失灵是市场发挥作用的依据，市场失灵需要政府矫正。但两者都存在缺陷时，即两极失范，使农村社区建设处于两难境地，需要有其他的力量来进行修补。

（一）农村社区建设中的政府失灵

很多经济学家、社会学家、行政学者认为政府能解决"搭便车"、外部性、信息不对称难题，维护公正、消除垄断。但是，政府失灵是不可否认的。行政管理系统的能力已经达到了效益递减的临界点，正向一种新的强调互动合作的协调机制发展。政府失灵造成资源配置效率低下，公众福利受损。

具体到我国农村社区建设，政府发挥着重要作用。21世纪以来，为了建好新农村，政府出台了一系列关于农村社区建设的政策措施，增加了不少投入，取得了一系列成绩。但是，由于政府固有的一些缺陷，加之其还存在一些亟待解决的问题，农村社区建设效果不尽人意。

1. 政府行为偏好导致农村社区建设的政府失灵

根据公共选择理论，政府组织及其官员都是追逐个人利益最大化的理性"经济人"，都有自己的偏好。而政府的偏好与消费者的偏好存在着偏差，影响了效率，不能使其效应最大化。

西方20世纪20年代以来的许多主流经济学家基本遵循了两套不同的理论假设：一方面是理性经济人的假设，将市场上的消费者与生产者假设为追求个人利益的利己主义的理性经济人；另一方面是仁慈政府的假设。其实，政府也是理性经济人，政府部门及其官员追求自身的目标，有时也为了自身利益而非公共效益或社会福利。正如公共选择理论将政府假设为经济人那样，政府的目标是和公众一样追求个人利益最大化：为了私利实施寻租与腐败行为；为了得到上级的肯定或名誉、地位、权力而致力于一些显性化或见效快的建设；追求部门预算的最大化等。如盖伊·彼得斯（2001）提出"官僚常常将其机关预算增加到最大限度的方法来扩大自己的权利并提高个人的收入"。诺思（1994）也认为掌握国家权力的人就会使用这些力量，在牺牲社会其他成员利益的基础上，谋取自己的利益。这些行为都可能导致政府目标与社会公共利益之间的偏离，造成效率上的损失。

（1）预算既定时政府行为偏好导致农村社区居民的效率损失。

借助微观经济学的理论，当预算既定时，满足效用最大化的条件就是下面方程的解：$MaxU = f(X_1, X_2)$

$$I = X_1 \times P + X_2 \times P_2$$

得到消费最优化条件：$MU_1/P_1 = MU_2/P_2$。其中，U 为效用；X_1、X_2 分别为政府的两种行为或服务；I、P_1、P_2 分别为财政预算、两种不同的行为或者服务的价格；MU_1、MU_2 为两种不同的行为或服务的边际效用。如图 3.1 所示，在政府配置中，如果政府偏好行为或服务 1，则服务 1 的供给会过多，使得其 A 点效应明显低于最优化的 B 点。从而造成农村社区居民效率损失，居民的利益不能最大化。

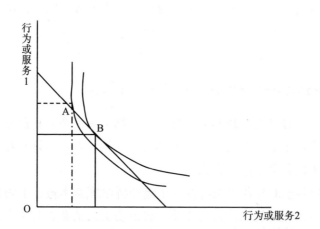

图3.1　预算既定时政府偏好导致农村社区居民的效率损失

同时，在农村社区建设中，由于财政有限，加上政府偏向于"政绩工程"，对农村居民急需的生产生活产品提供不足，农村居民还得依靠宗族支撑，如农村养老、农村水利建设即是如此。

（2）预算扩张时政府行为偏好导致农村社区居民的效率损失。

当预算扩张时，若预算增量全部用在政府偏好的行为或服务 1 的供给上，则其相对价格会降低，会出现替代效应（BD 段）和收入效应（BA 段）（见图 3.2）。对于供给规模不变的服务 2 来说，收入效应是正的，但产生了负的替代效应。且替代效应大于收入效应，总效应为负，说明相对价格较高的服务 2 惠及的人数较少，从而引致出现低效率。其负效率 = 替代效应 − 收入效应，负效率就是预算增加时农村社区居民的损失。

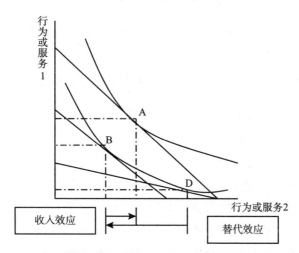

图 3.2 预算扩张时政府偏好导致农村社区居民的效率损失

（3）政府寻租与腐败行为导致农村社区居民的效率损失。

寻租是一种非生产性活动，会导致资源配置的扭曲，是导致政府失灵的重要根源。农村社区建设中的寻租损害社区建设的效率。如图 3.3 所示，在没有政府寻租与腐败行为时社区服务数量是 S_1，供求均衡点为 E；政府寻租与腐败行为存在时服务的供给是 S_2，供求均衡点为 F。显然有政府寻租与腐败行为时，政府服务减少（由 Q_1 减少到 Q_2）、价格上升（由 P_1 上升到 P_2），或者说在有政府寻租与腐败行为下社区居民要享受原来数量（Q_1）的服务，需要居民缴纳更多的税收、付出更大的成本。由此，效率受损，居民的福利减少。

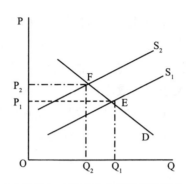

图3.3 政府寻租与腐败导致农村社区居民的效率损失

2. 政府决策、执行、监督困境导致农村社区建设的政府失灵

由于体制机制等多方面原因，政府难免出现决策失误、执行与监督困难，导致在农村社区建设中政府失灵。

第一，信息不完备导致政府决策失误。政府决策依据是信息，而信息不完全导致了农村社区建设决策失误。在科层的官僚体制下，政府普遍存在"自上而下"的决策中，很难获得准确、全面的信息。同时，公民作为消费者出于个人利益考虑不愿意表露自己对真实需求偏好或提供虚假信息，导致信息不对称，造成社区建设决策失误，资源配置扭曲，居民福利受损。

第二，决策执行的复杂性导致政府失灵。上面我们论述了政府决策存在着失灵。我们放宽假设，假设政府政策是正确的，同样也会因为政策执行困难难以到达预期目的。因为政府科层的层级存在，在执行中下级政府很难完全执行上级政府的决策。

第三，监督困境导致政府失灵。布坎南（Buchanan，1972）认为政府失灵行为的外部原因是缺乏一种监督约束机制，认为监督约束机制不健全，大公无私的官员也不能保证公共利益不受损。由于信息不公开，监督机构的信息来源于政府提供，而非来源于社区或社区居民，监督者因信息失真而难以实施真正的有效监督。

3. 政府垄断导致农村社区建设的政府失灵

在农村社区建设中，存在政府垄断导致竞争不足和效率低下现象。

一方面，由于政府行为绩效评估机制不健全和本身评估难度较大，政府利用公共资源进行社区建设时，缺乏采用有效的管理与生产技术降低其成本、提高效用的动力。当政府的行为出现失误时，缺乏一种可靠的终止这种活动的机制，其责任主体也不明确。

另一方面，政府行为影响农村社区建设效率。第一种是行政审批。政府权力具有垄断性，农村社区建设项目过度审批，影响了社区建设主体的多元化，如农村老年化下的养老院非常重要，但政府对养老院审批干预过多，则使得养老服务更加不足，或政府垄断供给造成质量低下、不能满足多元化的需求。同时，对NGO审批严格，金融门槛过高，造成"慈善不足"。第二种是政府直接经营、过度干预农村社区组织，导致社区组织行为变为政府行为。

另外，政府部门不受利润的约束导致效率不高。企业只有取得利润才能生存，因此它们需要降低成本，提高效率，以尽可能获取高的利润，而政府部门却不受利润规律支配。由于政府所需的经费，具有非价格来源，即来自政府的税收或来自其他非价格收入，收入来源与其在社区建设中的投入成本无关，政府及其官员也就没有动力降低社区建设的成本，提高政府自身运行效率来为纳税人节约资金，难免出现效率偏低现象。

4. 政府集权与单向性导致农村社区建设的失灵

政府依靠行政权力，自上而下领导农村社区建设，与社区之间建立垂直性、依附性的权利关系结构，通过行政命令指导农村社区建设。县乡政府与农村社区关系更是如此。在职能上，"划桨"与"掌舵"不分，政府既是决策者，又是执行者，集球员与裁判员于一身；在管理主体上，"政社不分"，政府垄断权力和资源，是重要的、甚至唯一的管理主体；机制上，管理机制单一，缺乏多元化管理方式。政府在社区建设中发挥主导作用，社区居民处于被动接受地位。如图3.4所示，政府集决策、投入、执行和监督于一体，政府与公众的关系是单向关系，居民没有话语权，被动地接受管理或服务，政府不能及时回应居民的需求。这个管理方式是以牺牲效率为代价的，难以满足公众多样化的需求。

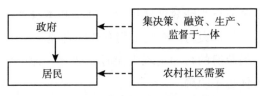

图3.4 集权与单向性导致政府失灵

（二）农村社区建设中的市场失灵

进入20世纪七八十年代以后，西方各主要市场经济国家普遍流行的"滞胀"怪病，政府的弊端使人们开始反思怀疑政府干预的有效性。因此，市场在各个领域的作用不断增强。在农村社区建设中，市场也不断代替政府发挥更大作用。但是，市场也存在失灵。

1. 市场偏离了农村社区建设的公共性

公共性是公共管理理论中的核心概念，也是农村社区建设的核心。但是，随着市场机制进入，农村社区的公共性受到侵蚀。企业是以营利为目的的，追求经济效率是市场的驱动力和本能，市场化将主要目标从以公民权为中心转移到以竞争与效率为中心的经济目标，市场更多地关注经济效率而不是公民的公共福利。这必然使农村社区应有的公共性减少甚至丧失。按照公共管理理论，公共服务的对象就是"顾客"，市场机制改革必然坚持"顾客导向"，而企业中的顾客的最大特点，就是按照市场的等价交换原则与竞争原则，产品和服务将售给货币支付多者，顾客的付费能力将决定其获得服务的质量和数量。市场导向改革导致公共性流失，付费能力低者或无付费能力者得到较少或较差的服务，从而造成社区接受服务的等级化，本应平等享受的公共性资源得不到保障，平等参与社会的机会被完全经济化、市场化，有悖于社区的公共性，违背了正义与公平。

市场化的倡导者提出将决策和执行分开，社区建设也应该实行"掌舵"与"划桨"的分离。企业分担了政府的部分职责，成为社区建设的承担者，政府充当决策者与监督者。但问题也难以避免，如图3.5所示，政府与企业有各自的价值导向，政府崇尚公平，市场需要效率，两者难以统一，在政府监督无力或者政府与市场"共舞"下，经济效率将成为首要的目标，公众效应最大化得不到满足。且政府把从居民得来的需求信息反馈给企业，由市场来回应居民的需求，而政府对居民需求缺乏直接回应。这种回应也是以利润为中心的，难以达到公平的目的。

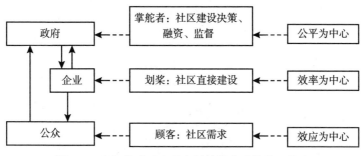

图 3.5　市场化难以实现农村社区建设的公正公平

2. 市场无法纠正农村社区建设中的外部性

农村社区建设更多地关注公共性，惠及多数人的行为，具有非排他性与非竞争性，因而具有明显的外部性。外部效应是独立于市场机制之外的客观存在，它不能通过市场机制自动削弱或消除，往往需要借助市场机制之外的力量予以校正和弥补。外在效应意味着有些市场主体可以无偿地取得外部经济性的好处，而从某种意义上来说，有些付费者就蒙受了外部不经济性的损失。出现了边际私人收益小于边际社会收益，而边际私人成本大于边际社会成本，私人成本收益和社会成本收益出现了差异，造成大量享受社区建设成果而不分担其成本"搭便车"现象。从而，造成社区建设的需求与供给不足。

如图 3.6 所示，某些农村居民付费享受农村社区建设的边际私人收益为 MR_1，这些付费消费行为给其他人、社会带来好处，因而社会边际收益 MR_2 大于居民私人边际收益 MR_1。而他们的私人边际成本（MC_1）大于社会边际成本（MC_2）。由于社区建设中有些成果的享受具有非排他性与非竞争性，都存在"免费搭车"的心理，希望他人付费消费而自己享受利益，出现了大量的需求不足。按照 $MC = MR$ 的原则确定社区消费的最佳均衡量 Q_1 和 Q_2，结果是私人的最佳购买量 Q_1 小于社会最佳需求量 Q_2，出现"需求不足"现象，市场难以克服。与此相联系的就是市场机制下供给不足。正因为社区消费需求不足，供给者会出现供给剩余。为了获得更多的利润，在下一次供给中，供给者会根据私人边际收益与私人成本来调整供给数量，从而，供给数量 Q_1 小于社会最佳需求量 Q_2。因此，依靠市场机制进行社区建设、为社区提供需求往往会偏离社会最优状态，从而导致需求不足与供给短缺"双失灵"现象。

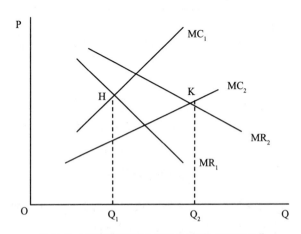

图 3.6　市场供给导致供给与需求"双不足"

3. 农村社区建设中市场存在信息不对称

市场在农村社区建设中发挥作用时的信息不对称包括生产者信息不对称（信息垄断）与消费者信息不对称（需求伪装）两个方面。它将造成供给结构失衡，无法满足居民的无缝需求。

为了逃避付费，实现"免费搭车"，消费者往往伪装信息，掩饰自己的消费偏好与消费数量，造成居民的需求偏好难以显示，信息缺乏，生产者难以确定供给的数量，造成供需均衡困难。同时，市场也存在着信息垄断，不对外公开社区建设中的相关信息，损害社区居民的利益。

4. 农村社区建设中存在市场垄断

完全竞争才能使市场配置达到帕累托最优，但完全竞争的条件非常苛刻，根本无法满足。同样，农村社区建设也不可能通过完全市场完成，使其生产恰好落在可能性边界，市场也存在着垄断。当需求者或供给者能左右一种商品或服务的价格时，不完全竞争就出现了，而偏离有效市场的重要原因之一就是存在不完全竞争或垄断。市场机制并没有解决垄断问题，比如农村社区的水、电等自然垄断行业，由政府运作改为企业化运作后，根本没有解决垄断问题，只是由政府垄断变为了市场垄断，居民的利益得不到保障。如图3.7所示，我们借助经济学理论，与完全竞争比较，分析垄断的损失。图中 AR_1、MR_1、D_1、P_1 分别表示市场垄断下社区建设的平均收益、边际收益、需求曲线及价格；AR_2、MR_2、D_2、P_2 分别表示完全竞争下社区建设的平均收益、边际收益、需求曲线及价格，且四线合一；MC、ATC 表示边际成本与平均总成本。由此，可看出垄断条件下社区建设的成本高于竞争状况（$P_1 > P_2$），提供的数量小于竞争（$Q_1 < Q_2$）；且市场垄断者获得了阴影部分 P_1AFH 的超额垄断利润，社区居民的福利损失（将垄断条件下因价格高而没有消费能力的居民考虑进去，且消费数量视为 0）为图中虚线阴影 P_1AGTP_2 部分。

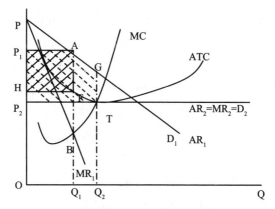

图 3.7　农村社区建设中的市场垄断损失

二、农村宗族对农村社区建设中两极失范的修补分析

上一节中，无论是政府失灵还是市场缺陷都可以概况为资源配置缺陷问

题。资源配置一般通过市场和政府实现。我们在此根据农村社区的现状，认为市场与政府对资源配置起到基础性作用前提下，宗族伦理道德、信任、规范、网络等社会资本（社会资本概念我们将在下一节论述）也是资源配置的一个重要方式。与市场和政府配置资源相比较，宗族无法回避其差序格局、半径狭窄、不规范、遇事走极端等局限性，但宗族社会资本在节约交易成本、克服经济理性和信息不足、促进居民有效参与等方面具有自己的优势，可弥补政府与市场的缺陷，与政府、市场一起，实现多重目标，促进资源的有效利用。

（一）节约交易成本，提高农村社区资源配置效率

资源配置实际上是个交易的问题，交易的实质，经济学上存在分歧，古典经济学与新古典经济学认为交易的实质是物物交换，新制度经济学则认为交易的实质反映着人与人之间的行为互动关系（康芒斯，1934），这牵涉到交易成本。科斯（1990）认为市场并非是"零成本"交易，提出了交易成本的概念，企业组织本质上是对市场的一种替代，目的是为节约交易成本。威廉姆森（2003）认为组织之间的优势在于交易成本的高低。张五常（1983）对交易成本进行了较为全面的论述，提出市场是产品交易的契约，而企业是要素交易的契约，企业的存在是因为企业内部通过科层对要素进行调配，交易成本较低。社区资源配置类似于企业内部交易，社区内宗族伦理道德、网络、信任发挥了重要的作用，促进了资源的流动与配置，将外部的市场交易费用"内部化"，以宗族为纽带将社区事务内部化，简化了交易手续，节约了交易成本。

首先，降低搜索信息成本。社会网络是参与资源配置的重要手段。任何经济行为都离不开网络，都被嵌入在一个主要由社会关系构成的社会网络结构中，政府和市场的资源配置行为及过程也一样。社会网络在一定程度上影响着资源流动的方向及效果。居民最了解自己的需求，社区组织和成员在本社区内利用宗族网络，联络各地的族员，通过族员联系其他人员，获取资源信息，减少信息搜索成本。同时，社区及其居民是具有内生性力量，居民长期居住在一起，是相互守望的"熟人社会"，信息一般不存在欺骗性，能在一定的程度上消除政府和市场的信息不对称问题，使得信息更加完备。

其次，降低执行成本。社区宗族具有很强的归属感、族人存在共同的身份认同、价值观和愿景，目标一致，激励成本大大降低，交易契约的履约率高。同时，由于规范机制和声誉机制的作用，违约的成本昂贵。所以，交易容易实现，执行成本较低。

最后，降低监督成本。伯纳德·巴伯（1989）认为信任可以减少监督成本，降低交易费用。无论是政府还是市场，要对交易进行监督成本居高。在委托—代理关系中，由于委托人和代理人通常有各自的利益，存在利益冲突，在信息不对称、缺乏监督下，尤其是人力资本努力程度难以度量下，道德风险和逆向选择就出现。于是，委托人会加强监督，增加成本。以血缘、地缘、亲缘为基础的宗族，以长期交易为基础，可以进行自我约束，减少交易的不确定性和双方对于监管机制的投资，其契约监督成本都低于纯粹的市场交易或政府交易。另外，血缘和亲缘等关系以及交易双方的关系契约性质，减少了机会主义行为倾向，降低了因"剩余损失"而产生的代理成本（范烨，2009）。

（二）跨越经济理性，实现农村社区建设多样化目标

资源配置方式不同，目标也不同。但无论是市场配置还是政府配置，资源配置的目标都是单一的，是实现效益最大化，满足各个主体的利益。通常意义上，市场配置资源，是寻求经济利益最大化，以最小的投入获得最大的收入，实现效率最大化。政府配置资源的目标是实现社会效益最大化，矫正市场失灵，促进公平。市场与政府配置资源无法克服自身的理性，他们往往为各种需求和实现各自的目标。

农村社区"聚族而居"的宗族也是资源配置的重要方式。宗族植根于血缘、亲缘和地缘关系，利用宗族伦理道德、信任、规范、网络等机制，可克服经济理性，实现资源配置经济效益最大化与社区福利最大化等多重目标。首先，遏制资源配置中的短期行为。市场交易中，交易行为是一次性的，宗族社会资本是反复博弈中形成的，是重复的持续性的交换关系，它天然存在于网络成员之间，因而可以防止资源配置中的短期行为，如欺骗行为发生，或者环境污染等外部不经济行为发生。其次，农村社区利用宗族

"熟人社会"，相互了解，信息相对较完备，能有的放矢地配置资源，具有计划性。最后，道德机制、声誉机制、规范机制等也会促进资源配置到公共产品领域，并给予有困难族人以帮助，促进公平。同时，宗族社会资本对防止市场中的过度竞争具有遏制作用，张五常（2009）认为风俗可以约束竞争，防止过度竞争的发生。至于政府配置资源时的缺陷，如寻租、腐败等，在社区"熟人社会"的下，在宗族社会资本各个因素作用下一般不会发生。

农村宗族社会资本通过跨越经济理性，提高了资源配置的社会效应。一般来说，农村资源比城市缺乏，尤其是资金缺乏，投入农村资金的边际效用会明显高于城市。但是，由于农村交通、水、气、电和通信设备等基础设施，以及发展环境方面，与城市比较，相差较大，经济效益也会偏低，有的投入周期较长。无论是相对还是绝对比较优势，目前农村都比城市差。所以，很多资源远离农村，农村难以得到急需的资金和人才等。由于宗族道德机制、网络机制、信任机制、规范机制、声誉机制，以及村庄记忆等的作用，族人不顾利润与收益，乃至面临亏损的危险，很多资源仍然投入农村社区，诸多资源的进入就是为了扶贫而投资，有的干脆就捐赠给社区。将这些资源吸引到农村最需要的地方，为当地的社会经济发展起到了巨大作用，发挥了很好的社会效应。

宗族通过克服经济理性实现农村社区建设目标多元化，满足社区居民多元化需求。政府注重公平与公正，一般是满足社区多数人的需求，而对于存在较大差异或特殊的需求就很难满足。正如约翰·密尔（1982）在其《论自由》一书中认为，"政府的工作趋于到处一样化；相反，个人和自愿联合组织则会做出各种不同的实验，得出无穷多样的经验"。市场利润导向难以顾及社区需求。宗族是一个大家庭，长期居住在一起，血脉相连、利益相关，对族人的需求反应灵敏，不能仅考虑利己主义、考虑经济利益，还要实行利他主义，把家族福利、社区福利最大化、生态环境保护以及社区的持续发展放在重要的位置，实现社区的和谐发展目标。正如萨拉蒙（2007）所言：市场与政府之外的部门能缓解物资短缺，支持社会服务，提供医疗保护和教育，能关注社会、艺术、文化、环境及宗教等多个领域问题。由此，宗族在配置资源时，融合了市场与政府的某些目标，如图3.8所示，宗族目标C，融合了市场A和政府B的目标，满足多元化需求。

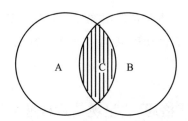

图3.8 宗族资源配置方式实现多元化目标

（三）吸纳居民参与，促进社区合作

市场利用价格机制、供给机制、竞争机制来配置资源，政府是依靠科层行政权力和行政命令来完成资源配置的。他们都具有"残酷性"或"强制性"，根本不留有回旋余地。市场基于自私的本性，为了获得利益最大化，会不顾一切地将资源配置到经济效益最大的部门。政府作为经济人，为了完成其使命，获得选票，迎合上级需要，通过政治权威，直接利用行政权威力量将资源配置到自己认为需要的部门或利用暴力机关直接指挥社区建设，具有高度的专制性。农村宗族组织是社区居民自己的组织，其规模小、灵活机动、接近基层、具有活力，能对居民的需求做出有效回应，代表社区意志来表达需求，在政府与居民的关系方面发挥着沟通与协调作用，通过合法渠道加以组织和安排，能够消解政府与民众的对立关系，形成政府与社区良性互动和良好合作，满足居民的需求、保证社会的稳定，在市场与政府之外发挥着弥补二者缺陷的作用，特别是在特殊的环境下发挥比政府与市场更大的作用。宗族配置资源会考虑到文化因素，利用宗族血缘、亲缘、地缘关系，依靠关系契约，合理人性化地将资源配置到需要的地方，在达到一定目的的同时，满足社区的需要。社区宗族伦理道德、风俗、习惯、家法（宗法）、村规民约等非正式制度是配置资源的重要力量，并取得了人们一致的认同。由于人类活动总是在相互联系与依赖中进行，需要相互支持，并非以独立的方式实现。人类行为不仅有追求个人利益最大化的需要，而且还有寻求社会群体生活和被认同的需要。特别是在农村，社区居民长期相互交往中形成的习惯、习俗和意识形态也可以作为其行为的指导与规范，能够推动协调的行动来提高社会的效率，能促进集体行动中的农民合作，提高农民整体利益，增进农村社会进步，使非合作博弈变为合作博弈。"在一个存在着囚徒博弈困境的社会里，互信合作的共同体将使理性的个人能够超越集体行动的悖论"。

（四）崇尚"差序格局"，呈现"矫枉过正"

不管承认与否，宗族事实上已成为配置资源的重要渠道。宗族在配置资源方面具有重要作用，同时也具有狭隘性。宗族崇尚"差序格局"的处事规则，以自我为中心，周围划出一个圈子，这个圈子的大小要按照中心势力的厚薄而定。自己是这种关系的中心，一切价值是以"己"作为中心。向内看是公、是群；向外看是私、是己。奉行特殊主义，普遍主义推行受阻。宗族内部沿用一套处事规则，向外是另外一套处事规则。对内，处事具有弹性；对外，处事不规范、破坏规矩，围绕自己设定的圈子配置资源，半径狭窄，严重影响资源进入社区。在农村社区建设早期，一方面，外来组织进入社区较少或进入受阻；另一方面外来组织进入后无法尽其所能。在农村社区组织稀缺、无人维护自身权利的情况下，宗族会发挥很大的作用，保护自身利益免受侵害，带动更多族人参与农村社区建设，运作成本也较低。但是宗族的这种作用发挥受制于既存的可以利用的关系和组织，而这种可利用的资源与关系的规模毕竟非常有限，限制了社区资源的利用，制约了农村社区发展。随着农村社区建设的广度与深度的增加，社区需要投入的规模扩大、项目增多，农村社区需要转型提质，资源配置的半径需要不断扩大，社区外市场主体需要不断增加，需要市场发挥更大作用，此时宗族不仅内部崇尚的信任、规范的作用力不够，而且也会阻碍其他组织进入和作用发挥。如果农村宗族不能尽快地向现代组织转变，规范化的市场组织不能尽快增加和发挥作用，那么农村社区建设的成本将会增加，资源进入社区将会受阻，严重影响农村社区建设的进程。

如图3.9所示，纵轴代表资源的配置与获取成本，横轴代表农村社区建设的广度与深度。图中斜线，一个代表现代市场组织，另外一个代表宗族。结合我国农村社区建设历史，在传统时期，皇权不下县，农村社区由"乡绅"带领宗族进行社区建设，此时外来资源少，基本无外界力量介入，即使有组织（包括政府组织）介入，没有宗族的支持，组织运作的成本非常高或者说根本无法发挥其作用，发挥作用的成本较高。这个时期，宗族有力地保护了族人利益免受外界的"掠夺"，宗族也基本是利用自身拥有的资源建设社区。新中国成立后，农村社区通过"队社"将居民高度组织化，宗族的作用被"队社"替代，全能政府代替一切其他组织，可以说是农村社区建设中的唯一作用发挥者。但是，这种"休克疗法"只是使宗族处于"假眠"状态，到了改革开放时期宗族迅速复苏，对农村社区建设起到了不可否认的作用。随着农村社区建设的广度与深度增加，宗族依靠自身配置资源显得力不从心，资源不够，需要外界资源与现代组织不断的进入，但是这些组织进入以亲缘、姻缘、地缘为基础的农村社区，难以取得信任和支持，讨价还价的成本较高，甚至遭到宗族"抗争"与抵制，使现代组织难进入、能量也不能发挥，影响了资源配置。当然，此时不排除市场的不完善、政府个别不规范行为侵害农民利益，社区族人为保护自己利益而进行抵制。但是，经过一段时间的"磨合期"，随着现代市场组织规范与完善，他们不仅不侵犯社区权利，而且还给社区带来利益时，宗族态度会开始转变（如图超过 B 点），现代组织将尽其所能，发挥其应有的作用，引领资源进入社区。而此时的宗族也在向现代化组织转化，如果能克服传统的弊端，宗族将会与其他现代组织一起在农村社区建设中发挥更大的作用。

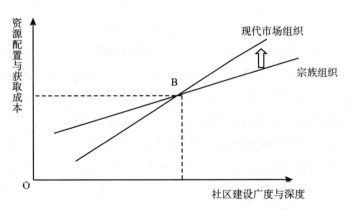

图 3.9　宗族、现代市场组织与农村社区建设成本

三、农村宗族社会资本作用于农村
社区建设的机理分析

农村社区是一个以血亲关系为基础建立起来的"熟人社会"，依靠"亲缘""地缘"关系，在长期的交往中形成互信、互助、网络、规范，这就是社会资本。宗族就是通过这些社会资本作用于农村社区，使得农村社区无论是在"皇权不下县"的传统无政府时期，还是在"以工抑农"的人民公社时期，抑或村民自治的当代，都能有序运转。

（一）农村宗族社会资本作用于农村社区建设的机理模型

1. 农村宗族社会资本内涵

不同学者对社会资本理解上存在差异。布迪厄（1997）认为"社会资本是现实或潜在的资源的集合体……是一种体制化关系的网络"；科尔曼（Coleman，1990）认为社会资本是个人将社会结构资源作为拥有的资本资产，它不仅是社会结构的组成成分，也是个人资源的一种，并成为组织社会生活中"看不见的手"。普特南（Putnam，2006）发展了此概念，认为"社会资本指的是社会组织的特征，例如，信任、规范和网络，它们能够通过推动协调的行动来提高社会的效率"。哈皮特和戈沙尔（Nahapiet & Ghoshal，1998）认为"镶嵌在个人或社会个体占有的关系网络中、通过关系网络可获得的、来自于关系网络的实际或潜在资源的总和"。林南（2004）则认为"社会资本是通过社会关系获得的资本……它借助于行动者所在网络或所在群体中的联系和资源而起作用"。诺思（North，1990）、奥尔森（Olson，1982）等认为社会资本除了社会交往形成的非正式的制度、规范外，还包括政治制度、立法体系、法律规则等正式制度关系和结构。就社会资本的构成要素，也存在争议。科尔曼（Coleman，1999）认为社会资本表现为义务与期望、信息网络、规范以及权威关系。普特南（Putnam，1993）认为信任、规范、网络、公民参与等是社区社会资本的重要因素。洛克纳（Lochner，1999）认为社区社会资本指标由邻里互动、集体效能、社区竞争力、社区归属感以及社区凝聚力组成。哈珀姆（Harpham，2007）提出社区社会资本应由网络、社会支持、信任、社会支持、互惠等指标组成。桂勇、黄荣贵（2008）总结了最常有社区社会资本的测量指标体系，并提出了社区社会资本的测量包括社区信任、地方性社会网络、非地方性社会互动、社区归属感、社区凝聚力、互惠与一般信任、志愿主义等指标体系。肖星（2007）提出了社区社会资本可设立为社区信任、社区网络、社区规范三大指标体系。也有对宗族社会资本进行界定的，但相对较少。桑德斯（Sanders，1996）等认为家族社会资本是家族的共同的目标、家庭成员紧密的联系和相互的责任。詹姆斯（James，1999）认为家族社会资本是在社会关系基础之上形成的以信任为核心的隐形资源。哈维（Harvey，1999）认为家族社会资本是家族成员之间的社会关系，这种关系是家族系统的关键特征。马淑文（2011）提出家族社会资本就是以家族的血缘、亲缘为基础，嵌入家族企业组织及创业者个体中的一系列规范和结构，它包括家族共同的价值观、相互的信任和家庭成员紧密的联系。陈至发（2010）认为家族社会资本是指基于血缘关系而形成的家族人际关系网络及其与之相联系的家族信任和家族规范。

本书认为社会资本是人们长期交往和博弈中所形成的信任、互惠、规范和网络。而宗族社会资本是依靠血缘与亲缘纽带所形成的互惠互助与信任关系，借助于宗族信任、规范和网络而发挥作用的一种隐性资本。

2. 农村宗族作用于农村社区建设的机理模型

社会资本是配置资源的重要方式。社会资本作为一种协调人际关系的非正式制度或者非制度化的行为规则，较之国家干预和市场调节，是更为节约成本的资源配置方式，由此奠定了既不同于国家干预也不同于市场调节的"另一只看不见的手"（李培林，1994）。农村宗族积淀的社会资本非常雄厚。宗族伦理道德、风俗、习惯、家法（宗法）、村规民约等在配置资源方面发挥着重要作用。宗族通过参与网络机制、信任机制、互惠规范机制，支撑着人们行为，协调社区居民行动，降低交易费用，提高社区运作效率，促进集体行动中的农民合作，提高农民整体利益，促成居民合作，使非合作博弈变为合作博弈，促进农村社区建设。当然，我们并不否认宗族的封闭性和排他性、对族人个体成员的限制、为族人获取非正当利益的负外部性等对社区建设的负面影响（Portes & Landolt, 1996）。

哈皮特和戈沙尔（Nahapiet & Ghoshal, 1998）将家族社会资本分为结构维度、关系维度和认知维度三个维度。结构维度反映家族网络的结构特征，关系维度指信任、规范与惩罚、义务与期望以及可辨识的身份，认知维度指组织内共享的语言、符号和默会、共同的理念、共同愿景和价值观。借鉴哈皮特和戈沙尔（Nahapiet & Ghoshal）这种分类，范烨（2009）《基于社会资本理论视角的家族企业治理研究》、陈文婷、何轩（2008）《家族社会资本与创业机会识别问题探讨》、郭毅、朱熹（2003）《国外社会资本与管理学研究新进展——分析框架与应用述评》等文章，结合农村宗族社会资本及其对社区发挥作用的现实，构建农村宗族社会资本作用于社区的运作机制模型（见图 3.10）。这些机制是相辅相成的：宗族伦理道德、规范是信任、声誉的基础，宗族网络促进信任、规范、权威的建立和维持，信任、声誉促进了规范的巩固与网络的扩张。正是通过这些机制的协同作用，共同动员网络资源，提高农村社区获取资源的能力，遏制免费搭车和机会主义，减少社区建设的交易成本，增强农村社区合作能力。

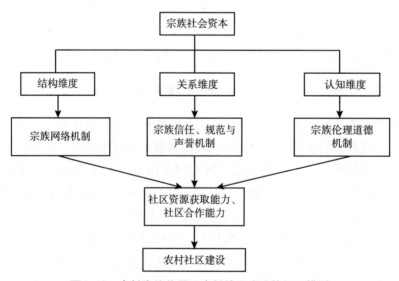

图 3.10　农村宗族作用于农村社区建设的机理模型

（二）农村宗族社会资本作用于农村社区建设的具体机理

宗族社会资本是通过以下几个机制的共同作用而对农村社区建设产生影响的。我们将逐个分析每一种机制的作用机理。

1. 宗族网络机制

格兰诺维特（Granovetter，1973）将社会网络划分为强关系与弱关系两种不同的形式。仅相识或偶然接触的松散的关系属于弱关系，亲朋好友之间是强关系，宗族血缘关系是比强关系还要强的关系。巴尼（Barney，2003）干脆将家族血缘关系独立出来，形成家族血缘关系、强关系、弱关系三个关系维度，认为家族网络关系能发挥更大的作用，实现家族内成员共享信息，且分享信息的意愿在强关系与弱关系中是依次递减的。

任何行为都离不开网络，任何主体都被嵌入在一个社会网络结构中。农村社区由联系非常紧密的宗族网络构成，宗族网络促进农村社区发展，促成社区组织和成员在本社区内利用网络进行互利性合作，减少社区内的摩擦，使得交易得以进行；宗族网络及其网络的密度与强度也决定了农村社区获取资源的能力，提高了农村社区合作能力。

同时，宗族网络不断的外推，构筑新的开放网络，成为社区获取资源的基础。宗族原本是一个闭合的网络，但由于宗族成员不断向社区外流动，宗族网络延伸到圈外，构筑了新的网络关系，并呈现出发散性的特点（见图3.11）。通过圈内宗族社会资本和血缘、亲缘网络纽带，带动圈外宗族网络关系，圈外宗族网络关系又通过其联络的没有任何血缘与亲缘关系的"拟家族关系"（杨善华，1999），编制了一幅为农村社区服务的开放性网络。宗族网络的扩散将宗族内部网络和外部网络、正式的网络与非正式的网络交织在一起，使得社区可利用的社会资本增加，尤其是族人流向上层社会，并利用其网络关系，将正式的权力、资本引入社区，获取更多的有关人才、资金、市场、政策等信息，这些信息通过宗族网络传播，被网络成员分享，并将社区外资金、技术、文化、管理模式引入农村社区，改善农村社区的基础设施和社区环境、提高管理水平、促进社区经济发展，提高社区居民的福利水平与消费指数。网络越大获取的资源越多，社区发展得越好。但是，对网络半径小的农村社区发展不利，从这一种意义上来说，也是一种社会不公平问题。

宗族网络向
社区外延展

宗族社区
内社会网络

图 3.11　宗族社会网络扩展

2. 宗族道德舆论机制

宗族道德舆论机制是农村社区建设的基础。随着政府权力的减弱从农村退出，农民成为社区建设的主体，农民是否有作为关系到社区建设好坏。在农民没有"硬约束"下，依赖"打断骨头连着筋"的血缘关系以及千百年形成的宗族伦理，通过千万次的博弈所建立起来的宗族道德原则、行为规范是评判、监督社区成员的标准，并形成良好的道德舆论氛围，克服了政府与市场配置资源的缺陷。宗族伦理、道德和舆论机制激励居民考虑到本社区具有血缘、亲缘及地缘关系的族人利益，将人力、物质资源等带入到社区，促进社区的福利最大化。所以，这种机制配置资源时，会跳出市场的理性，往往将资源配置于经济效益明显偏低的领域，比如宗族人员回到本地工作，宗族人员的企业落户收入较低、条件较差的社区，就是宗族伦理、道德和声誉机制起了作用，社区福利是其投资主要目的。同时，农村社区每一个成员都处于道德舆论监督下，一旦有"违规"行为，必将招致众人的批评、指责，并产生直接或间接损失。一次危害社区集体利益的行为立即会通过既有的标准进行舆论，并得到整个族人的报复，使利益既得者被团体边缘化，对背叛者进行惩罚，让背叛者无法享受某些免费搭车的非集体性物品（贾先文，2010）。道德舆论机制成为社区建设的一种正能量，维护社区正常运转、促进社区合作、降低了逆向选择和道德风险的发生，推动着社区建设。当然，它也有可能成为维护小集团利益，破坏其他群体利益的工具。

下面两个表分别反映了不存在道德舆论机制（见表3.1）和存在道德舆论机制（见表3.2）下的农村社区建设的合作状况。表中每一栏前一个括号表示参与者1的收益和成本，后一个括号表示参与者2的收益与成本，括号中的前一个数字表示收益、后一个数字表示成本。由表3.1可知，舆论道德等社会资本缺乏下，相互不了解的陌生人之间的合作，双方都担心别人搭便车，合作者将会承担比不参与合作者的两倍的成本（2Y），均衡结果是纳什均衡，即双方都不合作。而存在宗族道德舆论下，深知合作的益处和"违规"的后果。不劳而获者将受到舆论的谴责和被边缘化，并产生直接损失（互助、信息、借贷）和无形的损失（感情、信任、声誉），协同合作将实现双赢。如表3.2所示，"违规者"因为舆论受到损失，其中 N > X，说明不合作者成本大于收益，使其受损；M > 0，说明不合作使得双方都受损。由此，道德舆论机制在促进社区建设方面发挥了重要的作用。

表3.1 道德舆论缺乏下农村社区建设合作博弈

		参与者2	
		参与合作（收益、成本）	不参与合作（收益、成本）
参与者1	参与合作（收益、成本）	(X, Y), (X, Y)	(X, 2Y), (X, 0)
	不参与合作（收益、成本）	(X, 0), (X, 2Y)	(0, 0), (0, 0)

表3.2 存在宗族道德舆论下农村社区建设合作博弈

		参与者2	
		参与合作（收益、成本）	不参与合作（收益、成本）
参与者1	参与合作（收益、成本）	(X, Y), (X, Y)	(X, 2Y), (X, N)
	不参与合作（收益、成本）	(X, N), (X, 2Y)	(0, M), (0, M)

3. 宗族信任与规范机制

信任是社会资本的核心构件，是一种积极的态度，相信他人不会在事后采取机会主义行为的预期；它是构建集体的基础，是个人之间对于相互合作所持有的信心（李新春，2002）。家族信任是家族亲缘利他主义的来源，是将家族成员聚合为一个整体的粘结剂（吴炯，2013）。信任是一切行动得以进行的基础。而信任需要规范来保证，规范能促进信任产生。人们可以在一个行为规范、诚实而合作的群体中产生基于共享规范的期望（福山、曹义，2003）。在一个存在着囚徒博弈困境的社会里，互信合作的共同体将使理性的个人能够超越集体行动的悖论（罗伯特·普特南，2001）。信任与规范支撑着农村社区建设。宗族的血缘亲缘关系是人们相互信任的基石。以血缘、亲情为基础而建立起的信任关系本质是一种血亲本位的信任。由于信任，族人对预期收益确信无疑，确信他人不会发生逆向选择和道德风险。加之族人长期居住在一个社区，经过了成千上万年的若干次博弈，交往中相互了解，彼此信任，具有相同或相近的文化背景、共同的或比较接近的生活习俗、共同或近似的生理特征、认同的意识形态和行为规范，约束着社区居民的行为，成为其行为的指导与规范，配合着政府的社区建设决策的制定和执行，实现着居民共同的社区建设愿景。

信任也秉承"差序格局"（见图3.12）原则，并由此带来不同的交易成本。越往内部，血缘、亲缘关系越浓厚，人际信任与人格依赖程度高，机会主义行为发生的可能性小，协调人们的行为越容易，社区建设的决策越容易制定与执行，社区建设的交易成本越低；越向外侧，人际信任度低，预期机会主义行为发生的可能性大，协调人们的行为越难，由此产生较大的交易成本，阻碍着社区建设。

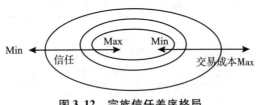

图3.12　宗族信任差序格局

4. 宗族声誉机制

人类行为不仅有追求个人物质利益最大化的需求，而且还有寻求社会群体生活和被认同、获取声誉的需要。为获得声誉，人们会诚实交易、信守合约、真诚合作。当个人为集团利益作贡献的激励缺乏时，大多数人所看重的朋友和熟人间的友谊，以及他们很看重的自尊、个人声望以及社会地位等可能会激励他们为集团利益而合作、出力（奥尔森，1995）。农村社区"聚族而居"，大多数社区由多个宗族组成，宗族内部又分为若干房支，宗族之间以及宗族内部的房支之间存在竞争。这种竞争更多地表现为声誉竞争。作为"熟人社会"的农村社区，农村居民将声誉视为生存的意义所在。为了"面子"，他们会"谨慎行事""克己奉公""严守规矩"。声誉机制调节着社区居民的行为决策，使得居民保持着有限的理性，避免利用欺诈"非声誉"来实现自我利益最大化，促进族人积极合作、鼓励族人出资出力或者通过族人拉动更多的人参与社区建设，促进社区"合作"的形成，减少了交易成本，遏制着机会主义的发生。

| 第四章 |
嬗变中的农村宗族与转型中的
农村社区建设的适应性分析

　　农村宗族历经几千年，虽然保留着某些传统因素，但变化巨大。随着社会发展，农村社区也在转型。不可否认，当代农村宗族与农村社区建设也存在着某些不匹配现象，但是总体来说，变化后的宗族与转型后的农村社区建设是相适应的。本章将论述农村宗族发展沿革、农村宗族嬗变、农村社区转型，并对嬗变中的农村宗族与转型中的农村社区建设的适应性进行分析。以此作为后文研究的总括。

一、农村宗族发展沿革

　　纵观历史，我们将农村宗族划分为新中国成立前的传统宗族、新中国成立后的隐形宗族和改革开放后的现代宗族三个大的阶段。

（一）新中国成立前的传统宗族

　　传统宗族的宗法性很强，家国一体、家国同构，政权与族权长期交织在一起，宗族的等级序列和国家政治的行政序列合二为一，只是在不同时期政权与族权孰轻孰重差异而已。可以说，整个国家是一个宗族，皇帝是最大的族长，其他成员构成皇帝的子民。即使是民国时期政权也没有脱离族权，蒋介石统治时期也就是"四大家族"的统治。国民政府权力企图极力深入到乡村，破除族权的影响，但是没有达到目的，乡村仍然是依靠具有宗法性的乡绅维持运转。传统宗族系统组织严密，采取族长族权统治，具有严格的管理规范，可按照本族制定的私法处置族民，有自己的祠堂和完整的族谱族规。根据宗族的宗法性、民众性等特点，我们将传统宗族可以划分为四个阶段。

　　第一阶段是宋代以前的宗族。周代的分封制与宗法制紧密结合，家国不分，利用世袭的各宗族首领统治和管理国家。后来秦朝采取了郡县制度取代分封制，世代相传的贵族宗族消失，但是一直到隋唐五代十国时期，政府官员基本来自有权势的氏族。这个时期，宗法制度与权力等级紧密相连，且等级森严。虽然后来有少数民众参与，但祭祖立庙基本是贵族的特权，宗族还基本是贵族达人的组织。

　　第二阶段是宋元间的宗族。大官僚掌握着宗族，由其主持组织立庙修谱，设立义庄，接济族人，但是官僚的世袭性进一步减弱，官僚宗族难以维持长久。而民众的参与不断增加，民众关心宗族建设，并积极参与了立庙祭祖，宗族的民间化明显增强。宗族被置于国家政权的掌控下，平民百姓依附同族的某一官员，在官员带领下，共同建设自己的宗族。

　　第三阶段是明清时期的宗族。平民广泛参与宗族组织，成为宗族活动的主要成员。宗族组织进一步普遍化和民间化，宗族祠堂不断出现，族谱编写和祖先祭祀普遍。宗族事务的主持人也不再是政府官员，而是绅士或一般的普通百姓。政府对宗族的干预减少。宗族的义田族产等共有财产不断增加，宗族活动具备了一定的物质基础，宗族参与社区建设也明显增强。当然，此阶段皇权依靠族权管理基层，朝廷推行乡规民约，以此规范基层社会，维持社会稳定。

　　第四阶段是民国时期的宗族。皇权被推翻，国家性的宗族组织被消灭，几千年的封建社会不复存在，但是封建思想的影响并没有消除，所以这个时期还不断出现袁世凯充当世袭统治的皇帝、张勋复辟等事件。同时，宗族已经完全平民化，国民可自由参与自己宗族，国家也希望通过宗族建设而实现国族建设，以反对帝国主义的侵略，维护国家权力。此阶段政府急切希望把权力渗透到基层，但是没有获得成功，基层农村社区依然是依靠地主豪绅"代理人"对本族进行统治，利用宗族共有财产相互救济，维护社会稳定，农村宗族制度并未被彻底改造，宗族仍是村落社区政治权力的基础。因而，我们把此阶段仍然定位为传统宗族。

传统宗族通过族田族产、义田义庄实现互助共济。开展生产与生活互助，为族人提供基本生产与生活保障；大力兴办教育，支持优秀族人完成学业；维护社会秩序，防止外人入侵；发展公益事业，为社区提供道路桥梁、水利设施、农业技术发明与传播等公共产品。在生产力极其低下的传统社会，宗族在维护族人乃至人类的生存与发展做出了巨大的贡献。

（二）新中国成立后的隐形宗族

新中国成立后，政府权力迅速延伸到乡村，宗族封建势力受到了严厉的打击，政府组织代替了宗族为农民提供各种服务，农民得到了自由。但宗族没有被消灭，而是以隐形的形式存在着，并发挥某些作用。

一方面，国家采取一切措施消灭宗族的经济、政治、文化基础，使其失去了活动能力。新中国成立后，通过土地改革和合作化道路在短短的几年内将土地收归集体所有，农民个人或家庭不再拥有土地，宗族失去了活动的物质基础。土地改革基本消灭了封建地主豪绅，宗族势力的权威领导人物不复存在，后来又通过人民公社化建设，政府的权力真正地深入到乡村，农民融入公社大集体中，宗族失去了政治基础。人民公社将宗族习俗作为严厉的打击对象，加上"文化大革命"时期的破"四旧"，宗族祠堂、族谱被基本销毁，宗族风俗习惯以及宗族活动被暂时地隐藏起来，宗族暂时失去了文化基础。通过新政权的一系列运动，宗族制度丧失了合法性，也失去活动能力，农民无法将宗族视为自己生产与生活的依靠。

另一方面，政权深入到农村，接替宗族发挥全能作用，削减宗族势力的影响。由于地主豪绅这一宗族权势被消灭，加上底层农民积极拥护新政权，国家势力很快深入到农村。通过人民公社运动，政府将农民编入各个生产大队。政府是对农民进行管理和服务的全能机构，通过人民公社下的生产大队这一代理人而非宗族组织实现对乡村的管理。由大队安排组织集体生产，由人民公社负责提供教育、文化、医疗、治安等。政府有效实现了对农村的治理，让人们更主要地信赖政府而非宗族。

但是，政府对宗族的打击以及代替宗族发挥作用，并没有使宗族真正意义上消亡，宗族仍然发挥着重要作用。由于几千年的宗族意识不是短时间可以改变的，也由于政府划定的生产队组织与宗族组织在地域上的吻合，"聚族而居"的现实没有改变，也没有阻止宗族隐形的活动，宗族网络没有被破坏，并维持着其生存空间。宗族成员互相协助合作、相互救济、相互提供亲情、相互给予归属感等仍然较为普遍，弥补了政府管理与服务中的不足。

新中国成立后，国家给予宗族封建势力以毁灭性的打击，废除了族长族权的统治以及按照私法处理族民的权力，摧毁了腐朽落后宗族伦理与制度，废止了借助宗族伦理、家族制度、"三纲五常"的道德教化进行社会控制的权力，个体获得了自由，为公民社会的形成奠定了基础，也为传统宗族向现代转化奠定了基础。但是，政权是从上而下在强制力作用下进入乡村的，而非从下而上由村庄农民自发要求的，是外生而非内生型的，在各类保障不完善下，农民对宗族依然存在依赖感。宗族的某些功能可以使他们的人性得到复归、舒展、满足。因而，如果政府宏观强制力减弱，隐形化的宗族将会显性化，宗族某些活动将会很快出现。这在改革开放后也得到了印证。

（三）改革开放后复兴的现代宗族

经过新中国成立后 30 年的整治，农村宗族没有被消灭，而是在改革开放后迅速复活了，但是人们的宗族观念和行为已经发生了改变，为建立现代宗族打下了基础。

政府权力对基层乡村的控制减弱，给宗族以生存的空间。人民公社解体，村民委员会成为基层农村群众性自治组织，不是上级政府的隶属机构，政府权力与基层乡村社会不再是控制与被控制的关系。同时，人民公社的解体，集体组织生产方式的废除，家庭联产承包责任制的实行，村级组织与农民不再是直接的领导与被领导关系，农户自己配置资源和组织生产，农民再次获得了人身自由，农民对政权的依赖关系和人身依附关系废止或者明显减弱。政府通过后续的一系列改革，下放权力、层层授权，改变了政府包揽一切社会事务的职能模式。同时，改革开放后生产力得到了解放，经济得到了快速发展。另外，宗族弘扬传统文化、组织集体行动、发展经济协作、促进招商引资等方面的积极功能得到了各级政府的认同。这使得宗族在政治上、经济上具备了条件，被压抑了30年的宗族获得了重生的机会。

农村社会转型，呼唤农村现代宗族复兴。首先，人民公社废除后，政府从农村抽身，把农村医疗、基础设施建设、村庄管理等公共服务交给农民。随着后续的行政改革的推进、政府职能的转变，政府将原属于自己的权力归还给社区。这需要一个值得信赖的强有力组织来动员、领导农民参与这些事务、行动。其次，随着农村家庭联产承包责任制的实行，由原来的集体组织生产变为由农户家庭组织生产，与其他生产活动一样，农业生产缺少不了协助，重型体力活需要农户之间合作。再次，随着社会转型、经济的发展，农民收入水平不断提高，社区矛盾与纠纷也随之增加，社区的不确定性因素也明显增多，而人民公社解体后，村委会对农民的控制力和约束力减弱。最后，人民公社解体和市场经济的实行，单个农户处于弱势，农村宗族这一属于农民自己、可完全值得信赖、地缘上便利的血缘组织再次应运而生，并快速发展，且在农民的生产与生活方面发挥了巨大的作用。

农村宗族复兴的标志明显，发展较快。关于农村宗族复兴的标志存在很多争议，一般认为建宗祠、修族谱、举行各种祭祀活动等是农村宗族复兴的标志，正如冯尔康（1994）所言：有修家谱、建宗祠等类似的任何一项活动，都表明族人有了组织，都是宗族成立的标志。改革开放后，宗族一系列的活动迅猛发展。第一，修复或重建了自己的祠堂。祠堂是存放族谱、开展祭祀活动的重要场所，其建立使得宗族有了标志性有形场所和无形的精神寄托场所。第二，开展修谱活动。族谱是表明是否属于宗族一员的标志，也是敬宗收族、团结族员、复兴宗族的手段。修订族谱时，宗族中比较有号召力的族员会广泛联系同宗成员，获得资助。完成修谱后会举行大型的歌舞晚会，邀请族员，尤其是在外工作、有地位的成员参加，以加强宗族成员的认同和亲情关系，强化宗族观念。第三，开展宗族活动。在节假日或其他特许时期开展祭祀活动、歌舞晚会、庆祝活动、红白喜事等。

我们以宗祠、族谱为宗族复兴的标志，对部分省份的宗族复兴情况进行的调查，调查结果见表4.1。从调查的14个省份来看，宗族复兴比例很高，拥有族谱与（或）祠堂的宗族达到了调查样本的29.3%。近些年对原有的族谱进行重新修订宗族比例达到10.6%。同时，从数据来看，需要指出是南方与北方宗族复兴的情况差别较大，南方明显高于北方，其中以江西和福建两省为最高。

表4.1 　　　　　　　　　　宗族复兴情况调查

南方省份	有族谱的宗族	有祠堂的宗族	样本数	北方省份	有族谱的宗族	有祠堂的宗族	样本数
湖北	40.6%（18.6%）	31.4%	86	河北	11.3%（5.4%）	7.8%	116
湖南	46.1%（26.4%）	35.7%	183	河南	20.6%（12.0%）	9.7%	80
广东	18.3%（10.1%）	20.5%	51	陕西	11.9%（8.6%）	13.2%	68
浙江	27.5%（16.2%）	19.3%	26	山西	33.0%（13.0%）	11.7%	69
江西	58.9%（37.6%）	36.7%	82	宁夏	21.4%（9.7%）	6.9%	20
贵州	30.2%（13.2%）	24.8%	32	天津	5.1%（0）	0	24
福建	36.4%（20.8%）	27.0%	31	山东	16.5%（3.2%）	10.3%	27
合计（平均）	36.9%（13.7%）（180）	27.9%（136）	491	合计（平均）	17.1%（7.4%）（69）	8.5%（34）	404

南方与北方省份合并统计情况	样本数	895（100%）
	有族谱的宗族	249（27.8%）
	有祠堂的宗族	170（19.1%）
	有族谱或（与）有祠堂的宗族	263（29.3%）

注：①此表格括号内的百分比表示对族谱进行重新修订的宗族比例。由于祠堂重建不多，没有列出。②此调查不完全是按照姓氏来进行，有的是以村为调查单位来完成。③表格的填写或者电话采访，有的是由各个村民完成，有的是由村干部完成。④样本有限，只能基本说明宗族复兴的大体情况。

二、农村宗族的嬗变

当前的宗族是传统与现代的结合，宗族在保留或继承一些传统因素的同时，对自身进行了革新，增加了新的积极进步元素，减少了消极颓废的元素。虽然宗族"聚族而居"的现状没有很大的改变，宗族血缘观念和自我意识仍然存在，宗族文化意识依然较强，宗族的某些传统因素还发挥着作用，体现出宗族意识与行为仍然存在自我为中心，排挤异姓，奉行"差序格局"处事原则，在一定程度上还存在家长式的专制。但是，长期以来由于宗族本身处于自然进化中，加上新中国成立前后土地改革、农业合作化、破"四旧"、人民公社等一系列的运动，以及市场经济的作用和时代与现代化建设要求，农村宗族发生了巨大的变化。农村宗族的开放性、现代性、民主性、社会性明显增强，而其内卷性、传统性、宗法性、政治性明显减弱或者基本消失。

（一）吸收成员及对外交往上由内卷型向开放型转变

复兴的农村宗族显示了其开放型与包容性，内卷性明显减弱。宗族吸收成员上传统性减弱，突破了传统的禁忌，扩大了视野；对外交往实现了"一体化"。同时，宗族的新"差序格局"已经形成，并发挥重要作用。

首先，成员吸收上采取"泛血缘关系"。传统宗族大多局限于男系同一姓氏血缘宗亲间的联盟，严格以同姓宗祠为中心，以聚居地村落为主体，具有一定的狭隘性。但如今，农村宗族基本突破了传统纯血缘模式，采取"泛血缘"模式，广泛吸收成员。改变了过去严格按照男性"同宗"、同地、同祠堂、非宗成员不得加入宗族和参与本族活动的传统标准，母、妻两方面的姻亲关系加入进来，实现了血缘、地缘、业缘等多种形式的组合，采取联宗的方式吸纳同姓非同宗成员，同姓而非一定"同宗"或者与同姓成员有千丝万缕联系的人员都可以加入到宗族，参与宗族活动，扩大了其组织基础。将入赘的女婿吸纳为本族成员；加入了女儿女婿、媳妇等同族或与同族紧密相关各类人员；扩大族源范围，到省内外寻找宗族成员；废除了职业歧视，以前不能入谱的和尚、道士等被加入进来。同时，鼓励本族各类人员参与宗族活动，邀请本族优秀青年主持宗族活动，邀请特殊身份的非同姓人员"列席"宗族活动。

其次，宗族交往的范围与领域"无界化"。由于市场经济深入推进、交通改善、信息发达、观念改进，宗族地缘关系被打破，不再遵循也无力遵循"鸡犬声相闻，老死不相往来"交往规则，族内外交往平常化，交往的半径日益扩大，交往内容丰富化。宗族成员在扩大与同族交往的同时，往往以利益为中心扩大自己的交往网络与交往半径，交往的内容不断丰富，涉及生产、生活的各个方面。宗族尤其是海外的华人宗族的活动范围从本地域团结族人、联络乡情、互助共济，发展到在全省、全国乃至全世界范围内兴办企业、从事慈善福利事业、进行文化交流等。随着人员流动的速度与广度加大，流动到省内外、国内外的族员越来越多，宗族交往的范围越来越大，流动人口成为宗族与外界联系的纽带。宗族不仅在物质文化上开放，而且在生活习性、精神文化与价值观上具有开放性，吸收优秀成果，改进本宗族的一些陋习。特别值得强调的是聚族而居的宗族对外来迁入居民的排斥有所减弱，实际上宗族也无力抗拒市场经济下的外来移民。尤其是已经"被城市化"的发达地区的城郊，外来人口较多，乃至出现了沿海村镇的本地与外来人口倒挂现象。这些地区虽然"族群冲突"存在，但族人也不得不接受与外来居民杂居，一起生产生活现实，形成新的共同体。

最后，以核心宗族为中心的"差序格局"参与"对外开放"原则牢不可破。如果开放性丧失了主体意识，丧失了鉴别能力和选择权力，必将引起本文化被外来文化所腐蚀、消解和同化（覃德清，1999）。组织或文化没有任何自己的特色，自我文化也就消失了，文化也就不成其为文化，组织也就不成其为组织了。同样，宗族在开放中没有了任何自己的选择、特色或与其他组织不同的地方，族内族外交往或交易没有任何差异，宗族文化和组织也就消失了。这对有史以来宗族就存在的中国是不可能的，因为中国不像西方以个人名义或身份对外交往，至少是以家庭名义承担责任、参加对外交往或交易，而家庭在中国不可能不存在。家庭是宗族的一部分，也可以称之为核心宗族。宗族的开放性是以核心宗族为中心，带有"差序格局"的特点，按照亲疏远近来选择交往和交易的对象。

我们就成员吸收、交往范围情况以及"差序格局"是否发挥作用的状况进行调研时，湖南卧龙岗村、岳西村、王家湾村宗族得出了同样的结论，他们是这样表述的：

> 一般来讲，我们的族人都是有血缘关系的。但是，没有那么严格了。女儿、女婿、外甥都入了谱（族谱）、进了祠堂、参与祭祀。谁要加入，只要家庭成员同意，改姓就可以了，有的姓都可以不改。过继过来的入谱或者过继给别人的也承认是族人。大型的祭祀活动也是开放的，没有限制，都可以参加，哪里还管他有没有血缘关系。
>
> 我们的交往对象也不管是不是一个家族的人，都开放了，什么人都有来往，只要有需要。但是，交往过程中，族人和外人还是有区别的。与本族人交往我们知根知底，比较随意，不用担心什么；与生人交往我们要多一个心眼，以免上当受骗。

（二）运作机制与活动内容上由传统型向现代型转变

宗族由传统型向现代型转变，并不意味着宗族的传统元素全部消失，而是某些消极的传统因素减弱或转化为积极因素。表现在宗族治理结构与运作机制、宗族观念与意识、宗族活动内容等逐渐具有了现代性特点。

第一，宗族治理结构与运作机制具有了某些现代性。传统宗族主要依靠族产、祠堂、族谱等物质形式，由族长严格掌控整个宗族的事务，族长以下分为若干房支，设有若干房副理，与父为子纲、君为臣纲、夫为妻纲等一起构成了一种垂直的"金字塔"式控制与被控制关系，任何族人摆脱不了这种被控制局面，同时族人对宗族族长也具有依附关系。随着国家与社会的发展，宗族对社会的控制力逐渐削弱，族长这一宗族管理结构也在逐渐的瓦解。目前，宗族对传统治理结构与运作机制进行了革新，废除了"金字塔"式的运作机制，组织与管理模式上具有了现代化的特性。特别是港澳台和海外华人聚集区，宗族按照现代企业组织模式和运作机制，建立了宗亲会，采用股份制的现代企业结构，采取会员大会—理事会—监事会的运作模式。我国大陆宗族也正在迈向现代化，权力不再由辈分高或年龄大的"族长"控制，而是紧密结合现代经济社会发展需要，选举致富能手、政治能人、退休教师和干部以及文化界有影响的人员负责宗族事务。重大事情增加了共同商议、共同决定的程序，按照能力大小共同出资，在财务管理与审核、议事决策等方面开始具有一套有别于传统的管理制度。

第二，宗族活动内容具有了某些现代性。祭祀、年会、各类庆典等活动是传统宗族常有的活动。目前宗族虽然保留了一些传统活动，但为适应时代的要求，宗族活动内容的现代性明显加强。首先，宗族将振兴经济作为宗族活动的首要目标。族人聚集的重要目的就是讨论如何发展经济，增加收入。宗族充分利用自己的社会资源，互通信息，传播发家门路，协助本族成员兴办企业、介绍就业，很多农民由此脱贫并走上了致富之路。其次，宗族在所在的区域设立图书室，增加体育活动设施，开展扭秧歌、交谊舞比赛活动，丰富农村文化。最后，开展精神文明建设活动，培养族人的自豪感、归属感和凝聚力。结合国家、社会与时代的要求，宗族挖掘历史资源，宣传本族杰出人物的优良品德，弘扬本族文化，对加强道德建设，促进农村的精神文明建设具有重要的作用。

> 2013年湖南王氏家族召开系谱大会，参会人员多达500余人，大会的主题是：弘扬传统文化，大力发展经济，促进王氏家族复兴。发表演说的成员有年纪大的，但更多的是在外创业成功的企业人士，演讲的主要内容也是围绕如何发展经济、如何创业、如何增加收入来展开。创办企业的族人为社区捐赠了资金，建立图书室、赠送图书，拉通了电脑网络，还准备建立金农信息网，获取市场信息，为销售农产品服务。

第三，宗族观念具有了某些现代性。改革开放后农民享有了经济自主、乡村选举、进城就业等现代权利，并伴随着市场经济的深入，族人（尤其是年轻人）观念发生了巨大的变化，宗族昔日的重农轻商观念、保守意识、群体意识、纯血缘意识开始被现代的商品意识、交换意识、竞争意识、个人意识、泛血缘意识取代，宗族与农民的血缘观开始向国家与公民的社会契约观发展（王朔柏、陈意新，2004）。

第四，族谱编写与祠堂布置具有了某些现代性。族谱中加入了地图，以标示族源；加入了电话、住址等通讯录；增加了摄像影集；写入了改革开放好政策、科学发展观之类的话语。祠堂也不再仅仅是摆设菩萨、鬼神和祖宗牌位的场所，而是增加了种养殖科技书本、历年致富排名表、考上名牌大学的名册等，一些宗祠按照教室要求进行布置，有的祠堂干脆就改为科技传播中心或者致富补习所，成为农民发财致富的"研究所"。

（三）管理依据与管理方式上由宗法专制型向民主法制型转变

新中国成立前，我国农村基层社会管理由宗族采取家长制的专制统治和绝对服从为内核的宗法思想和做法。新中国建立后，宗族逐步向以法律为治理基础的民主法治型转变。

第一，废除宗族家法，按照国法行事。在传统社会，中国具有两个法律体系，一个是成文的国法，另一个是不成文的家法。国法的约束、管理整个社会的依据，家法是维护地方小社会的依据。他们都具有宗法性特点，国法是家法的扩大化。每个宗族都按照自己约定俗成的习俗形成了对族人的处罚权乃至处死权，这种维系乡村秩序和宗族关系的行为规范就是家法。族长是最大的行政司法"长官"。宗族通过自己的家法维持本族这个小社会的稳定、发展。每个居民都被纳入不同的宗族小社会，受家法的约束和处罚。虽然国法大于家法，但是不到一定程度居民是不会"对簿公堂"的，家法也规定了族人不经允许不得擅自找官府而适用国法解决问题的。所以，宗族人治成为基本的价值准则，法律对居民能起作用的空间相对较小。从这种意义上说，家法往往高于国法，家法对族人进行管理和处罚的使用频率要大大地超出国法。这种家法是小农经济的产物，无论如何都难以与现代化法治精神相吻合。随着我国以宪法为核心，各类保障公民权利的法律体系的完善，并通过对法律大规模的宣传，以及增加对违法的处罚力度，复兴的宗族基本消除了宗法性思想和意识，完全抛弃了家法观念，接受了国家法律，增强了按照国法办事的意识，国民的法律意识明显增强。如果说当前有家法，家法都主动与国家法律对接，乡规民约的制定一般都是以国家法律为准绳，不与国家法律相抵触，体现国家意志，其内容也发生了重大变化，惩戒力度微乎其微，国法真正成为族人处理事物的依据，法制社会基本形成。

第二，废除专制"统治"，实行民主管理。历代王朝都不断强化以"三纲五常"为核心的宗法伦理来维持社会秩序，采用专制统治。一方面，采用君君、臣臣、父父、子子及亲亲、尊尊、长长等礼教对国民进行强制规范；另一方面，采用暴力手段对不同的思想进行镇压。由此，形成了中国传统社会国民的奴性化人格（丁建军，2005）。与此对应，宗族也一样，族长通过其权威独断专行，对内对族人进行管理、处罚，对外代表本族进行交往，族人依赖族长，也只能无条件地服从族长。宗族对族人的举止言行有一整套严格的规定，对"伤风败俗"的言行给予严厉的打击，直至处死。新中国成立后，我们对"族权""夫权"连同"政权""神权"等"四权"一起进行了严厉的打击，提倡民主，尊重人权。宗族也放弃传统族长专制，开始采取民主管理，凡宗族大事并非由一个人决定，而是实行族人参与商议、决策的民主管理机制。

第三，废除等级制度，实行平等自由。专制制度下注定实行等级制度，其控制力极强。而孔孟儒家思想是宗法等级制度的历史文化渊源。儒家思想通过"礼""义"来形成贵贱等级制度，又通过"忍""让"来培养臣民社会，以维护和巩固宗法等级制度。据此，宗族内年纪大和辈分高的理所当然成为"金字塔"顶上人物，年纪轻、辈分低的居于"金字塔"底部。奉行家长权威至上、人伦等级观念、血缘宗亲意识等道德标准。并通过乡规民约和强制的措施内化为族人心中的为人处世准则和价值观念。使得人生来就有贵贱等级之分，生来就摆脱不了受宗法等级的约束。宗族就是这样通过宗法等级制度控制人们的行动和思想，维持等级制度的。在崇尚民主自由平等的现代社会，宗族适应形势的发展，革除了不平等的宗法观念和做法，废除了排资论辈、尊卑长幼和由族长主宰一切的等级秩序制度。宗族"长老"对族人的规范管理与处罚权基本丧失，宗族内部小纠纷主要依靠道德约束而非等级制度解决，族内能人取得了"话语权"。在平等和法规基础上，族人按照自己的意愿进行生产和生活。

（四）功能作用上由政治型向社会型转变

政治型向社会型转变主要是针对其功能方面而言的，即政治功能明显减弱甚至消失,社会功能明显增强。时代越靠前,宗族的政治性越强。在我国封建社会,政治功能是宗族的最基本功能。古代的政治是家族本位的政治(梁启超,1986)。"君主专制统治是一种宗族统治,它一方面是以宗族(皇族)作为统治中枢,皇帝又是中枢的神经,但是他也吸收其他宗族成员参与治理,使族权支持政权,其结合纽带就是以孝治天下的政策"(郑定、马建兴,2002)。宗族与政权交织在一起,显赫的宗族是政府官员的来源,通过选拔官员联系政府与基础社会。同时,由于皇权不下乡的社会,国家通过宗族首领统治整个宗族小社会。就是到了民国时期,国家仍然是通过宗族长老——"乡绅"来统治基层社会的。新中国成立后,政府权力迅速进入乡村,宗族的政治功能基本消失。改革开放后复兴的宗族凸显其经济、文化和社会发展等传统的社会功能。

宗族的作用主要体现在以下几个方面:

第一,发展经济。在生产力极低的时期,宗族的经济功能主要表现在为族人互助共济,延续人类的生存与发展,维护社会稳定,维持统治阶级的统治。目前,宗族经济互助的传统功能仍然存在。当代农村宗族复兴最重要的原因之一就是进行经济互助,但是互助的形式与内容发生了重大变化,或者说已经不是简单的经济互助。随着经济的发展、居民收入水平的普遍提高和社会救济的完善,农村经济已经不是维持生存的经济,族人摆脱了因为生存或遇到重大困难需要救助的状况。因而,宗族的经济功能已经远远超越了简单的经济救济,转向更高层次的互助——促进经济发展、提高生活质量。族人合办企业实体、介绍就业、挖掘致富门路成为宗族最主要的功能。其目的是为族人的共同发展和幸福指数的提高,而非维护政治统治。

第二,传承文化。宗族文化是中华民族文化最重要的组成部分。中华民族文化的传承除了国家的倡导外,主要依靠宗族自发的力量。毫不夸张地说,中华民族文化之所以能够薪火相传与其宗族式的文化承载体系密不可分。宗族思想、观念、规范、处事原则代代相传,成为各代生存的理念,也成为中华民族文化代代相传的一个基本动力。探寻祖源、保护宗祠和续谱修谱,实质上是在进行文化传承。探寻祖源是在寻找中华民族文化源,为族人寻找归属。家谱记载了一个宗族世系的发展史,是家族世系血脉传承的依据,是宗族物质文化资料。以宗祠为中心展开的系列祭祖活动,是弘扬中华传统道德和文化的载体。在西方文化迅速在我国流传，吞噬我国传统优秀文化之际，中华传统文化仍然是主流。"忠""孝""仁""义"这些优秀的文化遗产，是依靠宗族力量维系与传承的。当圣诞节、愚人节等西方节日在我国城市疯狂流行时，传统元宵节、清明节、中元节、重阳节在农村依然蔚然成风，并举行大规模的文化活动。农村宗族在这方面功不可没。将来，宗族仍然是中华民族文化的维系者与传承者。

第三，提供公共产品。中国面积广袤，受财政收入的约束，封建社会时期的国家政权只能延伸到县一级，皇帝、职业官僚系统限制官员介入乡村日常生活与日常事务，使基层社会享有高度的自治，形成了以绅士主导的地方自治（孙立平，1993）。宗族组织中的绅士、族长，以血缘和地缘关系为纽带履行着基层政权的种种职能，征收赋税，修建水利、道路、学校等公共事业、提供社会保障，以维持地方稳定和政治统治。当前，由于政府财力有限、投入不够，政府供给机制的缺陷，政府供给无法满足居民对公共产品多元化的需求。宗族及其精英提供公共产品的作用不但没有消失，反而得到了加强。只不过，目的发生了变化。精英带领族人提供公共产品不是为政治统治，而是为了方便族人的生产与生活，满足族人的多样化需求。

> D村有1726位村民，丁氏家族占到村民的五分之四。家族存在的功能既不是控制内部成员，也不是抵御外来"侵略"，而是把发展社区经济、改善社区环境放在首位。丁家有活动能力的人经常在外面拉赞助，将在外面"有头有脸"的人请到社区"指导"社区经济发展，重要的目的就是获取资源。他们平均每年为族人提供就业岗位20个，每年通过他们联系商人把当地柑橘卖出去，还捐资修建了通往每个家庭的水泥路，修建一个活动广场。

三、转型中的农村社区建设

社会转型是社区转型的宏观基础，社会转型必然会导致相应的微观社区转型。社会转型包括经济体制的转型、社会结构的变动、社会形态的变迁等多个方面。改革开放以来，我国经历了从计划经济向市场经济体制的转变，从内在封闭型体系到外向开放型体系转变，从集权人治的政治体制到民主法制社会的转变（李航，2007）。农村社区经济体制、社区结构体制、社区管理体制也发生了转变。这些转型在促进社区经济、社会、民主发展的同时，也带来社区空壳、社区信任危机、社区亲情与互助减弱等问题，给社区建设带来了一系列的阻力，影响了社区经济发展、社区政治建设、社区文化建设和社区公共产品供给。

（一）封闭性减弱、流动性增强下的农村社区建设

滕尼斯在《共同体与社会》所描述的"社区"是具有一定的地域边界和责任边界，具有共同的纽带联系和社会认同感、归属感的社会生活共同体。流动性很小的我国传统乡村社会，类似于滕氏所说的封闭性社会生活共同体。新中国成立后，全能政府建立，国家通过人民公社控制农村社区，实行"三级所有、队为基础"。生产队及农村社区是以集体产权为边界，共同体的地域边界、经济活动边界以及人员构成边界基本上是同一的，社区间难以流动，具有强烈的封闭性和排他性（项继权，2009）。改革开放后，特别是市场经济以来，农民被解除了困在土地上的束缚，获得了经济上自主权和独立性，村委会的社会控制力和组织力大大弱化，农民的自主性、自由性得到较大发展，农村社区的封闭性逐渐被打破，农村社区结构系统逐渐趋于开放化，农村社区对外流动性日益增强。封闭性减弱、流动性增强是农村社区进步的表现，但是短期内对作为弱势区域的农村社区"震荡"不小，并引发了一系列经济社会问题。

在城市第二产业比较利益的吸引下，农村人口飞速的向城市流动，有知识、有文化的农村青壮年劳动力进入城市，使得农村社会主要由老、少、妇构成。根据人口统计资料数据显示，1990年我国农村劳动力转移的人数为2000万人，1995年为4500万人，2000年上升至7900万人，2004年超过一亿人（袁霓，2011）。有学者认为农村剩余劳动力转移超过了两亿人（贾先文，2015）。农村社区出现了空壳现象。全国60岁及以上的老年人口2.22亿人，65岁及以上人口1.4386亿人，其中，3/4居住在农村（高瑞琴、叶敬

忠，2017）。全国农村留守儿童总数超过 6100 万人（戴建兵，2017），留守妇女已超过 5000 万人（李强、叶昱利，2017）。在人口流出的同时，也存在流入现象，特别是经济较为发达、交通方便的城郊人口流入现象较为普遍。农村社区流动性增强，需要加强农村社区服务、搞好社区经济建设、加强社区治理。一个村干部是这样来描述他们村的社区空壳现象的：

> 我们村人口不多，1000 余人，中青年大多都去外地打工了，而且跑得很远，浙江、广东最多，一年到头难回来一次，有的多年没有回家。现在留在农村 50 岁以下的人也就 20 多人，他们也不是天天在家，也是在附近的县城做工，只是经常回来看看。有的全家都出去打工，孩子也在那里上学，把老人也接过去了，这种情况较好。但是，多数情况是一家人的青壮年出去打工了，把老人和（或）孩子留着家里，留在农村 65 岁以上的老人有 30 多人，还有 15 岁以下的小孩 20 多人，他们有些事情亲属管不了，村委不得不管，工作量较大。同时，有个什么事情发生需要帮忙，根本找不到人。比如整理沟渠需要青壮年劳动力，我们村找不出几个；有一次小偷晚上偷鸡，有人喊抓小偷，因为都是老人小孩，没有人敢出来追。

通过上述现象我们可以看出当今农村社区存在以下问题：

第一，农村社区留守人员的服务困境。首先，亟待改善农村社区老年人生活质量。农村社区年轻人外出，造成老人经济上缺乏保障、家庭照料不足、抗风险能力弱、精神上空虚孤独。社区应给予老年人以社区照顾与精神赡养，使老年人真正做到老有所养、老有所乐。其次，亟待改进农村社区留守儿童教育。农村社区留守儿童已引发诸多社会问题。由于父母远离家乡，留守儿童教育被忽略。出现了留守儿童学习成绩跟不上，学习习惯差；心理上容易产生自卑感，甚至出现自闭心理（宋才发，2016）；留守儿童没有安全感，成为受各类犯罪侵犯的高危人群，往往是拐卖对象，资料显示：在被拐卖儿童群体中，留守儿童仅仅次于流动儿童；留守儿童犯罪率较高，留守儿童的犯罪率比一般儿童要高出 20 个百分点。社区是儿童生活与学习的重要场所，社区如何对儿童进行正确的引导、教育与管理成为社区建设的重要内容。最后，亟待加强社区伦理建设和文化建设。夫妻长期分居，妇女留守农村，妇女孤独寂寞，社区精神文化缺乏，在伦理缺乏下出现了再婚、与他人非法同居等一系列社会问题，家庭稳定堪忧，离婚率增加，单亲家庭增多，影响社会稳定。这成为农村社区建设的一个难以解决的问题（贾先文，2010）。

第二，农村社区经济发展困境。社会分工是市场经济迅速发展的基础，生产的社会化程度越高，劳动分工越细，社区流动性就越频繁。城市个体经济、私营经济发展为农民离开土地提供了载体，农民由农村流向城市，由单纯从事种植业走向从事农、工、商、贸多种经营业务。文化程度高的农村青壮年流向城市。农村劳动力的转移，增加了农民的收入，改善了农村的经济条件。但这种"外援式"的发展道路，带走了有文化、有知识、有精力的年轻农村劳动力，并且也带走了本来就稀缺的资金，不可能从根本上带来农村社区经济繁荣，不利于农业经济发展。目前，农业从业人员主要由老弱病残构成。社区农业从业人员文化程度（见表4.2），不利于农业科技推广，影响现代农业建设。如何破解社区经济发展中的这一困境，探索吸引优秀人员、资金、技术进农村社区，走"内源式"发展道路，改变长期依靠从外界"输液式"发展农村社区经济的道路，是农村社区肩负着的一个重大问题。

表4.2   农村社区农业从业人员及外出务工人员文化程度调查   单位：%

项目	文化程度构成				
	文盲	小学	初中	高中	大专及以上
农业从业人员	7.2	39.4	42.1	10.6	0.7
外出他乡从业劳动力	0.9	14.2	55.4	26.7	2.8

注：所调查的对象仅包括户口在农村的居民，户口转走了的居民不包括在内，正在上学、当兵服役、服刑人员不包括在统计范围内。

第三，农村社区治安困境。一方面，农村青壮年外出就业造成农村社会空壳，给不法分子有机可乘，媒体多次报道犯罪分子专门寻找青壮年劳动力缺失的农村，肆无忌惮地从村庄偷盗或者抢走牲畜或钱物，农村社区治安堪忧；另一方面，某些农村社区增加了外来人员，由于社区天然带有排斥性，他们一时难以融入当地社区生活，影响社区稳定，削弱了社区的凝聚力和向心力，造成管理上的难题。在农村社区优秀管理人员稀缺的情况下，对农村社区的治理提出了挑战，农村社区面临治理上的困境。

第四，降低农村社区合作力度。由前所述，农村社区流动性强，居民流入和流出较频繁，外来人口流入农村社区，使得信任难以建立、合作难以形成。在相互不了解、互不信任、社会资本缺乏的人们之间的合作，难以克服"囚徒困境"缺陷，均衡结果是纳什均衡，即双方都不合作。如表 4.3 所示，每一栏中的前一个括号表示参与者 1 的收益和成本，后一个括号表示参与者 2 的收益与成本。括号中数值 X 和 Y 分别表示收益与成本，其中 X > Y、X > 2Y。合作双赢，如果一方不合作，另外一方就要存在双倍的成本（2Y）。在缺乏凝聚力和社区归属感、没有社会规范、互不信任、自愿主义不强的社会，即使收益远远大于成本，但双方都担心别人搭便车、自己也想违约搭便车，致使双方无法合作，双方都没有收益，也没有成本产生。这急需一个能代表大多数的组织来促成合作的形成。

表 4.3   农村社区合作博弈

		参与者 2	
		参与合作（收益、成本）	不参与合作（收益、成本）
参与者 1	参与合作（收益、成本）	(X, Y), (X, Y)	(X, 2Y), (X, 0)
	不参与合作（收益、成本）	(X, 0), (X, 2Y)	(0, 0), (0, 0)

（二）集权专制性减弱、民主自治意识增强下的农村社区建设

纵观中国历史，农村社区是沿着专制性不断减弱、民主自治不断增强的轨迹发展的。在传统社会，农村社区是以血缘为核心、以"三纲五常"的伦理文化为基础的宗法专制，农村居民依附于宗族，对内听任族长摆布，对外族老代表族员进行交往。新中国成立后，农民获得了新生，国家政权深入农村社区，全能政府建立，政府掌握了所有的人财物，并代替社区直接给农民提供各种最低的保障和服务，政府所提供的服务是无选择的，政府集权替代了宗法专制。改革开放后，随着人民公社的废除、市场经济和公民社会兴起，政府权力不断地让渡给市场和社区，市场力量不断增强，社区自治力度不断

增加。村民自治为社区居民民主参与社区治理提供了制度保障，"一事一议"的实行将社区民主推向了更高层次，当代农村社区的作用力由政府权力转向市场力量和社区力量，从整体上实现了现代转型。

社区民主自治不是"人治"，而是"法治"。"人治"必将导致专制，按照法律规章治理社区才是社区自治的唯一出路（李广德，2016）。与此相应，社区及农民的法治意识不断强化，农村社区的乡规民约中渗透着国家法律意识，农民的行为举止中体现了国家法律意识，跳过了"家丑不外扬"的时代，即便是父母与子女间也出现了因各种原因被告上法庭的"同室操戈"现象，法治逐渐成为主流。

但是，由于现行体制、传统惯性和农民自身等原因，社区民主自治也存在着一些问题。社区村民自治被"过度组织化"，行政化现象比较严重，影响了社区自治权。在"对上（乡镇政府）"还是"对下（村民）"服务上，村委会大多选取依附于乡镇政府，选择"对上（乡政府）"服务，更多的充当乡镇政府的"代理人"，而非农村社区的"当家人"角色，成为村庄秩序的消极守望者和村政的强大维持者（吴毅，2002）。同时，在农村社区民主自治中，出现了权力异化，有法不依、"集权"与"人治"现象严重，权力集中于村委会村主任或村支书"党政一把手"手中，村民话语权较弱，有的村很多年不开一次村民代表大会，村务公开存在着很多盲点，村民自治演变成村委员会自治，容易引发腐败，挫败村民参与社区建设的积极性。另外，由于农民自身的素质和行使民主权力能力有限，民主选举、民主决策、民主管理和民主监督实现有一定的难度。

在农村社区集权专制性减弱、民主自治意识增强的大环境下，以上农村社区自治困境与农民不断增强的民主自治意识相矛盾，农民提出了改进社区民主、依法治理社区的要求。因此，保障社区民主权利和依法行使社区自治成为社区建设的重点。如何采取措施，提供社区民主自治的环境，培育社区组织，真正做到依法治理，提高农民参与社区建设的积极性与主动性，维护农民自治权力。

第一，如何重构农村社区居民自治组织的职能，防止基层政府对农村社区自治的过度干预。如何采取措施，改进社区居民自治组织，使得社区居民自治组织保持相对的独立性，代表农村居民利益，为居民服务，并成为居民认同社区居民自治组织。同时，应该明确并落实社区居民自治组织是群众性组织，或应该向群众组织回归，解决"代理人"角色强于"当家人"角色矛盾，体现居民自我管理、自我教育、自我服务的诉求。这需要社区作用力推动，需要一个强有力的组织来维护。

第二，如何落实村民自治，遏制社区个人专制。《中华人民共和国村民委员会组织法》规定，农村社区实现民主选举、民主决策、民主管理、民主监督，防止村委会或村支部专制。但是，在制度不完善的情况下，如果农村社区没有一个有效的组织发挥作用，社区个人专制的可能性较大。

第三，如何提高居民参与农村社区自治的"有效度"，提高居民参与的积极性。农村社区居民参与自治的"有效度"是指居民的参与是有效的、不是走过场，真正体现按照居民的意志决定社区事务。如何实现居民参与自治的"有效度"是提高居民参与社区建设积极性的重要途径。首先，如何实现由个人参与上升到通过社区组织参与，改变个体力量小，缺乏与政府、社区自治组织等博弈的能力。其次，如何扩大居民参与社区事务的深度，使得居民自治不仅仅停留在意见反映、信息反馈，而是深入到社区决策、管理、监督等，切实做到社区事务由社区居民做主。这些也需要社区有一个较强的组织来实现。

（三）同质性减弱、异质性增强下的农村社区建设

改革开放前，农村社区居民无论从内在心理或外在表现形式上，均趋向于同质化。改革开放后，特别是实行市场经济以来，原有单一的按劳分配方式、社区劳动组织方式、生产资料占有形式、社区居民思想观念、文化素质以及产业结构发生了重大变化，农民的职业、收入、社会地位、利益需求及其观念等都发生了变化，农民群体各方面的差距急剧拉大，出现了明显的社会分层，农民的同质性降低，异质化程度增强。

第一，社区的信任度有所降低。普特南（Putnam）认为在一个高度分化的社会里信任是很难以建立的。福山也强调信任是从人们共享的规范和价值观中产生的。世界价值观调查显示，不同国家的社会信任水平差异很大，其中人口的异质性和信任之间存在着系统相关性，村民教育程度参差不齐、职

业多样化和村民之间的收入差距造成村内异质性的增大，对村民的信任和互动具有潜移默化的影响（李洁瑾、桂勇，2007）。相同职业、相同收入、相同教育程度的居民拥有共同的语言和生活方式，相互交往频繁，关系亲密，双方的信任也就较多。由于社会分层、社区人口归属不同的群体，群体内部高度信任，具有封闭性，而群体对外缺乏信任。且社区内部人群的差异容易引起居民心理上的相互不认同。异质化使得传统的人际信任资源在减弱，而现代制度信任资源发育不足，社区信任总量减少。

第二，农村社区整合难度加大。近些年来，农民受教育程度、职业、收入等方面产生了较大的差距，农村社区出现了不同的利益群体，各群体间界限日趋明显，群体内部认同度较高，而对社区的认同度降低；受教育、社会地位以及利益等各方面的差异必然导致价值观念与信仰上的不同，以及出现行为标准的不同，从而导致行动的差异；异质化导致社区不同群体间的人际沟通难度加大与人际关系的融洽度降低。社区认同度的降低、群体价值观的差异、人际关系的淡漠加大了社区整合难度，影响了社区居民参与社区建设的积极性，减少了社区互动合作，从而影响社区建设，造成公共服务供给的"免费搭车"或者集体行动困境。

第三，社区自治有效实现难。社区内部居民的同质性越高，越能平等地参与社区的决策，越能更好地实现居民自治（徐晓军，2001）。在同质性高的农村社区，农民的职业、教育程度收入、生活方式无大的差异，乃至于兴趣爱好基本相近，拥有的社会资本相同，社会地位较平等，权力结构不存差异，能平等地参与社区事务，共同决定社区的发展，有利于实现居民的自治。农村社区群体分化后，社区内部形成了不同职业、不同层次、不同文化水平、不同利益诉求的居民群体。不同的社区群体拥有不同的社会资源和社会资本，社会地位和权威出现差异。社区权力容易被权威和社会地位较高的社区群体掌控；而社会资本较少、权威和社会地位较低的社区群体容易被边缘化，社区参与会降低，影响社区治理民主性和公平性，影响社区自治程度。在权利"异化"背景下，社区公共服务的供给会朝着有利于强势群体的需求方向发展，弱势群体的需求得不到满足，反过来又推进社区居民分层和异质化发展。

（四）利益关系强化、合作意识淡化下的农村社区建设

传统农村社区，人际交往密切，人际关系简单，社区组织单一，以血缘为基础的家庭、宗族是组织的主要形式。以风俗习惯、乡规民约为主的传统规范发挥重要的作用。社区居民之间生产上相互合作，生活上相互救济，政治上相互提携，一副美好的田园图景，即便是新中国成立后的计划经济时代也是如此。实行市场经济以来，农村的社会关系和人们交往原则则随着市场经济体制的建立，开始将理性（利益）原则全面渗入农村社会生活的各个领域，形成了"利、权、情"秩序的新格局，从而与"血缘、感情"一起构成了支撑人们相互交往原则的三个维度（杨善华、侯红蕊，1999）。且市场化导向的利益关系增强，淡化了农村社区的亲情互助关系，农民"原子化"现象严重、邻里矛盾增加、社区公共合作意识减弱。

第一，个体成员利益关系观念增强，农民"原子化"现象严重。一方面，家庭承包责任制实行后，原有的农村社区集体生产组织解体，农民被"原子化"，农户成为一个独立的生产主体，整个社区分散为若干个生产单位和若干个利益主体。分散的农户生产经营致使农民的经济利益关系松懈和业缘纽带薄弱，现代社团组织难以形成；另一方面，市场经济以利益最大化为驱动力，资源通过供求、价格、竞争等市场机制进行配置，追逐经济利益和经济效益成为社会主流，个人主义、拜金主义及个人享乐观明显增强，农民强调个性的发展，社区农民"原子化"现象更加严重，造成农民与市场对接中处于弱势，影响农村社区经济发展。

第二，邻里利益关系处事原则加强，社区矛盾增加。随着工业化、城市化的推进，以及社会分工的细化和科技发展，人们的相互依存度降低，生活节奏加快，社区成员的共同经济利益减少。为追求经济利益，邻里公共活动减少，社区成员间交流与互动减少，邻里关系大大弱化。与计划经济时代相比较，邻里成员间极易产生利益冲突。邻里感情疏远，互助"货币化"。居民往往以利益大小确定人与人之间关系疏密和社区帮扶或合作对象。家庭作为私人利益的载体，功利化和短视化现象严重。为实现私人利益最大化往往以牺牲和践踏社会共同利益为代价，并引发的矛盾和冲突增加。《孟子·滕

文公（上）》曾描绘的"乡里同井，出入相友，守望相助，疾病相扶持"邻里互助的美好图景逐渐远离农村社区现实。

第三，社区利益关系价值取向强化，社区公共合作意识减弱。人民公社解体后，集体资源缺失，社区能提供的保障与服务锐减，居民对集体组织与农村社区的依赖减弱，对社区认同感与归属感降低，社区的凝聚力减弱。随着市场经济的深入，社区各个群体和阶层的利益意识不断强化，对利益的追求成为社区农民行为的一种强大动力，出现了利益上的分化，导致利益格局重组，形成不同组织和层次间的利益关系网络，不同利益主体产生一系列的冲突，强化了阶层间的离心倾向。社区认同与凝聚力减弱，利益关系的增强，以前人们那种相互配合、无私帮助减少，公共意识缺失，人际关系日益理性化，公共产品供给困难。社区农民的金钱观念浓厚、合作意识淡化、个人主义增强，农民分散化程度比以前高，利益诉求已经成为当前村民们追求的重要价值取向，成为人际交往和关系疏密的标准。

市场化为导向的利益关系，一方面促进竞争意识不断形成，社会规范性不断增强，政府机构、商业公司等正式组织的重要性逐步提高，对促进社会经济快速发展具有重要的作用；另一方面，以利益为核心，利益关系正在取代互助关系。这给社区建设带来了困难。社区建设是社区居民和社区组织积极合作，参与社区活动，利用社区内外资源解决社区问题，促进社区经济、社会、民主协调发展。目前社区居民急功近利，为了利益而奔波，很少顾及社区公共利益建设，相互协作减少，居民参与度降低。这是目前农村社区落后、人们怀恋过去人与人之间的关系的重要原因。农村社区建设应该在保持市场化导向的利益关系下，挖掘社区"内源"力量，培育社区亲情互助关系，培育社区组织与农民参与社区公共事务的合作意识。首先，在居民参与意识淡薄下，积极引导农村居民参与社区事务，培养社区公共参与意识。"在处于现代化进程中的社会里，扩大参与的一个关键就是将乡村群众引入国家政治"（塞缪尔·P.亨廷顿，1989）。其次，加强社区居民教育，克服农村社区居民因追逐个人利益而偏离公共利益，避免公共事务中的免费搭车行为。最后，举行社区活动，培育农村社区文化，有意识地举行文化、体育活动。通过参与这些活动增强公民的归属感、凝聚力、认同感以及农村居民的民主意识、权利意识，塑造居民的社区公共参与意识，促进社区合作的形成。

四、嬗变中的农村宗族与转型中的
农村社区建设的适应性分析

宗族是一种适应能力很强的社会组织。它通过阶段性的变异和调整来达到适应现代社会的目的，在传承原来传统形态模式的基础上发生变化，增添新的内容、删减旧的内容来契合社会和人们的需要（冼奕，2008）；或缀合本有的和外来的文化特质，使之成为一个和谐的整体，抑制冲突，使日常行为在特殊的情形下相调和（徐杰舜，2005）。宗族的适应性是指宗族根据需要，调节其组织形式和内容，丰富和发展其功能（冯尔康，2009）。套用冯尔康的这个概念，农村宗族与农村社区建设的适应性是指农村宗族根据社区建设的需要，调节其组织形式，调整其内容，丰富和发展其功能，解决农村社区现实问题。

我们不能否认宗族存在与现代农村社区建设不适应的地方。如宗族自我为中心维护族人利益；宗族网络形成的小团体，可能损害社区民主政治和他人经济利益；宗族组织维护族人权利时极易出现极端的做法；外出务工农村居民受宗族地缘亲缘情结影响，存在落叶归根思想，影响农民市民化，影响城市化推进。但是，宗族组织存在的一些问题也可能是其他现代组织、团体存在的，同时我们要看主流，不为这些细节影响。就此，嬗变后的农村宗族与转型后的农村社区建设具有很强的适应性。嬗变后的农村宗族根据需要调整其组织形式、内容及功能，是传统与现代的结合，具有开放性、现代性、法制性、社会性特点。"聚族而居"的现实，宗族地域上与农村社区耦合，农村社区建设也需要宗族配合。宗族适应转型社区建设的需要，对转型后的农村社区空巢、社区成员关系淡漠、社区互助减弱、信任危机具有一定的缓解作用，弥补农村社区组织缺乏，促进社区经济、政治、社会文化建设。

（一）农村宗族与开放型社区建设的适应性分析

宗族虽然没有完全抛弃为本族服务的意识，但其内卷性与封闭性不断减弱，开放性不断增强，适应了农村社区开放性、流动性的需要。一方面促进了开放性农村社区的实现；另一方面缓解了开放性导致农村社区建设困境。

1. 农村宗族促进开放型农村社区建设的实现

第一，为实现人员流动打下了基础。一方面，农村宗族为社区人员流出创造了条件。在封闭年代，传统宗族具有极强的封闭性，家族观念、地域观念强使流出受到影响，族人自己不愿意背离生活过的社区，同时人员流出也会受到"族人"的干涉。家长主宰着成员的一切，人员的流出受制于宗族，没有家庭的许可人员很难走出社区。即使现在的老一辈也不愿意离乡别土，家庭仍然对子女的流动具有较大的影响。受时代的影响，现代年轻人宗族观念有了变化，把事业放在首位，根据比较优势，积极流向城市从事第二、第三产业。宗族成员流出社区在外就业不仅家庭阻力减小，而且得到了宗族的支持，宗族成员，尤其是作为核心宗族的家庭给予了外出就业人员默默的支持：替流出成员看守土地，并以此为流出成员提供失业保障和养老保障；照顾外出成员的子女或者老人，为其解除后顾之忧。正是如此，宗族成员流出社区如此顺畅，使得农村流出人口达到 2.6 亿人，为支持农村社区经济做出了很多的贡献。另一方面，农村宗族积极接纳社区流入人员。农村社区基础薄弱，社区建设需要动员一切资源，吸收各类人员参与。农村社区的开放，吸引了一些经济组织和人员的进入，特别是城郊农村社区流动性人口较多，并带动资金的流入。宗族的开放性表现在能接受流入社区的各类非宗人员，甚至邀请参与本宗族的各类活动，对社区建设起到了很大的作用。

第二，适应市场经济开放性的需要。市场经济具有开放性，充分发挥市场经济的这一优势，要求生产、分配、交换、消费等各环节全面开放，打破资源流通、销售市场的封闭性，而在更加广泛的区域内配置资源，实现资源互补和充分利用；要求所在的市场对外开放的同时，获得更加广泛的外来市场份额。改革开放以来，农村宗族观念发生了改变，宗族超越了狭隘、封闭的地域性，族人的交往突破了社区的藩篱，活动半径不断扩大，资源与人员流动自由化，按照"差序格局"原则形成了不同的利益共同体，适应了市场经济的开放性，促进了市场经济的开放性在社区内外的实现。

2. 农村宗族缓解社会开放性导致的社区建设困境

农村社区的开放性引起人员流入和流出，对社区建设造成了一定的影响，嬗变后的农村宗族是现代与传统结合的产物，对缓解开放性导致社区建设困境具有较大的意义。

首先，解决社区空壳带来的社区建设困境。受主观"乡土意识"的影响或客观条件的限制，老人、小孩、妇女被"滞留"在农村社区，成为社区的留守人员，他们需要亲情，需要关怀，需要文化生活。社区是一个给人以归属感的共同体，这个共同体中有了宗族则增添了更多的亲情，并在社区照顾上发挥了重要作用：给予老年人以亲情，满足了其精神赡养的需要，使老年人真正做到老有所养、老有所乐；给留守儿童以亲子般的教育，满足心理上的需要，让其得到温暖和幸福，减少留守儿童因缺乏亲情造成心理上的"变形"而引发的一系列社会问题；加强传统伦理教育，增加家庭成员的责任感和使命感，强化成员间的关心和爱护，降低农村家庭的离婚率；开展传统宗族文化活动，丰富社区文化，增强社区认同感和归属感，提高居民的幸福指数。

其次，促进社区合作。社区流动性强，居民流入和流出较频繁，居民异质性增加，居民信任度低、合作难以形成。宗族成员同属一个社区，经过了若干次博弈，积累了丰富的社会资本，相互之间信任度与认同度高，具有合作传统，重亲情，形成了自己的处事规则，也深知违规或者"失范"的严重后果，宗族伦理道德引领族人积极合作，并带动社区族外人士的参与，对解决社区治理困境，克服公共服务中的"免费搭车"、促成合作具有重要的作用。

最后，促进社区经济发展。在一个社区内部，宗族在人财物各方面的合作促进了社区经济建设，还通过吸纳非宗人员参与促进社区经济建设。同时，以宗亲血缘为纽带，吸引更多的优秀族人将人才、资金、技术带入社区，发展农村社区经济。近些年，在外创业人员发财致富后，回流农村开办种养业、加工业，回报家乡父老，解决了农村社区资金短缺，部分化解了农村剩余农村劳动力就业困境。在对农村社区进行调查中发现，63%的乡镇企业家回乡创办企业是源于"乡土情"。另有很多的在外工作人员与农村社区建立了长期合作机制，对农业和农村发展提供技术指导、发展建议、资金资本。

在对建设得较好的农村社区进行调研时，我们对一些精英进行了专访，其中有一个被调查者给我们留下了深刻印象，他是这样描述自己返乡参与社区建设的：

> 我是一个从小就得到社区族人关照的苦孩子，爸妈有病，是族人筹钱让我读完了高中，高中毕业后在外打工赚了点钱。看到家乡现在好多族人在外地打工，小孩和老人无人照管，很可怜。回想起自己的童年、少年及宗族大家庭的爱护与帮助，我义无反顾地回家办企业，发展社区经济，尽管收入没有沿海可观，但可以为近200位族人提供工作，让更多的小孩得到父爱和母爱，让老人有了照顾。这也算是我对父老乡亲的回报。

（二）农村宗族与民主自治型社区建设的适应性分析

1. 农村宗族适应民主自治型农村社区建设的需要

现代民主自治型农村社区与专制、人治社区相反，要求居民能依法、自由、平等地参与社区建设，具有很强的参与意识、主体意识、自治意识和法律意识。这在传统社会是难以实现的。在传统社会，国家行政权力鞭长莫及，农村社区由地方士绅或宗族大户管理，实行宗族自治，而宗族自治又是宗族长老专制。宗族长老利用传统的习俗和惯例等乡规民约统治农村社区。传统宗族是典型的专制、人治的宗法组织，"聚族而居"的社区要推行与宗法观念相反的法理理念，其实现难度是可想而知的。但这种格局已经发生了改变。目前，宗族正在向自由、民主和法制的自治团体转变，宗族主动参与基层治理，使其活动合乎法律法规。废除了宗族家法、等级制度和专制"统治"，允许个性发展，积极向平等自由、民主管理、按照国法行事的原则靠近，对促进农村社区民主自治的发展具有重要的作用。

具体而言，农村宗族适应了村民自治的需要。村民自治发端于20世纪80年代，普及于90年代，是一种具有中国特色的社会主义的农村基层民主制度和农村治理方式。巨变后的宗族法律意识、参与意识、平等观念明显增强，适应了村民自治的需要，对实现《中华人民共和国村民委员会组织法》具有重要的作用。首先，宗族废除家法、适用国法，适应了依法治理社区的需要，促进了法治社区建设。其次，宗族废除专制、实行民主，民主精神成为主流，虽然不排除宗族维护族人小团体利益，但不敢大势、公开违反法律，而一般是在国家民主法制精神框架下发挥作用，为有效推进村民民主选举、民主管理、民主决策和民主监督扫清了障碍。最后，铲除等级制度，实行平等制度，族人能作为一个平等的主体参与社区建设，村民参与社区事务的积极性大增，有利于增强社区建设的"有效度"。

2. 农村宗族缓解民主自治型社区建设的困境

宗族对维护民主法治社区建设具有重要作用，可以发挥遏制基层政府权力滥用影响社区自治，防止社区专制，维护自身权力的重要作用。

第一，农村宗族可以起到遏制基层政权过度干预社区的作用。对比一般性的组织，农村宗族具有信任度高、凝聚力与归属感强，在抵制基层政权对社区事务的过度干预、严重损害社区利益等问题上能发挥一定作用。宗族使得农村社区干部在维护社区利益、充当"当家人"与充当政府的"代理人"两者间需要找到一平衡点。农村社区干部虽然是联系居民与政府的桥梁，但政府往往掌握较多的资源，可以通过资源对社区干部产生影响。当然，社区干部来自于宗族，农村社区不仅仅是地缘性概念，而且具有血缘性，农村社区干部与族人关系密切，同是"一家人"，在血缘亲情作用下，不得不考虑维护社区族人的利益，必须在维护社区利益与维持基层政府利益上寻找一个平衡点，而非一味充当政府的"代理人"忽略"当家人"角色。

第二，农村宗族是防止基层群众性自治组织"人治""专制"的重要工具。农村社区一般是由一个或几个宗族组成。宗族往往采取差序格局的处事原则，有维护族人利益思维。在一个宗族组成一个社区的农村，具有一定能力的族人往往成为社区治理的组织者，他代表社区利益，也是宗族利益的代表者。他们在社区建设中会不断吸收族人的参与，维护族人的利益，积极接受族人的监督，避免得罪族人，独断专行的事件能自动得到缓解。由多个宗族构成的社区，宗族有利于平衡社区建设力量，平衡社区利益。各个宗族互相监督，促使社区干部洁身自好，维护社区整体利益，实行村务公开，接受居民监督，防止"人治""专制"的出现，部分遏制行政色彩强化、实际功能弱化和腐败现象发生。

第三，农村宗族促进居民参与社区建设的积极性。宗族作为一个组织，改变了农民"原子化"状态，是居民参与社区自治的重要平台，提高自治的有效度，提高了居民参与的积极性。同时，宗族成员多、联系广泛，能捕捉到各类信息，深入到农村社区建设的各个环节，如社区选举、社区决策、社区监督等，参与的内容不断增加，参与热情不断高涨。

（三）农村宗族与异质型社区建设的适应性分析

农村社区的分化，加之农村社区规范体系的缺失，宗族势力成为农民维护利益的依靠，使得原本只是基于血缘关系的宗族转化成为一定的利益群体（许晓芸，2009），强化了宗族的帮带作用，也在一定程度上破解了异质型农村社区建设的困境。

第一，农村宗族能提升信任水平，促进社区建设的实现。信任是行动者在社会互动中"彼此寄予的期望"（伯纳德·巴伯，1989）。如果人们认同了共同的价值规范，可以促进组织间彼此的合作（张莉，2006）。人际信任和组织信任所构成的社会资本是乡村社区建设的基础，可以促进社区合作的形成、带给村落社区更加广阔的社会联系，拓展了村落的发展空间（刘圣中、艾春菲，2008）。如前所述，社区的异质化与分化使得社区信任缺乏，阻碍了农村社区建设的进行。而宗族的传统信任依然存在，宗族文化作为一种精神力量和一种内化的价值理念，能减少人们交往的成本，提高居民间的信任度，其影响根深蒂固、作用具有可持续性。在现实中，年长的与辈分较高的族人和具有一定能力声誉较高，能得到族人的一致认同，信任度较高。在社区信任缺乏和社区规范体系的缺失下，农民在利益受损时往往会依靠自己的宗族势力，宗族辈分权威和能人力量，能在社区建设中发挥一定作用，能促进社区合作力的形成。

第二，农村宗族促进社区整合。随着社会开放、人口流动，农村社区出现了不同的利益群体，各群体间界限日趋明显，对社区的认同度降低，各个群体需求差异较大，对社区提供的需求存在较大的分歧，整合这些群体的需求，提高其对社区的认同和对社区事务参与非常困难。同时，我们也应该看到，社区群体的异质化还表现在各个资源禀赋的不同，如在经济实力、才能、技术、社会活动能力等各个方面存在差异，如果能通过建立机制促进其相互合作，则可以取长补短，产生更大的效力。宗族作为纽带，利用其固有的血缘、亲缘、地缘关系，利用族人间的信任，整合各类群体的资源，将职业不同、收入不同、教育不同的人凝聚在一起，共同协商、相互沟通，缩小分歧，加强合作，带着其自有的资源禀赋平等的参与社区建设，促进社区发展。

（四）农村宗族与利益型社区建设的适应性分析

1. 农村宗族满足了"原子化"农民对接市场的需要

随着家庭承包责任制实行，农村社区居民客观上被"原子化"；社区转型，农民利益观念强化，强调个性的发展，主观上造成社区农民"原子化"。随着市场经济的深入发展，传统农业与分散的农户在激烈的市场竞争中遭受前所未有的挤压，"原子化"的农民与市场对接时处于弱势，农民承受的风险较大，极易造成农民利益受损，需要农村社区组织与市场对接。同时，农村家庭经营弊端日益凸显，规模化经营是农村发展趋势，小规模、分散化的生产经营不能满足农业规模化、产业化、现代化的需要，农户不得不寻找外来互助力量提升自己，这倒逼着农村社区的组织化。而农村社区组织缺失的现状，为农村宗族发挥作用打下了基础，天然的亲情、归属感以及地缘上的便利性使得宗族成为农民合作的理性选择。当代农村宗族复兴顺应了改革开放后经济发展和社会转型的需要，农村宗族之间的互助合作就成了农业生产经营的主要组织形式。弱小、分散的农户不得不利用血缘与地缘优势，宗族也顺应了市场需要，进行了革新，能容纳和包容市场，实现与现代市场经济的有效对接，以规避风险，实现利益最大化。

2. 农村宗族平衡利益与亲情关系

社区利益与宗族亲情不是鱼和熊掌不可兼得关系，是可以找到一个两者结合的最优组合点。宗族不仅会考虑利益，也会考虑与自己朝夕相处的族人的情感，形成一种"感情 + 利益"的关系。正如折晓叶（1997）提到的"情义秩序"，认为人们的合作行动不仅出于单纯获利目的，也是出于人情的关照、亲族的情感和道义的责任。因而在"聚族而居"的农村社区中形成了相互扶助、扶贫济困、共同富裕的合作取向。宗族通过其系谱、祭祀以及其他宗族活动，拉近了族人间的感情，化解邻里间的利益矛盾，有力地平衡了利益与亲情关系，使"远亲不如近邻"这句老话焕发出勃勃生机。

3. 农村宗族协调私人利益与社区公共合作的关系

私人利益是由社会成员分别独立占有、享用和支配的利益。公共合作的目的是提供公共产品，而公共产品具有非排他性、非竞争性，私人供给公共产品的交易成本很大。私人利益意识强弱与公共产品供给成反比关系，即私人利益意识越强，则参与公共产品供给的可能性就越小。在物欲横流和私利较重的社会，依靠居民个人合作提供公共产品是难以达到目的的，需要一个强有力的组织来提供和某种激励力量来鼓励供给。而目前全能型的政府已经退出，社区组织缺乏，社区村委会需要组织支持。因而，"聚族而居"的宗族组织可以利用其内部固有的隐形激励机制促进公共产品供给。宗族以"地缘""血缘""业缘"为基础，利用内部社会资本、社会网络、信任、声誉机制来督促公共服务供给，其执行与监督成本都低于纯粹的市场交易或政府交易。正如奥尔森（1995）指出的：如果个人为集团利益作贡献的经济激励缺乏时，大多数人所看重的朋友和熟人间的友谊和他们很看重的自尊、个人声望以及社会地位可能会激励他们为集团利益而合作、出力。

我们也可以从另外一个视角来分析宗族协调私人利益与公共合作的关系。私人利益与公共利益是相对的。以自己为核心，"私"只包括自己，父母子女等都是他人；以家庭为核心，父母子女等都是"私"；扩及以宗族为核心，整个宗族都是"私"。低层级的共同体公共利益相对于高层级的共同体的公共利益，只能算做私人利益、局部利益、群体利益，低层级的公共利益在一定程度上便具有私人利益的性质，亦即"小公"相对于"大公"就属于"私"（樊怀洪，2011）。我国农村社区是由宗族构成的，宗族具有稳定的亲缘关系，社区内的每个个体、家庭具有自己的私人利益，但是宗族成员是真正的"一脉相承"，原本就是一个家庭的延伸，宗族内部不是完全的竞争关系，而是可以视为一个"私"的单位和一个整体。宗族亲缘关系使得农村社区成为一个整体和一个大的"私人"，社区作为一个整体对外交往，直接维护和巩固着私人利益，也就间接促进了社区公共事务发展。

| 第五章 |
农村宗族与农村社区经济发展

　　社区经济作为整个社会经济的有机构成，是社区建设的重要内容之一。它是实现社区建设目标的前提条件，也是社区建设深入持久进行的重要保证（闵政，2001）。一般而言，市场是利用价格机制、政府依靠行政权力、社区是依靠包括道德在内的多种机制配置资源。在社会转型时期，政府为推进农村社区经济发展发挥了巨大作用，市场也为农村居民带来了"红利"。社会转型初期，由于政府存在缺位、市场竞争与合作的非规范性、社会信用体系不完善性，人们还得依靠宗族内部合作和熟人网络的帮助去赢得生存和发展的机会，通过家族的力量来组织和获取资源（蔡立雄，2010），弥补政府与市场的某些不足。近些年，为了应对市场经济带来的风险和机遇，农村居民再次依托宗族组织维护农村市场运转，结伙闯市场、提供新型农业生产合作、给予资金支持以及加强农村劳动力转移，促进了农村社区经济社会发展。其中政府对宗族存在的默许，为宗族加强经济合作和发展提供了可能，正如桑德拉·王（Wong，1988）所言："只要除去外部约束，中国的家族主义就会为发展的引擎注满燃料"。当然，我们不排除宗族的负面影响，如破坏市场秩序、阻碍农民市民化、妨碍现代企业制度建立，等等。故此，在社区经济发展中，应注重农村社区"聚族而居"的现实，注重伦理秩序在配置资源方面的作用，挖掘农村社区内源式发展力量，正确引导、合理利用宗族，发挥宗族的纽带作用，建立开放的、适应市场经济发展需要的社区经济共同体，不断接替宗族而发挥作用，以改造宗族、克服其不足之处，促进社区经济发展，促进农业增产、农民增收，化解"三农"困境。

一、农村宗族与农村社区市场经济秩序建设

宗族伦理道德对市场经济的契约具有重要的支撑作用，利于克服市场经济理性、克服市场经济信息困境，克服农村社区"原子化"所带来的单个农民分散与市场博弈的不利状况，避免外来侵害，利于社区市场经济秩序的维护。但是，宗族往往利用自身的势力、伦理道德的处事原则和错综复杂的宗族网络在市场竞争中打击对手、按照人际契约进行交易或获取非正当的收益，这不利于社区市场经济的持续、有序发展，有悖于社会公正公平。

（一）农村宗族支撑农村社区市场经济契约，维护市场经济秩序

本节将从维护市场经济秩序角度，分析宗族对市场经济契约支撑、克服理性缺陷所导致的市场秩序混乱以及克服信息不足所导致市场秩序混乱等方面的作用。

1. 农村宗族伦理道德支撑农村社区市场经济契约

市场经济本质上是一种高度的契约经济。契约是制约无穷尽的欲望与资源稀缺之间的矛盾的一种有效机制。但是，现实的市场交易中存在信息不对称、机会主义行为倾向、合同履行中多种影响因素的存在等制约着契约应有作用的发挥（Goldberg，1980）。由于信息不对称，人们会利用对己有利的信息，扭曲对己不利的信息，进行欺骗，"人在追求自身利益时会采用非常微妙和隐蔽的手段，会耍弄狡黠的伎俩"（威廉姆森，1987）。同时，契约本身具有不完备性，只要有机可乘，经济人就会违约，使得达成契约成本以及契约的监督成本与执行成本很高。由此，契约的履行完全依靠市场机制来实现是不可能的，必须引入保障性措施的契约，即经济学中所说的"关系契约"（范烨，2009），约定俗成的伦理道德来补充。伯纳德·巴伯（1989）认为信任与伦理可以减少监督成本，降低交易费用。经济学家阿罗（1974）认为，信任就是经济交换的润滑剂。有学者认为契约本身就内含伦理道德，"契约

兼有法律的刚性和道德的韧性，同时也兼顾了法律的规范性和道德的约定俗成性，一个社会只有拥有良好的契约精神氛围，才能使法律的外在权威内化为社会成员个体的自觉行动和内在需求"（夏民、刘同君，2003）。尤其是我国是一个伦理国家，市场经济也深深地打上了伦理烙印，完全抛弃伦理来发展市场经济在我国不可行。不顾民众习惯，企图一味以现代化手段建立契约式诚信，可能导致契约无法履行。很多学者认为西方人签订合同，意味着必须履行合同规定，对合同规定的事项负责。中国人签订合同意味着双方已经变成了准熟人关系，其履约程度有赖于双方的关系和道德。尊重传统文化，深层次地挖掘影响契约签订、监督与执行的道德伦理，对市场经济的理性发展具有重要的作用。我们在进入农村调研时发现：农村居民把声望看得非常重要，为了自己和家族的声望，居民之间会诚实交易、信守合约、真诚合作，用契约规制自己，用道德约束自己，履行契约规定。社区居民以及社区居民与社区外居民所达成的协议，不管是买卖协议还是借贷协议，也不管是口头的还是书面的，违约的概率非常小，我们调查的样本中不足5%，而且这其中有客观原因，而非主观恶意违反合同。有的家庭很难履行合约时，家族发挥了巨大的帮扶作用，帮助合同的履行。除了声望，信任、规范、社会网络对执行契约发挥了重要的作用。特别是农村社区社会网络密集的熟人社会，人们彼此了解，集体内部监督比较容易。一次违约行为会得到共同体的报复，从而使之"边缘化"。因而，伦理道德、乡规民约较强的社区，履约难的现象会有所降低，利于维护市场经济秩序。

　　湘西是一个比较闭塞的地区，也是一个多民族的区域，民族文化和家族色彩浓厚。受市场经济的影响，该地区的农村市场也不断开放，人的思想也变得开阔了。但当地很多村的村民信用意识没有变化。A社区内的小额借贷和物品借用一般是不打借条的，违约率非常低（不足5%）。口头承诺的交易，一般会按时兑现。这其中家族以及家族观念起到了很大的作用。宗族舆论、"熟人"面子观念、被边缘化的危险等促使他们在社区范围内不敢违约。一个人违约将面临整个宗族的"制裁"。即使出现了个别违约现象，也会在族人的调解下解决，维护家人面子，客观上促进了社区经济发展。

2. 农村宗族遏制市场经济的理性缺陷所导致的农村社区市场秩序混乱

市场经济中的理性经济人假设是现代西方主流经济理论的基本行为假设和理论体系的逻辑出发点。所谓理性经济人就是指经济主体都能按照"成本收益"的边际分析方法，遵循趋利避害的原则，对所面临的选择进行最优化的选择，以实现利益最大化的目标。它以人的自私自利假设为基础，以利益极大化为原则，获取的利益。即"一是假定人的经济行为具有自利动机，二是假定人们都能通过自由地依据利润最大化作出理性选择，所以经济人被看作是具有自利动机和追求利润最大化的理性人。这样的经济人成为古典经济学分析的逻辑起点"（武经伟、方盛举，2002）。

关于理性经济人的争论到目前为止没有停止过。西蒙抛弃了理性经济人假设，提出了有限理性，他认为企业和消费者难以达到追求效应最大化的情况下，转而追求满意的决策。科斯认为"应该从人的实际出发来研究人，实际的人由现实制度所赋予的制约条件活动"，他借助于交易费用、产权等概念对人类的行为领域进行了研究，认为由于交易成本的存在，在现实的制度下人只能是有限理性。诺思认为应研究"制度演进背景下人如何在现实世界中作出决定和这些决定又如何改变世界"，提出文化传统、宗教信仰、政治观点、经济思想等对人的理性行为具有很大的影响。实际上，就连最早提出理性经济人假设的亚当·斯密也不否认道德的作用，他在《道德情操论》中肯定了个人美德的作用，认为谨慎这种美德使得经济人能顾及他人，以维护自利之所以可能的市场秩序；并通过正义这种美德来同等地看待自己与他人的利益，从而期望人们都在社会的公平规则中竞争。英国牛津大学霍尔和希契（Hall & Hitch）于 1939 年所做的厂商行为调查和美国经济学家莱斯特（Lester，1945）年所做的类似调查得出了同样的结果：厂商的实际行为与新古典厂商理论中的利润最大化模型存在着明显的不一致（林金忠，2008）。

我们认为农村宗族尤其是宗族社会资本对经济理性具有重要修正的作用，在实践上可以克服理性经济人的不足，克服理性经济人以利益为中心主宰农村社区市场经济的一切，促进农村社区经济有序发展。

首先，宗族文化道德约束经济理性行为。理性经济人假设是对社会主体的高度抽象化，忽视社会因素对人的动机和行为的影响，忽略了人的政治、文化和道德的各种属性。一定程度上来说，理性经济人不存在价值判断和道德评价，是一个抽象的经济人，而非社会人。实际上，人不仅是经济人，而且是社会人；不仅遵循经济理性，也会受到道德约束。正如格兰诺维特（Granovetter，1985）所言：没有完全孤立的经济交易，经济交易总是嵌入于一定的社会关系之中，并受文化传统等社会因素及其衍生的社会网络与社会资本力量等社会关系的约束。就农村宗族而言，这种血缘亲情使得居民在获取利益最大化的同时，必然会考虑社区族人的利益。李敢、曹琳琳（2012）就海外华人投资现象从"经济人"与"社会人"视角做出了阐释，认为海外华人对华投资是一个"寻利"和"觅情"相交织的过程，"'利'主'情'辅"是其投资根本所在。王望波（2004）、胡晓玲（2008）等认为很大部分华商投资具有家乡情感因素，投资主要集中于祖籍地，不仅缘于经济利益的寻租，而且是基于血缘、地缘关系。这些投资并非一味追求利益，而危害农村社区市场经济秩序。

其次，宗族突破传统个体的"私"的概念，实现社区利益最大化。市场经济学中的理性经济人假设是以人的自私自利假设为基础，以自我利益极大化为原则的。宗族以血缘为基础，具有亲情关系，宗族内部不是完全的竞争关系，而是可以视为一个"私"的单位和一个整体。这扩大了经济理性中"私"的范围。整个宗族社区的发展和利益最大化就是经济人的利益最大化。这可以解释家族企业为何具有强大的发展动力，可以解释宗族不允许社区出现为经济利益而危害子孙后代的理性。如依靠污染社区环境而获得发展等行为必将遭到宗族的抵制。

H村风景优美，一直没有开发，经济也不发达。随着交通道路的改善，引来一些旅游者，名气也越来越大，引起了投资者的关注。先后有很多企业进行洽谈。一家碎石加工企业与村委会达成了协议，这个企业还建立了饮料加工厂，为村民解决了就业，增加了收入，村民也非常高兴。但是，开工生产后不久，污染较大，引起了村民不满，他们要求关闭碎石加工厂，没有得到同意。村民开始筹划如何关闭污染企业。他们以自然村基础，各个家族派2个人与企业谈判。企业威胁村民，如果关闭碎石厂，那么饮料加工厂也将搬迁。社区村的回应是：宁愿不要任何厂，也要给子孙后代留一条活路。

3. 农村宗族网络遏制市场经济的信息不足所导致市场秩序混乱

由于市场本身的缺陷以及人类获取信息能力有限，获取信息的成本非常高，信息成为经济学研究中的热点和难点，也是影响经济发展的重要因素。具体到农村，由于农村相对落后、投入不够、交通不便、信息服务平台缺乏及人员素质不高，信息不足更为明显，影响较大。信息缺乏使得市场化了的农民无法让农业产品与要素有效市场化，严重制约着社区经济发展。宗族所构筑的复杂人际关系网络成为农村信息传递的重要机制。有学者在研究农村非农就业时，提出了农村非农就业具有正的代际相关性，肯定了家庭社会资本在提供信息方面的作用，认为"面对可能存在的人力资本投资约束、有限的工作机会、劳动力市场中的信息不对称和市场分割，劳动者更加依赖于社会资本，而家庭又是提供社会资本的天然场所"（邢春冰，2006）。在市场失灵和政府缺位下，发挥宗族网络作用，利用宗族社会资本，可促进信息的传播、共享，加快信息流通，促进了经济运行向新古典经济理论目标靠近，防止他人利用信息不便讹诈社区农民，获取不当收益，损害农民利益。

另外，在信息不完备下，宗族乡规民约可遏制族人在社区经济发展中的逆向选择与道德风险。在相互密切关系的"熟人社会"，每个人能预测他人行为的共同体中，社区成员拥有关于其他成员的行为、需求和偏好的重要信息，避免了信息失真给社区带来市场秩序的混乱，促进社区市场经济发展。

（二）农村宗族破坏社区市场经济秩序，影响社会公正

虽然宗族具有维护市场经济秩序的作用，但是宗族的内卷性与利己性无法排除其对社区秩序的危害。

1. 打击对手，排除市场竞争

强势宗族凭借其人多势众和地缘的优势，单方面制定利己的市场游戏规则，欺行霸市、排除异己，对区域内非亲非宗人员进行压制和打击，严格限制社区外经营者进入社区经营。特别是有特许资源或产品（如有煤矿、石

油、天然气等资源或者长期经营花卉果木等产品）的农村社区，宗族更是利用自己的"同胞"守护自己的"家业"，垄断该行业经营权，排除外人进入，甚至采用非法手段打击竞争对手，影响了公平、公正，破坏了等价交换和优化配置资源的市场经济规则，不利于市场秩序的建立。另外一个严重的后果就是影响技术改进，因为垄断、没有竞争，宗族势力也就没有采取改进技术的动力，长期采用传统或陈旧的生产方式维持生产，不仅效益低下，而且产生一些污染环境、噪声过大等外部性问题，影响了新农村建设的进行。

调查中发现农村宗族打击对手、排斥市场竞争的案例很多：

> A村长期经营花卉业务，业务量很大，生意很不错，但是基本由本地村民经营，而且大部分是由姓王和姓刘的两个大姓垄断，其他姓氏规模小，村外人员更是不允许经营。近几年有很多外地人想租用本村的土地种养花卉，最后由于王氏和刘氏家族刁难，不得不退出。其中有一个外地人实力较大，为在此经营花卉纠集了社会上朋友来讨说法，并发生了激烈冲突，但最终还是"强龙斗不过地头蛇"，放弃了。

> 无独有偶，B村属某城市郊区，由于离城市近，村委会投资建立了农产品交易市场，后来发展为全市重要的活鱼批发市场，随着业务不断增加，更多的人看准了其发展潜力，想在此市场经营，但没有得逞。为防止外来商人进入社区进行买卖，承包市场业务的几个家族发动其家人进行监督。但是，随着市场日益发展，交易量不断增加，市场范围也不仅仅限于农产品交易市场那一块地，而是扩大到了村头村尾，家族无法控制。于是，他们开始了收费，每一个进入该村经营的外地商人，每天需要缴纳场地费用。

2. 奉行人际契约，排斥制度契约

陈伟民（2008）将契约分为人际契约和制度契约。人际契约是指带有人际关系的契约，是建立在血缘、亲缘、姻缘、地缘以及朋友等为基础的"熟人社会"上的契约，其制订和履行弹性大，并依赖特定的伦理道德人际关系或者说良心和道德这一"心理契约"。它可以是不成文的风俗、习惯、约定

等，也可能是成文的合同、协议等；制度契约是按照法律法规，在不同的群体间以利益为纽带而形成的成文合同或协议，它的效力由法律制裁而非社会人际关系压力来保障。

市场经济是法制经济，理应按照法律法规签订契约，并按照法律法规来履行契约。但是，我国农村特定的宗族文化造就了社区特定的契约观念，使农村社区经济发展中践行人际契约、排斥制度契约现象严重，农民重情、重义、轻利，习惯在血缘、亲缘、姻缘、地缘以及朋友等"熟人社会"社会范围内进行交易，排斥按照法律法规签订和执行契约。而农村社区这种特定的契约观念形成了农村社区特有的经济发展轨迹，在对社区经济发展起到积极作用的同时，严重束缚着人们的市场经济意识，影响了市场经济良性有序发展，影响着农村社区经济发展。采用人际契约可以节约交易成本，促进资本积累，在经济组织发展的初期作用较大。同时，也使得交易范围受限，局外组织进入困难，限制社区经济组织规模的扩大，尤其不利于成熟企业的继续发展壮大。更为严重的是容易产生矛盾和纠纷，破坏市场秩序。有学者以温州为例，研究了实行人际契约的负面影响，认为人际契约使得温州市场化程度低，融入世界经济的步伐比其他地区慢；创新能力与承担市场风险魄力不够，安于目前的分工体系和市场网络，温州制造业结构演变缓慢和外向型经济进展迟缓（陈伟民，2008）。导致目前温州的 GDP 增速位列全省最后一名（劳佳迪，2012）。而采用制度契约的经济组织，在签约阶段与其他组织谈判成本较高，交易成本也较高。此后，经济组织便可以按照已经约定的条款、利用已经签订的条约保护自身的权力，减少履约的不确定性，经济组织的发展壮大也可以不受制于人际关系规模的约束，促进企业规模的扩大，促进社区市场经济的有序发展。

另外，在对外交易中，由于秉承宗族伦理道德原则，不习惯利用制度契约，缺乏一系列严格契约的保护，弱势社区农民在与公司的博弈中往往处于劣势，因力量悬殊势必导致利益分配不公，社区农民是利益的受损方。

3. 获取非正常利益，造成社会不公

宗族是一个小集团，注定为本集团获取利益，这无可厚非。但是宗族往往利益血缘、亲缘和亲缘关系，通过自己的网络，采取非正常的手段为宗族

或社区获取非正常的利益，这有悖于社会公正与公平，妨碍了社区市场经济秩序，也阻碍社区经济的发展。

首先，部分村干部为本族成员非法占有社区资源提供便利。在村委会选举中宗族成员力挺本族成员的重要缘由之一是期望利用同宗人员担任村干部获取利益。不排除村干部也"不辱使命"，按照"差序格局"原则进行利益分配。更有甚者，宗族成员伙同其同宗村干部非法侵占他人财产或社区公有财产；在承包中违背市场竞争原则，弄虚作假，排除竞争，为宗族获取非法利益。其结果是资源配置效率低下，社区内不公平现象严重。

其次，存在部分宗族公职人员为社区获取资源现象。在资源分配具有弹性的情况下，不排除公职人员为宗族和社区获取资源的可能。一是为宗族成员获取利益。我们在前面的研究中已经得出了一个很有意义的结论：宗族成员占有的行政资源或者"官场资源"对宗族劳动力转移影响巨大。甚至存在公职人员利用公共权力为直系亲属非法牟利现象，例如，违背市场原则和国家法律法规非法承包工程、垄断经营、收受贿赂等。二是为社区发展获取资源。这个看似是为社区公共利益而非个人利益，打上公共利益的标记，但是仍然属于为小家、不顾大家的做法，是非正常获取资源的方式。例如，宗族公职人员利用职权改变财政的用途，通过财政拨款为宗族所在的农村社区修路、建桥、修筑水利设施或提供其他公共产品，或者投资建设企业，就地解决农村劳动力就业问题，等等。需要说明的是，在政府财力较为紧张和财政投入欠规范的现实下，农村社区投入存在很多人为因素。这就为权力寻租打下了基础。往往财政投入不是按照边际效益大小或者说轻重缓急的程度进行有序安排，而是按照资源掌握者的偏好进行投入，显然社区或宗族网络中有掌握资源者无疑先获得资源。所以，也有人将农村社区经济称之为"化缘经济"，这是资源不足和财政不规范的必然结果，严重影响农村社会公平。

4. 扭曲消费行为，影响社区消费秩序

宗族传统的内卷性与排外性注定了宗族间以及宗族内部互相攀比。随着宗族复兴和旧礼俗复活，封建社会许多落后的消费行为重新出现，在农村社区出现了为增加宗族的凝聚力、向外人彰显子孙的能力和孝顺，劳民伤财，采取摊派的手段集资修祠堂、系谱、祭祖等宗族活动，占用土地为祖先"大

兴土木"、举行系谱仪式、不惜代价操办红白喜事；宗族群体内部也展开了"人情战"，宗族房支之间随礼相互攀比。这花费了大量的人力物力财力，扭曲了消费行为，形成了畸形消费，增加了族人的经济负担，乃至背上债务，影响社区正常的消费，甚至影响社区市场秩序和社区经济发展。

二、农村宗族与农村社区农业生产

在农村劳动力大量转移，农村社会"空巢"的背景下，农村宗族促进了农业生产合作，采取了不同于以往合作形式、合作内容和合作机制，宗族避免了土地荒芜，推动农业发展。但是，宗族也存在着制约农业发展现象，尤其是直接通过影响土地流转制约农业现代化、规模化，损害农民利益、危及粮食安全。

（一）农村宗族促进了农村社区新型农业生产合作

在生产力非常低的传统社会，宗族在组织农业生产方面发挥了巨大作用。毫不夸张地说，远古时期没有宗族的合作生产，中华民族将难以繁衍、生存与发展。直到 20 世纪 50 年代初，互助组也普遍按照血缘关系组成。互助组是几家自愿组合，且一般是具有血缘、亲缘关系的组合在一起（温铁军，2009）。即使在人民公社时期，实现"三级所有，队为基础"，人民公社可调配一切资源，实行集体所有制，但是"队"作为一个生产单位与宗族组织在地域范围是重合的，一个"队"也就是由一个或者几个宗族组成。所以，当时农业生产也是宗族合作，只是"统"在一起，由集体组织生产，而非宗族成员自由合作，相对比较"隐形"。家庭承包责任制后，隐形合作显性化了，出现了"宗族复兴"。由于合作是自愿的，而非强制性的，所以农业生产合作中人员的血缘、亲缘关系更加浓厚。

实行家庭联产承包责任制后，农业生产的"碎片化"与农业现代化、规模化、专业化的矛盾凸显（机械化等生产资料适合于大规模生产，但是农地的个人占有，是一对矛盾）。在农村组织缺乏，农村劳动力大量转移，农村社会"空巢"背景下，宗族合作成为一种重要的途径，它避免了因为劳动力外出可能导致土地荒芜，有利于目前克服小生产的局限性，在抵制现代企业侵蚀分散农民利益方面会起到很大的作用。目前的农业生产合作不仅仅限于简单的换工，而是更为多样化的合作形式、广阔的合作领域、合作机制更加灵活。虽然不是最优的合作形式，但也算得上是次优，在某种程度上促进了农业发展。这也印证了我们在前面所讨论的理论：宗族社会资本促进了社区合作。

1. 新型合作形式

（1）各自耕种，委托管理。由于从事非农产业，又不愿意放弃对自己责任田的耕种，或者是为了提高管理水平，某些农户由自己完成耕种，而将处于自然生长期内的作物的治虫、除草、施肥、灌溉等管理，交给社区人员，主要是宗族成员（一般是三代内宗族），由其代为管理，直到收割期，庄稼的主人返回社区，自己收割。除管理费用等开支外，其他收益为自己所有。"各自耕种、分开管理、利益各得"的模式可能是农业规模化与现代化的雏形，有利于农村生产的发展，也利于有"门路"的成员获得非农收入，促进社区经济的繁荣。

如表5.1、表5.2所示，我们在对这些农户进行调查时，发现这些人一般把农田的管理事务委托给宗族成员，其主要原因在于宗族成员相互信任、好沟通等，不会出现委托代理中的"逆向选择"和"道德风险"，或者出现此类情况的概率很小，节约执行成本和监督成本。而且，在农业种植生产中劳动的质量对产业影响很大，这就要求劳动者具有高度的责任心和自律性，具有极大的劳动热情进行劳动的有效投入，监督起来比较困难（李昱姣，2010）。另外一个选择同宗人员作为管理主体的原因是，转让给非宗人员后担心宗族舆论压力，得罪族人或落得个"吃里扒外"的罪名。

表5.1 农业生产委托管理情况调查

	委托管理有效样本数（户）	委托宗族、亲属管理		委托朋友、同学管理		委托其他人员管理	
		户数	比例（%）	户数	比例（%）	户数	比例（%）
数量	102	68	67	24	23	10	10

表 5.2 农业生产管理委托给宗族原因调查

项目	转给宗族、亲属原因			
原因	相互信任，管理效果好	来往沟通方便	肥水（管理费）不流外人田	转给非宗人员害怕得罪族人
数量	53	47	38	21
比例（%）	78	69	56	31

注：根据表5.1，族人将农业生产委托给宗族、亲属管理的总数为68。

（2）二次转包，有偿使用。农村劳动力转移到城市从事非农业生产，由于没有时间顾及农业生产，这部分人将自己承包的土地再次流转给社区其他人，收取一定的承包费。调查中发现，土地流转的对象主要是宗族人员，同时转让给非宗人员的数量明显增加。如表 5.3 所示，转给宗族人员比例为56%，原因与上述基本相同，信任问题，尤其是担心土地的经营权流失、无法收回；转包给其他人员达到了44%，较上一种"各自耕种，委托管理"的形式，土地转给宗族亲属的比例有所下降，原因在于此类二次转包不同于委托生产管理，不需要进行监督。

表 5.3 土地二次转包情况调查

	二次转包有效样本数（户）	宗族、亲属		朋友、同学		工商或农业企业、合作组织		其他	
		户数	比例（%）	户数	比例（%）	户数	比例（%）	户数	比例（%）
数量	93	52	56	21	23	15	16	5	5

（3）赠与族人，无偿使用。某些在外就业的农村劳动力，收入可观，经济实力雄厚，他们不再将土地作为生活保障，因而将土地赠与自己的亲属，一般是父母兄弟姊妹、侄儿侄女等。调查中获取的土地赠与族人有效样本数为74，其中有46个是赠与以自己为中心三代内的核心宗族，只有13个是三代外的宗族人员，15个是赠与最亲密的朋友、同学等。

这些新型的农业合作形式，体现"差序格局"，以自己为中心，首推父母子女，然后是叔叔伯伯，到侄儿侄女，再往外延伸。其关键是宗族信任、规范等起作用。

2. 新型合作内容

宗族农业合作的内容不仅仅限于传统时期的换工，合作领域扩展到购买生产资料、进行农产品运销、技术合作，还包括合作利用农业生产设备、委托管理和共同完成的某些生产活动。

一是生产合作。在生产季节家族成员间相互换工是比较原始的合作。随着传统农业向现代农业过渡，由于生产要素不完整而开始出现了邻里之间的机器购买合作和生产合作，解决规模投资不足问题（胡霞，2009）。同时，在合作化过程中，农业分工日益明显，出现了专业性的有偿耕作和收割服务，或者出现了专门出卖劳动力、类似于产业工人的"产业农民"，他们没有土地或土地较少，主要是从事农业生产劳动，获取收入。这类人以协助家族内种田大户从事农业生产为主，有的种粮大户甚至长期雇佣自己的族人帮助生产。当然，流动的"产业农民"不仅仅限于在家族内从事生产，而是"四海为家"获取报酬。

二是流通合作。为了提升对外谈判能力，争取优惠的价格和合格产品，社区宗族人员合作通常会采取合作购买农业生产资料。同时，族人利用自己的宗族网络，宗族网络又利用自己联系的网络，为农产品寻找好的销售渠道，提高自己的收益。

三是技术合作。我国农业技术合作还处在初级阶段，不像发达国家一样有专门的科技合作社，农业科普组织不发达，主要是在村委会指导下，以一个家庭或宗族初级组织为主，在农业生产某阶段需要时，相互传授自己看到、学到的种养植、治虫、施肥、灌溉等相关知识和技术，促进农业生产发展。"发展以村集体、宗族等为核心的农业技术生产互助，实现产前、产中、产后等技术合作"（邵明伟，2011），是目前农业科技发展的重要途径。

3. 新型合作机制

（1）协商合作机制。随着工业化与城市化的推进，大量农村劳动力转向城市和非农领域，青壮年不断减少，现代农业科技难以普及，土地利用效率低，甚至荒芜，农业生产效率低下。为此，村落各个农户，尤其是宗族人员不得不协商如何合作，有效利用现有的土地组织生产，商议种养、购销，传播农业科技，使非正式的协商常态化。

（2）信息共享机制。以宗族中在外具有能力的族人为核心，建立信息共享机制。宗族精英通过各种渠道获取各种信息，包括重大农业政策、气候变化、生产资料价格变化、农产品价格变化、动植物疫病、市场供求等重要涉农信息，并及时通知社区各位成员，以便安排生产或组织购销。

（3）联动合作机。这主要体现在购销、土地等资源的保护方面，有一套不成文的抵制外人侵害的制度。如在购买农业生产资料、销售农产品时；在消极抵抗政府、企业非法占有土地等资源方面，社区邻里团结合作，统一口径，合作联动；共同抵制外来非法收购人员的侵害。

（4）利益共享机制。农业产业化是农业现代化的一个重要组成部分，其实质就是农业企业化、专业化和一体化，这是一个艰巨的任务。分散的农户要实现企业化、专业化和一体化，关键在于如何实现利益共享。于是开始在很多地方探寻利益共享机制，并在社区宗族间进行了尝试，由宗族精英承担风险，签订合同，规定农民种养种类，然后按规定价格回收。这不仅降低了种养户的风险，还使其得到了预期的收益。在实际操作中也实现了风险共担，收益共享。如出现了市场风险，种养户不会完全让宗族精英承担风险，而是主动要求分担部分风险；同样，若市场行情好，宗族精英也会给予种养户部分价格补贴。

（二）农村宗族影响土地流转，制约了现代农业发展

在市场经济条件下，在大量农民外出务工，农村社区组织极度缺乏、农民极度分散无组织的情况下，宗族促进了农业生产合作，起到了保障农业发展的作用。但是，也出现了制约农业生产发展现象，尤其直接通过影响土地流转制约农业现代化、规模化，损害农民利益、影响社会稳定和粮食安全。

1. 土地流转半径狭窄，限制了规模化生产和现代农业发展

随着生产力的发展，土地应该是不断集中在部分人手中，进行规模化耕种，而这其中的关键便是土地流转。土地流转的形式是多样的，包括转让、

转包、代耕、转租、入股、拍卖、托管等。但由于农村社会保障制度缺乏，农民把土地视为生活的最后一个保障，因而不会轻易转让土地。即使农民外出就业，也只会按照"差序格局"委托给宗族至亲，由其代耕和托管，不会转让或转租给其他宗族外的"外人"。原因很简单，就是狭隘的宗族观念。首先是信任问题，农民对"外人"不信任，担心土地转让后无法收回而失去土地；其次是利益问题，宗族成员秉承"肥水不流外人田"的原则，把土地转让给自己的族人，让其获取部分收益；再次是舆论问题，农民把土地让给"外人"，而不相信"自己人"或不照顾"自己人"，会被视为"吃里扒外"，受到社区强大的舆论压力。最后，还有沟通方便等原因。

这种土地流转不是遵循市场规则和效益原则，而是按照"差序格局"进行流转，流转的半径非常有限。我们在前面论述了农村土地流转（二次转包）的情况，其中56%的土地是在宗族或亲属间进行流转的，23%是转让给同学、朋友的，真正转让给农业龙头企业或其他的种植大户这类"生人"的很少，仅仅占到总数的16%。这限制了农业规模化大生产，规模化、集约化、产业化道路是现代农业的重要特点，而这种行为不利于现代农业的发展。目前土地流转还不多、流转形式单一、土地流转还非常分散，难以集中进行大规模的发展现代农业。

2. 强制土地流转，影响社会稳定、农民权益和粮食安全

强大的宗族采取各种形式巧取豪夺，甚至强迫农民进行土地流转，损害农民的利益。研究中发现，强宗族促使土地流转的形式主要包括：一是乘某些农民外出打工之机，把农民的土地据为己有，由自己耕种或承包转让给他人；二是强宗族通过控制村委会，操纵土地流转，占用或瓜分土地流转费用；三是宗族与其他势力勾结，通过胁迫、恐吓、甚至殴打土地所有者，迫使其转让土地；四是极个别地区存在强宗族充当政府的"代言人"，支持政府的某些不法行为，改变土地的用途，不惜损害部分农民的利益来使自己从中获得一些好处。

这种土地流转不是遵循市场规则和效益原则，而是按照"强人"规则进行的。首先，损害的是部分农民的利益，地权地利之争引发的个体冲突和群体事件层出不穷。其次，土地矛盾已经成为当今农村最为突出的社会矛盾，

并影响农村及整个社会的稳定与和谐（徐勇，2010）。最后，也损害了国家和社会利益，危机粮食安全。因为土地流转后，尤其是被商业公司"掠取"后，在政府的不作为或者在政府支持下，根据比较利益，商业公司将会改变土地的用途，减少耕地面积。在这些非正常的土地流转中，强宗族是直接的引发者或起到了推波助澜的作用。

三、农村宗族与农村社区投融资

中国乡村是典型的熟人社会，依靠血缘、亲缘、地缘等人际关系建立起一种信任关系，使得社区金融借贷中呈现人格化交易特性，也"只有社区内部化的农民的合作金融才是满足农民需要的、可持续的"（温铁军，2009）。目前，宗族在社区融资、促进经济发展中仍然发挥着重要的作用。

（一）农村宗族调节社区小额农业生产或农民生活资金余缺

传统社会，农村宗族是解决社区居民资金困境的重要力量。当前，农村宗族仍然是解决农业生产与农民生活小额资金需求的重要渠道，血缘为纽带的宗族信任就像抵押品，促进农民的借贷。郭云南、姚洋（2012）等认为发展中国家农民收入具有不确定性，面临着气候变化、市场变化和技术冲击等风险，需要借贷来熨平消费，正式金融机构不发达或对农民信用级别、风险偏好或偿还能力不了解，农民难以贷到资金，宗族网络于是可被视为一种信用机制或担保机制，通过村庄宗族网络借贷，对家庭平滑消费具有重要作用，宗族网络的存在或其强度的增加为农村家庭提供了更完全的平滑消费。金南和汤森德（Kinnan & Townsend，2010）对泰国村庄的亲属网络进行了分析，得出了同样的结论：亲属网络是一种隐性担保品，为其家庭向个人或正式金融机构进行借贷提供了更多的机会。通过宗族、亲族网络相互捐赠或借贷，抵御收入不稳定的风险，不需要直接向宗族外的正规金融机构或私人借贷（Munshi & Rosenzweig，2009）。我们研究发现，小额资金借贷来自宗族，但是大额的资金借贷还是主要来自于金融机构。同时，在农村宗族借贷中成本较低，基本是不需要利息的，更不会出现民间借贷中的高利贷。原因在于：第一，传统"血浓于水"观念的存在。第二，社区内部的借贷是一种相互之间的义务，它通过村庄内部规范中的互惠原则来保证，并与亲属、友谊有密切的关系（费孝通，2001）。第三，借贷人不要求支付利息，只是当对方面临同样困难的时候以"还人情"方式给予帮助（王铭铭，2003）。宗亲还以成立互助基金形式，为族人解决资金借贷困难。

> W村有68户家庭，677人（按照农村户籍计算）。除后来迁入的4农户外，其他都姓王，认同一个"祖宗"，血缘关系较近，在九代之内。村民大多以农业为生，资金是其难题，尤其是临时性的生产与生活资金短缺较为严重。市场经济以来，该村外出创业者不断增加，积累了一些财富。发家致富后，他们没有忘记支持父老乡亲。在一年的春节，几个外出精英相聚，筹划捐赠成立互助基金，对有困难农户低息发放贷款。一次就筹集到7万多元，经过后续不断接受捐款，以及吸收族人入股，资金达到了10万元。宗亲共同讨论，制定了互助基金章程，明确规定了资金的管理、使用等。十年来，缓解了宗亲小额生产性资金难题，基金运作良好，没有出现任何借款的呆账坏账问题。

表5.4是课题组调查的数据。从表可以看出，1万元以下和1万~2万元的资金主要来自宗族、亲族，而农民日常生产、生活所需要的资金大都在这个金额范围内。2万元以上的来自宗族、亲族减少，且随着数额的增加，来自宗族款项的比重大体趋势上是减少的，来自于银行等正规机构的款项逐渐增加，5万元以上主要来自金融机构。主要原因在于：一是个体农户不像金融机构有很足够的闲余资金，借款数额超出农户的借贷能力；二是随着借款数额增加，借贷风险也增加，农户不愿意冒险贷出那么多资金；三是宗族间的借贷大多限于解决相互之间的困难，是急需的资金，而借贷数额大的大多用于投资等项目，不是急需的，不是宗族间互助的范畴；四是借贷数额大的农民一般具有一定的经济实力、较高偿还能力和较好的信用，有足够的能力从银行贷到款项。

表 5.4　　　　　　　　　农村社区小额借贷情况调查　　　　单位：人，%

金额	资金来自宗族、亲属（含少数捐赠）	资金来自同学朋友	资金来自银行等正规机构	资金来自其他途径	合计
1 万元以下	107 (50.7)	65 (30.8)	3 (1.4)	36 (17.1)	211 (100)
1 万～2 万元	89 (53.6)	48 (28.9)	3 (1.8)	26 (15.7)	166 (100)
2 万～3 万元	56 (48.3)	37 (31.9)	2 (1.7)	21 (18.1)	116 (100)
3 万～4 万元	31 (49.2)	15 (23.8)	4 (6.4)	13 (20.6)	63 (100)
4 万～5 万元	11 (28.2)	13 (33.3)	7 (18.0)	8 (20.5)	39 (100)
5 万元以上	8 (27.6)	6 (20.7)	11 (37.9)	4 (13.8)	29 (100)

注：①括号外数字为人数，括号内数字为百分比。②这其中的人数表示至少有一次借款的人数，如果同一个借款人有表中不等金额的借款现象，则同时计算为另外一个金额等次人数。

同时，宗族借贷中还有一个规律：借款的数目与血缘的距离成反比，即随着借款数目的增加，款项越来源于近亲，宗族借贷中，3 万元以上的借款主要来自三代以内的直系亲属。

（二）农村宗族促进了乡村资本原始积累

在历史上，农村宗族对社区家族企业的发展具有重要的作用，晋商、徽商所形成的经济实体多为宗族出资、宗族经营和宗族式的管理，温州人依靠宗族这种特定的契约观念，较快地完成了资本的原始积累（陈伟民，2008）。20 世纪八九十年代是乡村家族企业产生发展的高峰期，家族企业的发展为乡村社区经济的发展做出巨大的贡献。而乡镇家族企业的发展时期处于资金紧缺阶段，宗族成员的共同出资支持为其提供了第一桶金，这使乡镇家族企业获得了第一笔难得的原始资金，为后来的发展打下了基础。

依靠宗族进行资本积累具有很大的优势、起到了很多的作用。

第一，降低交易成本，促进内部融资，促进资本原始积累。依靠血缘、亲缘关系，无须抵押即可进行内部融资，这降低了交易成本，使其迅速完成资本原始积累。陈伟民分析了温州原始资本积累，提出了强盛的宗族意识和依附式宗族的特点造就了温州人的人际契约观念，契约容易达成的特点大大节约了交易成本，使温州产品在改革开放以后的20多年中迅速占领了全球市场，也让温州商人迅速地完成了资本的原始积累（陈伟民，2008）。我们对一些在农村社区办实体的人士调查中发现，这些企业主在办企业时都很年轻，没有资金积累，很多都是宗族给予扶持，有5成以上的企业主的第一桶金来自于父母、叔叔伯伯、爷爷奶奶、堂兄弟或老表等核心宗族成员，而且他们贷出的资金都准备作为一种沉没成本或捐赠，没有打算收回，因为他们认为企业办成功的概率很小。也有核心宗族成员不愿意借出这个难以确定是否可收回的款项，但是在宗族有权威成员的"号召"下，也只好贷出了资金。目前，很多自己从事经营的农村年轻人，在正规借贷困难的情况下，也是宗族成员给予了第一笔扶持资金。

第二，减少抵押物，促进外部融资，获取原始资本。个体或家庭从农村宗族外的私人贷款者或银行等正规金融机构获得贷款较难，原因在于宗族外的个人、企业或金融机构难以确定借款者的信用级别、风险偏好或偿还能力等信息。宗族网络以提供信用或担保的方式在私人信贷市场中发挥着重要作用（郭云南、姚洋，2012）。个人或者家庭以宗族或以宗族网络作为担保或抵押，从宗族外私人或银行等正规机构获得融资。多尔芬、热尼科（Dolfin & Genicot，2010）和金南、汤森德（Kinnan & Townsend，2010）等认为银行等正规金融机构借助借款人宗族网络的信息，准确评估借款人借贷的用途、投资价值、还款的能力与确定性、偿付的方式，解决借贷双方的信息不对称问题，并可以将宗族网络作为借贷的抵押品，从而为借款人提供借款。那些富有闯劲、具备创新能力的年轻人，在缺乏资本积累的情况下，通过宗族有积极能力的人员出面担保获取融资。

（三）农村宗族吸引外资、侨资发展社区经济

20世纪70年代以来，港澳台同胞和海外华人华侨宗族活动非常活跃，

出现了一系列的宗亲会和宗亲活动。随着我国改革开放的推进，港澳台同胞和海外华人华侨宗亲组织回乡，以血缘或姓氏为纽带成立宗亲会，寻根谒祖、召开恳亲会、进行联谊活动。改革开放至今，回乡寻根谒祖的姓氏已有100多个，涉及我国福建、广东、河南、陕西、山西、山东、甘肃、北京等20多个省市的数百个市县乡镇。仅河南省濮阳市，从2005年以来成功举办了世界张氏、范氏联谊活动以及世界舜裔联谊会，引进资金34亿多元（孙先伟，2011）。对家的思念是海外资源得以进入内地的情感基础（蔡立雄，2010）。许多地方为了吸引宗族港澳台同胞和华人华侨的资金，利用族人对家乡的思念和对宗族文化认同，有目的、有计划开发姓氏文化资源，吸引、利用港澳台及海外华人华侨宗族资金发展社区经济，开辟了发展当地经济的新途径。港澳台及海外宗亲投资比较多的一般在福建、广东等东南沿海省份。如广东台山利用华侨众多优势，通过加强与海外宗亲联系，发动海外宗亲回乡投资，使得宗亲的投资成为台山最早的外资，宗亲人员直接回乡办企业或以捐赠形式帮助家乡的亲属兴办各类企业。截至2007年，在台山落户的侨资企业达300多户，其中投资100万美元以上的有70多户，500万美元以上的有40多户（圣洁，2010）。另外，很多海外宗族资金用于社区农业发展，据《新宁杂志》记载，到1992年，台山在农业方面利用海外乡亲资金额为1.5亿港币，办起开发性农林果场150多个，开发面积达12万亩（圣洁，2010）。福建闽清县坂东镇引进侨资企业21家，总投资额占全县合同外资的43.46%。投资在100万元以上的外资企业基本是侨胞兴办的（陈建玲，2004）。

当然，利用港澳台同胞或海外华人宗族吸引外资发展社区经济必须有几个前提：首先，宗族必须有族人在港澳台或海外；其次，这些在港澳台或海外的族人必须有一定的财富；再次，这些在港澳台或海外的族人对宗族有一定的认同感。在此条件下，宗族才有可能得到投资或捐赠。从我们的调查中发现，在港澳台或海外的宗族的投资也符合"差序格局"原则。我们的调查数据显示：如果本地与港澳台、海外的宗族没有出"五服"，则38%有来往，13%会给予宗族社区或个人资金支持；如果与港澳台、海外的宗族没有出"四服"，则56%有联系，27%会给予宗族社区或个人资金支持；如果与港澳台、海外的宗族没有出"三服"，则93%有交往，53%会给予宗族社区或个人资金支持。

四、农村宗族与农村社区劳动力转移

（一）农村宗族促进农村社区剩余劳动力转移

农村宗族是农村剩余劳动力转移、获取非农就业机会的重要路径。社会网络和社会资本能降低交易成本，获取就业机会（李培林，1996），血缘、亲缘、地缘关系网络是大部分农民工在城市找到工作的重要渠道（黄祖辉、刘雅萍，2008）。改革开放后，城乡严格分离的格局有所改善，农民不再被限制在土地上，有了自身的自由，为农村剩余劳动力转移创造了条件。同时，实行市场经济以来，非农就业岗位不断增加，农村剩余劳动力转移人数增加很快。目前，不包括从事非农产业的兼职农民，仅仅转移到城市从事非农产业的农民工就有 2 亿多人。在这些农村劳动力转移过程中，宗族起到了很大的作用。刘世定（2003）等对广东东莞的民工调查表明：在外来农村劳动力所获得的第一份工作中，有 42.1% 是老乡亲戚主动介绍的，17.1% 是自己找老乡介绍的，12% 是朋友介绍的，1% 是到家庭成员曾经工作的单位顶替工作的，也就是说转移到东莞的农村劳动力有 60.2% 是依靠血缘、地缘有关获取工作的。同时，调查中还显示了农村劳动力转移到东莞的原因，80.5% 的人是因为有亲戚、家人或朋友在那里工作，仅有 7.5% 的人是因为挣钱容易而来。这也使我们不难理解在广东东莞、深圳、珠海等城市有很多同姓、有血缘亲戚关系的人同住在一个社区中，形成了"城市中的农村宗族"。吴理财（2006）研究也得出了类似的结果，凭老乡关系外出打工的农民工占 22.9%，通过亲戚、宗族、家族关系外出打工的占 32.1%，通过朋友关系外出打工的占 19.3%，通过社会网络外出就业的占到总数的 74.3%，只有 15.5% 的人自己独自外出就业，这其中仍有部分人到老乡或亲戚、朋友那儿寄住，6.7% 的人通过社会中介组织寻找工作。另外，通过政府部门外出就业的只占到总数的 4.4%。

为了证实我们的观点，我们到达农民工最集中的广东进行了调研，通过调研印证了血缘、地缘、亲缘等社会关系网络对农村劳动力转移具有重要作用。农民借助血缘、地缘、亲缘等社会关系网络外出务工占到了总数的76.3%，比较高的社区占到总数的89.8%，即外出务工人员大部分是家族成员带出去的。农村劳动力转移使得农民收入大幅度的增加，其中非农收入的贡献率也在不断增加，农民收入中有78.6%来自非农产业。

长期以来，由于市场的不完善和政府监管的缺位，农村劳动力转移存在很多障碍，导致农民不得不求助于宗族，由宗族内部来解决劳动力转移问题。

农村居民为什么没有更多的选择政府或市场而是选择宗族、家族、朋友这个带有巨大社会资本的组织，其原因如下：

首先，信任是农村社区劳动力依靠宗族进行转移的重要缘由。社会转型时期，由于政府缺位、市场竞争，合作不规范性、社会信用体系的不完善性，整个社会信任资源缺乏（蔡立雄，2010），尤其是市场的趋利性与政府监管的缺位，不能给农村居民以信任，因此不是农村居民的最优的选择。而且陌生人之间也很难建立起信任关系，使熟人交易成为主要形式，正如雷丁（Redding，1991）所言，"在一个信任资源缺乏的社会里，社会交往是家庭式的"。农村劳动力转移也不例外，长期以来农民交易普遍带有"熟人社会"的特点，加上信任的缺失，农民为了防止被欺骗，一不愿靠政府，二不信任市场，所以血缘、地缘关系所形成的网络成为农村劳动力转移的重要路径。

其次，农村宗族可解决信息不足问题。随着市场化的深入，资源、信息、产品不断的市场化，但市场化过程中的农民因缺乏信息而不能使产品和要素有效市场化。当劳动力市场不健全、工作机会的搜寻成本很高时，父母家族拥有就业机会就可能意味着子女能够以更加低廉的成本来获得关于某些工作的信息（邢春冰，2006），血缘、地缘组织的人际关系网络成为信息传递的最主要机制，农民工外出打工的信息往往来源于他们的老乡群体（瞿学伟，2003）。

最后，宗族资源，尤其是家庭资源的多寡影响农村劳动力转移的程度。家庭或者是核心宗族相关成员所处的政治、经济、文化和社会地位等条件，影响着农村劳动力的转移。具体而言，家庭或核心宗族成员政治和社会地位不同，决定着实力和网络半径的大小，决定着农村劳动力就业岗位的性质和报酬的高低；经济条件的好坏决定着劳动力培训的程度和文化水平的高低，同时经济条件好的家庭能给成员足够的资金寻找好的就业岗位。中国农村劳动力转移或非农就业具有很强的正代际相关性，理由是"可能存在的人力资本投资约束、有限的工作机会、劳动力市场中的信息不对称和市场分割，劳动者更依赖于社会资本，而家庭又是提供社会资本的天然场所"（邢春冰，2006）。

关于农村劳动力转移，L村的村干部是这样描述的：

> 我们村的村民都"一窝蜂"的出去打工了，留在村里的中青年劳动力所剩无几。一开始，我们村出去的人并不多，后来就是被家人带出去的，一个家族一个家族的在外面打工，其中杨家出去得最多，他们就剩下几个"看屋"的了。在外地，他们基本租住在一起，吃也在一起，平时相互帮助、相互照顾，形成了城市中的"宗族村"。

（二）农村宗族制约农村社区剩余劳动力的市民化

上一节阐述了血缘、亲缘关系极大地促进了农村剩余劳动力的转移，农民收入迅速增加。但是，目前农村劳动力转移的力度不够，除了制度方面的关键因素外，宗族观念、乡土意识和"落叶归根"的思想也束缚农民进行实质性的转移，是农民难以真正融入城市的重要因素之一。传统的小农心态、血缘地缘观念、生活与行为习惯等对农民市民化、城市化进程具有重大影响。我国农民非常重视血缘和地缘关系，对"家"的渴求和对"乡土情结"的依恋影响着城市化的进程。农民工转移到城市使其"妻离子散"，家庭长期处于"破裂"状态，家庭成员不能相互照顾，使得他们对"家"和"故土"非常眷念。同时，对"家"和"故土"的依恋使得农民工难以真正融入城市、在城市安家落户，阻碍城市化的推进（蔡曙光，2010）。每年的繁忙"春运"和农民工返乡定居现象就是宗族观念、乡土意识和落叶归根思想的强烈表现。目前出现了大量的第一代和第二代农民工返回农村居住的现象。农民工目前即使安住城市也存在返乡定居的计划，没有在城市居住的打算，他们在故乡重建或者修缮房屋，随时准备回乡。这严重阻碍了农民工实质性的转移到城市，不利于城市化发展。要使农村劳动力进行实质性的转移、使农民市民化首先必须解决的关键问题是农民观念的市民化。

我们在对农民工进行调查时发现，很多农民工认为目前他们只是"寄住"城市，最后还得"落叶归根"，而非选择长期居住城市。其原因与社会保障、家庭条件、年龄（老一辈存在乡土情）、宗族观念（聚族而居和农民宗族意识）、在农村社区居住时间（对乡土思念的衡量）、教育等因素有关。

笔者使用了李克特量表（likert scale）对农民工最终返乡愿望的强烈度及其缘由进行调查。每一项调查设计有五种答案，即"非常不""不""一般""较""非常"，每一个答案的计分分别记为1、2、3、4、5。得分不同态度强弱不同，分数从小到大表示强度越来越大。除返乡强烈程度指标用李克特量表外，宗族观念、担心社会保障也用李克特量表。其中，宗族观念设计了思念家乡的亲人、希望和族人在一起生活、喜欢祖籍故土、崇尚习俗信仰等二级指标，并对这些二级指标加权平均。返乡强烈程度与对社会保障的担心也是采取加强平均的方法。

如表5.5所示，农民工"退休"后希望返回家乡，实现落叶归根的强烈程度及其影响因素可以看出，担心社会保障摆在首位，比例较高，由此造成返乡程度比较强烈。宗族观念是影响农民返乡的重要因素，宗族观念越强，返乡居住的程度越强烈。同时，年龄与在农村社区居住年限也影响着返乡居住的程度，且年龄及在农村社区居住年限越久，返乡居住的程度越强烈。这两个因素与宗族观念也存在相关性，因为年龄越大、在农村社区居住时间越长，他们的宗族意思、村庄记忆也就越强，返乡居住的程度也就越强烈。

表5.5　　　　　　　农民工"落叶归根"相关因素情况调查

年龄			在农村社区居住年限			宗族观念			担心社会保障			受教育年限		
年龄	比例（%）	返乡强烈程度（Likert scale）	居住年限	比例（%）	返乡强烈程度（Likert scale）	宗族观念强弱（Likert scale）	比例（%）	返乡强烈程度（Likert scale）	担心社保强弱（Likert scale）	比例（%）	返乡强烈程度（Likert scale）	教育年限	比例（%）	返乡强烈程度（Likert scale）
>50	11.3	4.5	>30	19.7	4.1	>4	13.4	4.3	>4	30.5	3.8	>12	3.7	2.1
41~50	27.1	4.6	20~30	32.3	3.1	3~4	23.7	3.9	3~4	32.6	4.1	9~12	19.9	3.1

年龄			在农村社区居住年限			宗族观念			担心社会保障			受教育年限		
年龄	比例（%）	返乡强烈程度（Likert scale）	居住年限	比例（%）	返乡强烈程度（Likert scale）	宗族观念强弱（Likert scale）	比例（%）	返乡强烈程度（Likert scale）	担心社保强弱（Likert scale）	比例（%）	返乡强烈程度（Likert scale）	教育年限	比例（%）	返乡强烈程度（Likert scale）
31~40	24.9	3.3	10~20	35.1	2.9	2~3	23.0	2.1	2~3	21.7	3.5	6~9	57.3	3.8
<30	36.7	1.9	<10	12.9	0.6	<2	39.9	2.4	<2	15.2	3.1	<6	19.1	3.8

注：①所调查的农民工是指具有农村户口、一半以上时间在城市从事非农工作的农村居民。②"居住年限"一项包括学生时期家住农村在外住校学习时间。③此表的五个栏目实际上是五个独立表格的合并，没有考虑五个栏目之间的相互影响。④返乡强烈程度（likert scale）中的数据采用的是加权平均数据。

由此我们可以得出结论：农村劳动力返乡影响农民市民化，而宗族因素又是影响农村剩余劳动力返乡的重要因素。

五、宗族管理模式与农村家族企业现代制度建立困境

采取宗族模式管理企业，有积极的一面。可以有效利用契约以及熟人社会的网络机制、信任机制、声誉机制减少交易费用，对降低搜索信息成本、执行成本、监督成本具有重要的作用。这种管理模式在企业发展初期、规模较小时尚可，但是，随着企业规模的扩大，这种模式越来越不适应企业发展、壮大，亟待建立现代制度。而宗族管理模式对现代企业制度建设具有较大的影响，家族的某些局限性影响现代经济管理制度的引入，阻碍着市场经济体制建设和现代经济结构的形成，也对社区企业发展具有一定的负面影响。我们在此重点讨论宗族对农村社区企业现代制度建立的影响，并根据现代企业制度产权清晰、权责明确、政企分开、管理科学的基本特征，就家族企业建立现代企业制度困境进行论述。

（一）产权不明，矛盾凸显

现代企业制度所指的产权是企业资产的所有权和法人财产权的统称，产

权清晰意味着企业财产的权利归属要清楚明确，企业所有权的拥有者有使用、受益、支配、处置等一系列权利。出资者权利和企业法人财产权利是相互分离的，要严格加以区分。出资者拥有企业的财产，但不能直接支配，而是通过董事会来行使权力，使得自己的财产保值、增值。企业法人财产权利是指企业拥有占有、使用、支配、处置财产的权利，企业法人财产权利行使不受出资者的直接干预。这种"股东权—法人财产权"模式可以使企业成为真正的市场主体，促进企业改善经营管理、加速技术进步、提高经济效益。

但是，我国村办经济或乡镇企业往往是族人共同出资、共同创建的，是宗族的共同财富。出于宗族"大家庭"观念或意识，长辈与晚辈间尤其是同辈兄弟姊妹间不愿提及资产所有权的划分问题，出资者没有一个明晰的产权界定。没有企业资产的所有权和法人财产权之分，企业资产的所有者也就是法人财产的所有者，即使企业资产的所有者和法人财产所有者分离也是表面的，出资者家族直接干预企业法人财产权利行使较为普遍。在企业创业期或在领头人的长辈在世期间不会出现矛盾或企业的分裂，但是随着企业的壮大、资产不断增加或随着长辈的离世，矛盾开始显性化，企业内耗由此展开，围绕企业资产的归属和管理权等问题将会进行激烈的争斗，而且矛盾不断激化，危及企业生存与发展，很多企业就此走向分裂，各自建立自己的企业，有的则搬出原来所属的社区。

（二）家企不分，权责不明

政企分开是指政府和企业职责分开，企业与政府不存隶属关系。农村社区家族企业属于民营企业，在我国经济环境不断改善的状况下，政府基本不干预这些企业。政企分开对家族企业基本能做到。但是，农村社区经济组织大多是由家族创业发展起来的。在企业发展初期"家"大于"企"，"家"集所有者、经营者和劳动者于一身，所有权与经营权不加区分，企业的事情似乎都能归结为家里的事情，采用家规来管理企业，家规内化为"企规"。由于路径依赖，导致企业发展壮大后仍然是家企不分，造成了一系列的后果。

权责明确是指出资者与经营者之间的权利与责任划分清楚。出资者按投入企业的资产份额依法享有选择经营者、资产收益等一系列权利，并以出资额为限对企业的债务承担有限责任。企业经营者依法独立自主地使用、支配、处置企业的财产，对出资者的资产承担保值、增值的责任。由此，社区家族企业所有者、经营者、劳动者在企业中的地位和作用是不同的，其权责也存在差异。所有者以出资额享受资产收益、重大决策和选择管理者的权利，对企业债务承担相应的有限责任；经营者按照所有者的委托在一定时期和范围内拥有经营企业资产和其他生产权利，并获得相应收益，并具有最大限度促进企业增值保值的责任；劳动者按照与企业签订的合同进行劳动和获取相应收益的权利，承担合同规定的义务。但是，实际上社区家族企业所有者、经营者和劳动者职责不分，家族成员一般是企业的共有者，也是企业的经营者。即使出资家族选择了经营者，家族对经营者、劳动者也具有绝对的"统治权"，企业经营者无法独立自主地使用、支配、处置企业的财产，也就无法对出资者的资产承担保值、增值。在家族控制严格的社区企业，普通劳动者（除非是家族成员）更无权利可言。家族企业所有者、经营者和劳动者职责不分，没有建立起三者相互依赖又相互制衡的机制。权责不明确的另外一个后果就是出资家族以家庭所有财产对企业债务承担无限责任。

（三）管理不科学，激励约束机制不健全

现代企业制度的管理科学是指有一套科学完整规范的企业内部的领导体制和管理制度。现代企业制度的领导体制由股东大会、董事会、总经理、监事会组成，并各司其职。企业管理制度涵盖企业家负责制、企业民主管理制、科学的决策体制、具有激励性的人事与工资制度以及符合要求财务会计制度等等。不仅仅是制度建设，而且重视制度的执行。通过这些制度制定、执行，规范、调控企业的出资者、经营者和生产者之间关系，约束企业出资者、经营者和劳动者的行为，发挥制度的激励作用，提高企业决策科学性、民主性，监督与执行的有效性，实现企业利益最大化目标。

但是，我国农村社区企业离现代企业制度的管理科学距离较远，存在管理不科学，激励约束机制不健全的问题。也没有建立股东大会、董事会、总经理、监事会这一领导机构，更谈不上各司其职，导致企业内部管理制度缺乏，管理不规范。

其表现为：一是农村社区经济组织实行家长式决策制度，内部缺乏完善的决策机制和民主管理机制，重大事情由一人决定，主观性和随意性较强，决策容易失误，导致企业严重损失。家族控制愿望对企业研发强度存在显著负效应，影响企业做强（朱沆、Eric Kushins、周影辉，2016）。家长式的管理模式也容易形成经济组织中的关系网、裙带风，内在的激励机制缺乏，造成企业经营效率低下（王春伟、刘云涛、郭小荣，2009）。工业企业如此，农业生产组织也是这样，农业生产组织具有浓厚的亲缘性和家长式的管理方式。由于狭隘的宗族主义或利益纷争，宗族往往"画地为牢"，为了家族的眼前利益，会对农村产业结构的调整、扩大再生产和创造规模效益形成一定的阻碍作用，不能适应市场经济发展的需要，没能站得更高来考虑问题，不利于社区农业经济的长远发展。

二是企业人力资源管理中排外心理与任人唯亲现象严重，家族成员主宰一切，家族化经营排斥异族，使得优秀人才难以引入，市场经济的自由竞争难以形成。兴起于20世纪八九十年代的社区家族企业大多是依靠家族的资本和人力资本发展起来的，家族人员是其中重要的、实质性的管理者。由于企业做大做强，感到精力和能力上力不从心，不得不引入优秀的人才。但是，"任人唯亲，以亲制疏"现象仍然严重，这些优秀人才的引入并没有改变家族"统治"的格局，家族人员仍然是实质性的管理者，引入人员不能按照自己的发展思路来引领企业发展。我们调研中，某一家族企业的总经理感叹道："家族成员中一个搞卫生的人员都可以指挥你，让你没法工作"。很多人没有办法运用自己的知识、发挥自己的能力，大刀阔斧带领企业在市场经济浪潮中前行。这其中的关键在于传统的血缘关系重于现代经济的契约关系，虽然聘请了总经理经营，但家族某些成员凭借传统社会关联，认为自己家族的财产自己是完全可以支配，不可能听任外人的管理，致使"两权分离"难以落实。为此，优秀人才在企业中没法发挥自己的才能而不得不选择辞职离开，限制了企业做大做强。

三是采取人情管理模式，重人情而轻制度，企业的一套规则制度的执行因人而异，是用来管理外部人员的，对族人是形同虚设；族人滥用权利，对能力较强但不服管理的外人进行无情的打击；缺乏激励措施，采取不公平和不合理的制度迫使企业人员加班或剥夺节假日休息权力，对员工精神等高层次诉求置之不理，造成员工的积极性不高、无归属感、工作无动力。企业成立的时间越短或规模越小，问题就越突出。这一系列弊端严重影响了企业进一步做大做强，影响了社区经济的发展。

以下是一个离职的同窗"倾诉"，虽然有点夸张，但也反映了家族企业"家企不分"的现象。

> "……进什么企业都可以，千万别进家族企业。我以前在一个家族企业工作，名义上是企业的经理，可是我的行为处处受到干涉，不是出资者或者说老板的干涉，而是他的家人、亲属。有时候甚至是你的行为处处受到他们家人的监视，真的无法正常工作，只好辞职。"

六、顺应农村宗族血缘纽带关系，建立健全农村社区经济共同体

由上可知，宗族在农村社区经济发展历史上起到了不可替代的作用，现在仍然发挥着重要的作用。宗族是农村经济组织的孵化器，在农村经济组织的产生、农村社区农业生产合作、社区融资、社区劳动力转移等方面发挥着重要的作用。同时，由于宗族奉行特殊主义的信任模式、维护特殊的利益关系、实行伦理道德的处事原则、在半径有限的宗族网络中活动，制约着社区经济发展。因而，应根据农村"聚族而居"的现实，适应宗族血缘纽带关系，正确引导、合理利用宗族，建立开放的、适应市场经济发展的社区经济共同体。

社区经济共同体不仅仅只是一个组织，而是一群由农民组成、超越血缘关系、维护农民利益而建立的各类经济组织的综合体。社区经济共同体有几个特征：第一，社区经济共同体不仅仅只是一个组织，而是一群经济组织的集合；第二，社区经济共同体由农民组成，是农民自己的经济组织，是维护农民利益的组织；第三，社区经济共同体由社区各个农户组成，利用宗族关系，并淡化宗族关系，超越血缘关系，按照现代的管理模式，而不依附于某

一宗族、由宗族管理的经济组织综合体。当然，宗族血缘纽带作用对社区经济共同体将会有较大的影响，积极利用社区经济共同体的作用，通过社区经济共同体不断消除宗族负面影响，促进社区经济发展。同时，社区经济共同体的建设是顺应市场经济发展的需要，适应新中国成立以来农村经济发展中的"第三次革命"——集体化与规模化的需要。集体化是建立在产权的集中化、集体化，并集中经营，这种集体化强调农民的合作，强调在尊重农民个人的产权基础上的自愿联合，支持和发展合作经济，而不是传统的"归大堆""集中经营"式的"集体化"。

（一）利用与引导血缘纽带关系，建立农村社区经济共同体

1. 血缘纽带是农村社区经济共同体建立的基础

按照新制度经济学的观点，一种经济组织存在的合理性就在于可以降低不确定性（风险）和交易成本。家庭联产承包责任制是以核心家庭作为生产组织，生产规模狭小、技术水平落后，无法应对市场风险、降低不确定性，这种狭小生产方式生产潜力的释放已经达到了临界点。而我国农村经济组织缺乏，农民组织化程度太低，农民难以利用组织来维护自身的利益，这是他们不得不依赖宗族组织的重要缘由之一。据统计，截至 2010 年 6 月底，在工商部门登记的农民专业合作社有 31 万家，成员有 2600 万人左右，约占全国农户总数的 10%（张华，2011）。但与发达国家 80% 农户都加入各种经济组织相比，相差甚远。相比之下，我国急需突破宗族这种小农生产方式，建立更多的经济组织，构建经济共同体，不断排除宗族意识，实行规模经营，应对市场风险，促进各个宗族平等参与社区经济共同体，促进社区经济发展。

目前建立经济共同体的最大障碍是信任问题。我们必须正视现实，在社区经济共同体建立初期应发挥宗族的作用。宗族无论是在农业生产还是在家族企业发展中都发挥了重要的作用，家族信任与家族网络无疑在农村社区发展中扮演了重要的角色。桑达拉默西（Sundaramurthy，2008）认为家族企业成长可分为创业期、成长期和成熟期三个阶段，与此对应的信任类型分别是

个体间信任、能力信任和制度信任。根据我国社会发展阶段，我们对桑达拉默西的"家族企业信任的持续循环模型"进行改良，从理论上可将农村社区信任划分为三个阶段，也就是三种模式。如图5.1所示，传统农业社会是第一阶段，属于个人身份信任阶段。在这个时期，农村社会具有封闭和排他性，半径非常小，农村居民的活动围绕社区宗族展开，族长在社会生产、生活中起着支配作用，信任模式表现为家族信任，主要是对宗族族长、长辈的信任，这种信任来自于宗族成员间的身份、共同生活背景和共同的价值观念。改革开放后的农村社会转型时期属于第二阶段，此阶段属于个人能力信任，主要是对宗族个体的信任。改革开放后，农村居民突破了社区范围，向外部拓展，一批具有一定的经济头脑和经济实力、具有一定政治背景或联系网络广泛等个体不断开拓，显示了各自的能力，成为农村社区信任对象，形成了对个体能力的预期和信任。第三阶段是市场经济以来的社会信任，它应该突破了个人人格信任，包括对以制度为基础、开放的正式或非正式组织和对社会的普遍信任。这三种信任模式是同时并存的，以一种模式为主，只是强弱程度不同。

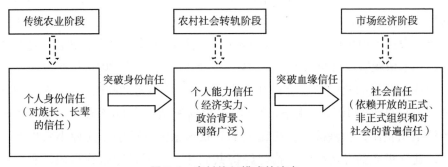

图5.1　农村信任模式的演变

　　理论上的三种信任模式与农村社区实际存在偏差。目前，农村信任处在由个人传统信任向个人能力信任过渡阶段，以个人能力信任为主，社会信任已经出现，但还较弱。我们当前的任务是继续利用宗族，利用血缘、并最终突破血缘，将信任扩大到社会信任；由个人人格信任，过渡到对社会组织的信任。并据此以宗族血缘性的人格信任为纽带，扩大信任范围和活动半径，建立经济共同体，并逐步完善制度，建立经济共同体信任，确保农民能够有效应对市场风险、降低交易成本。

　　宗族为主体的个人身份信任和个人能力信任是社会普遍信任的纽带。三种信任模式，并通过信任中隐含的元素共同促进农村社区经济共同体建设。如图 5.2 所示，通过宗族个人身份信任中的个体权威加强共同体建设；通过宗族个人能力信任中个体拥有经营头脑、经济实力、政治背景以及联系广泛的网络增强共同体建设；通过社会信任中的普遍信任、并通过对组织的信任，从而加入组织、依赖组织，促进共同体建设。在我们进行农村社区经济建设时，要注重农村现实，充分利用农村"聚族而居"的优势，通过辩证思考、政策引导、科学规划，引导农村宗族能人加强对外界的信任、扩大与外界的合作，从而带动整个宗族与外界的合作，并利用宗族的互助功能和宗族纽带，使不同宗族之间结成有效的经济利益共同体，引导农民发展专业合作经济组织，开展互助合作，建设社区经济合作组织，推进区域规模经营，实行以家庭为单位的生产模式向以社区经济共同体组织为单位的规模化生产、产业化经营模式，实现产供销一体化，以适度规模的组织而非家庭来与大市场对接，减少家庭应对市场的风险。

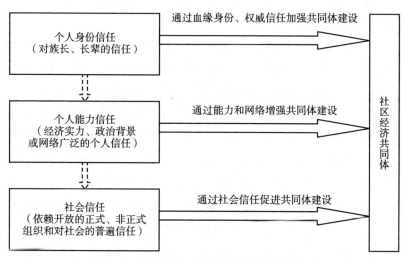

图 5.2　宗族信任对经济共同体建设的作用

2. 农村社区经济共同体的构成

社区经济共同体由很多经济组织构成，是一个由多个组织构成的集合体。

第一，社区经济联合社。为了消除"政经不分""政社不分"，消除"重经济、轻管理"的弊病，以确保集体经济不受其他因素的干扰，防止"集体经济绑架基层组织"现象以及基层党组织把过多精力都投放在集体经济事务上，对党建和群众服务顾及不充分，应将集体经济组织从行政管理组织中剥离出来，各个农村社区成立社区经济联合社这一法人经济组织，专门负责集体资产管理和经济发展，负责组织其他组织的建立和发展。所有的农户都加入社区经济联合社，成为社员，负责人由社员选举产生，村（居）委会领导不得担任社长。社区经济联合社的职责是负责集体资产的管理和处置，村级财务管理和使用（政府拨付的各项转移支付都进入经济联合社的账户上），经济联合社行使农村代管资金管理的使用权，合理利用集体资产、实现集体经营性资产的保值增值，还有一个非常重要的作用是代表分散的村民与外界组织打交道，包括签订和履行经济合同、与外界进行其他交易，抵御市场风险。通过建立健全"产权明晰、权责明确、民主监督、科学管理"的农村集体资产管理体制和运行机制，让农户行使集体表决权来管理集体资产，不断消除宗族的影响，促进经济发展。

第二，社区专业合作社。根据《中华人民共和国农民专业合作社法》《农民专业合作社登记管理条例》，农民专业合作社是以其成员为主要服务对象，同类农产品的生产经营者或者同类农业生产经营服务的提供者、利用者，依据自愿联合、退出自由、民主管理、盈余返还的原则，按照章程进行共同生产、经营、服务的互助性经济组织，它可以为农民提供农业生产资料的购买，农产品的销售、加工、运输、贮藏以及与农业生产经营有关的技术、信息等服务。但是，目前农民专业合作社较少，而且是家族式的，很多农民不愿参加，这可以通过宗族"联姻"，通过不同宗族加入而使得农户加入，增加某一地区某一产业，尤其是特色产业的联合，促进农业生产逐步向区域化、规模化、产业化发展，对调整农业结构、开拓农产品市场、增加农民收入等方面具有重要意义，通过专业组织在某一产业发挥作用，可以增加对外的话语权，减少市场的不确定性，促进社区经济发展。

第三，农村社区其他经济组织。农民根据自己的需要，建立其他经济组织，如农产品购售组织、农村致富合作组织、农业技术合作组织、农民帮工组织，等等。

（二）构建农村社区经济共同体，消除宗族对社区经济发展的负面影响

从国外农村发展的经验来看，取代农民借以实现组织化的宗族组织，最好的途径就是发展现代农村新型组织（程同顺，2006）。集体经济组织可以使不同宗族之间结成有效的经济利益共同体，通过利益关系淡化农民对宗族的依赖（莫天福，2011）。经济共同体建立后，我们可以充分利用经济共同体的作用，消除宗族的某些负面作用。

第一，代替宗族与市场博弈，避免市场风险。"村庄集体并非天然是市场经济的敌对者，村庄集体也并非不能成为市场经济的经营者"（毛丹，2008）。但问题是农民缺乏参与市场博弈的经济组织，分散的农民还得依靠宗族，通过宗族联合而发挥作用。而且宗族与市场博弈中也只能起到部分作用，因为宗族是一个较为松散的社会组织，不是一个按照一定方式组织生产要素进行生产、经营活动的经济组织，没有成本收益观念和效益观念，也没有一个经济目标，只能是在需要时进行简单的互助。在这种情况下的经济交易，如购买生产资料、销售农产品等等，主要还是以农户为基础进行，是农户与市场博弈，村民没有真正获得人格独立。应消除这种束缚状态，发挥经济共同体的作用，使村民摆脱对宗族的依赖，获得经济独立从而获得人格独立，通过农户加入社区经济联合社或社区专业合作社等经济组织，经济组织一头连接着市场，一头连接着农户，以产业和市场为依托，把农户联合起来，以组织整体的名义而非农户与市场进行交易，实现分散经营的农户与大市场的有效联结，增加话语权。这有利于推进生产、加工、销售一条龙服务和农、工、商一体化进程，对推进专业化生产、规模化经营、市场化销售、社会化服务，推进农业结构调整和农业产业化进程，以及化解市场风险具有重要意义。

第二，扩大资源配置的半径。在宗族意识的作用下，加上对外人的不信

任，农村社区资源配置被限制在宗族范围内，如土地在宗族内部流转，不利于规模经济和产业化发展；借贷仅仅限于宗族成员，借贷资金少，不利于扩大再生产。但有了经济共同体后，农户就有了自己的组织，担保能力增强，信任度增加，农户冲破了血缘、亲缘乃至于地缘为中心的半径活动范围，扩大了宗族活动范围，资金借贷、土地的流转相对容易，有利于社区农业发展，收入增加。而经济发展、收入增加可以使他们增加对经济体的信任，从而摆脱对宗族的"屈从"。

第三，维护市场秩序。由于宗族的内卷性和强烈的排外性，他们没有遵循市场秩序的意识，只有强制性的霸道观念，为了达到目的，宗族将抛弃公正、公平理念，做一些损人利己的事情。而社区经济共同体下的各类社区经济组织不同，他们是市场的产物，将以契约为根本，按照市场规律办事，注重公平竞争和维护市场秩序。

第四，采用比较先进的管理模式。各类社区经济组织，将按照现代组织模式，采用现代管理理念，实行民主管理，实现从"缘约关系"向"契约关系"过渡，排除宗族家长管理模式，从而有利于制定正确的决策，促进社区经济发展。

总之，社区经济共同体的出现，使得小农自然经济中的农户冲破血缘和亲缘组织，加入到经济共同体，成为市场主体。实现了宗族间的融合，有利于采用先进的管理模式，维护市场秩序，规避市场风险，扩大资源配置范围，最终实现社区经济共同体取代宗族组织。

（三）创新农村社区经济共同体运作机制，正确处理运作中的关系

为了发挥农村社区经济共同体的作用，应处理好社区经济共同体与政府、村委会、宗族的关系，既分清各自职责与边界，又要进行通力合作。公共政策更多地应该考虑在政府组织、市场组织和社会组织之间建立一种相对稳定和长久的组合（朱健刚，2010）。对农村而言，就是要在乡镇基层政府、社区经济共同体和村委会间建立一种稳定长久的合作关系，减少乡镇基层政府组织、村委会以及宗族之类社会组织对社区经济共同体的过渡的干预，使得

社区经济共同体能按照市场经济规律运作，保护农民的利益，促进社区经济发展。

1. 政经分离，处理好政府与社区经济共同体的关系

传统农业经济共同体向市场经济背景下的农村社区经济共同体转化后，政府应该扮演什么角色，如何处理政府与社区经济共同体的关系是一个较为重要的课题。虽然 20 世纪 80 年代人民公社的废止、乡政府的建立，打破了原有的生产大队政经一体化的制度。但是，政经分离并不彻底，乡镇基层政府对农村社区经济干预并没有停止。随着政府职能下移，政府职能不断外溢，许多社会管理事务事实上由社区来承担（朱健刚，2010）。社区经济组织也不得不按照政府不成文的规定，承担本应由政府负责的事物。同时，政府还对农村社区的种养业、社区企业进行过度的干预。为此，应规范政府行为，限定政府的权力，界定政府与市场的边界，彻底实现政经分离。社区经济共同体按照市场规律运作，减少政府直接干预，不能把属于自己的职责摊派给社区经济组织，充分体现"民办、民管、民营、民受益"原则，淡化"行政色彩"，避免走"政经合一"的老路。同时，政府不是无所作为，政府应该为农村社区经济共同体提供政策支持和公共服务，保护处于弱势的农村社区免受市场侵害，支持农村社区经济共同体发挥作用，为经济组织的成立壮大、为市场组织和社会组织行使社会职能创造条件。尤其是在市场化第三波还未深切冲击农村之前，快速发展农村经济共同体，武装农民进市场，帮助村庄处理与市场的关系，促进社区经济发展。

2. 村经分开，处理好村委会与社区经济共同体的关系

在计划经济向市场经济转化以来，村级组织与社区集体经济组织的关系一直没有理顺，很多地区村级组织还是作为集体经济的直接经营者，这就存在一系列问题。有些地区实质上出现一个宗族长期把持农村社区政治、经济现象，使之缺乏监管，出现暗箱操作和贪腐行为，并且村支"两委"着力于发展经济，对农村党组织和自治组织建设重视不够，导致社区社会管理和社会服务职能有所弱化，影响农村社区经济发展。实行"村经分离"就是使得自治组织和经济组织的功能各归其位，农村自治组织可摆脱以往"重经济、

轻管理"的弊病,自治功能回归社会管理和居民服务的本位上来。广东佛山市南海区实行了"村经分离"改革,他们称之为"政经分离"改革模式,取得了一系列效果。按照南海模式,经济共同体中的社区经济联合社是社长主抓经济,村长专做服务,采取股权固化、村改居和建立社区行政服务中心等措施,分清了村级组织与社区经济组织的职责,为农村社区经济发展创造了条件。我们可以进一步探索"村经分离"模式,发挥农村社区自治组织与农村社区经济共同体的联动作用,探索以社区行政服务中心为平台,促进农村社区经济共同体与社区行政服务中心的合作。充分发挥农村社区经济联合社的主导和领导作用,确保集体资产如何保值增值,保证股民的利益,并联合、指导农业专业合作社和其他经济组织发挥作用,形成社区服务中心为服务平台,社区经济联合社为引导平台,农民专业合作社和诸如社区土地流转中心等社区经济组织为发展平台的土地流转机制、土地入股经营、农民入社、促进"一村一品"、延长社区经济发展链的社区经济发展模式,共同促进社区经济发展。

3. 宗经分离,处理好宗族与社区经济共同体的关系

家庭联产承包责任制的实现极大地解放了生产力,农村经济得到了飞速发展,但家庭联产承包责任制仍是血缘关系在生产组织中的延续。它所释放的能量十分短暂,并已达到临界点。顺应经济发展的需要,农村社区经济组织不断产生,正在形成社区经济共同体。然而,宗族与社区组织以及社区经济组织交织在一起,很多农村社区经济组织仍然是宗族式的,我国有些经济发达村庄就是某一家族控制、属于某一姓氏的。这不符合村庄居民共同利益,违背公平与正义,造成农村居民高度分化和社会不稳定。在农村社区经济组织发展的初期可能需要借助宗族组织的纽带作用,利用"缘约关系"促进经济组织的建立,让农民都加入社区经济组织,享受经济组织带来的利益。但是,当经济组织建立起来后需要规范化运作,以血缘、地缘关系为基础的特殊主义信任必须向以超越血缘、地缘关系的业缘关系为基础的普遍主义信任演化,市场、契约应取代人情关系,更多地运用"契约关系"进行管理,采用合同来约束组织成员,对重大事情采用共同决策方式,按照所拥有的股份来行使投票权,防止一言堂,尽量避免宗族的负面影响。完善经济体内部管

理制度、机制，建构科学合理的利益积累和分配机制，引导社区经济组织从初级形态互助走向生产经营联合，从传统粗放经营走向集约经营，从简单的传统生产经营合作走向构建资本合作为基础的产权明晰、权责明确、管理科学现代企业制度。此方面我们可以借鉴日本家族的做法。日本人的"家"是以血缘系谱关系和家户经济共体相结合的有机体，血缘系谱关系和我国的宗族血缘关系相同，但为了家户延续的需要，为了家户经济共体的发展，可以调整血缘的系谱传承关系，将贡献者成为继承人。这种"缘约原理"既可体现中国式的血缘关系，又体现了西方的契约精神，是日本人的"集团意识""企业精神"形成的重要因素。目前顺应时代的发展，日本的经济组织主要以契约为主，公司成员的关系是以市场法则、契约关系来调节（王国敏，1988）。这也应该是我国农村社区经济健康持续发展中可借鉴的路径。

| 第六章 |
农村宗族与农村社区公共服务

　　农村宗族在为农村社区提供公共服务方面具有较大的作用。宗族提供公共服务是历史的选择，也会随着历史发展而发生变化。不同的时期，宗族提供社区公共服务的作用是动态变化的。在我国人类历史上，生产力不发达，农村社区很多公共服务基本上是依靠宗族直接提供的，这关系到人类的生存与繁衍。当前，社会转型倒逼着农村公共服务供给数量增加和结构变化，而农村地域广阔、人口众多，政府财力有限，市场供给动力不足，作为农村社区重要"内生"力量的宗族，仍然对农村社区公共服务供给直接和间接发挥着一定的作用。即使在未来一定时期，宗族对社区公共服务的影响仍然不会消失，只是会伴随经济发展、财政收入的增加、服务型政府的建立和市场的完善不断减退，政府和市场的作用将会不断增强，但仍然缺少不了宗族的协同合作。不管如何，在公共服务供给方面，宗族积极作用不可否认。当然，不足之处也不可轻视。我们应该积极引导，利用其有利的一面，改造、消除或淡化不利的一面。本章分析当前农村宗族对农村社区文化、社区保障、社区基础设施和社区公共安全等公共服务的直接影响以及间接作用，并就目前农村"聚族而居"的现状，提出顺应农村宗族血缘纽带关系，构筑完善的包括农村社区基本生存、社区文化、社区生态等文化生活共同体体系，健全政府功能，并不断培育农村社区组织，构建完善的农村社区生活共同体运作机制，既有效利用宗族的参与作用，又克服宗族的缺陷，将农村社区建设成为设施齐全、相互关爱、情意浓浓的"和谐幸福家园"。

一、农村宗族与农村社区文化供给

农村社区文化作为文化建设的有机构成，是农村社区公共服务之一，也是农村社区建设的重要内容之一。它既是社会转型倒逼的结果，也是满足社区居民追求更高层次精神文化生活的要求。这些具有公共服务性质的服务，当政府和市场不能提供时，宗族便充当着重要的角色，宗族"自编自演"，满足社区居民精神文化生活的需要。宗族为农村社区留下了珍贵的历史文化遗产。

农村社区文化可以划分为社区文化认同感和归属感、社区文化遗产、社区文化娱乐活动、社区文化设施等四个层次（袁德，2010）。由于文化设施建设处于农村社区文化建设最低层次，且宗族作用于社区文化设施建设较为普遍、较为明显，限于篇幅，不再单独进行论证，而是放在后面，与农村社区基础设施建设一起分析。本文将从另外的三个层面来研究农村宗族对农村社区文化建设的影响。

（一）农村宗族与农村社区文化认同感和归属感的提供

文化认同感、归属感是社区居民在主观上对自己、他人以及整个社区的感觉，可以统称为社区情感（Stinner & Van Loon，1990）。它在社区内具有非排他性与非竞争性，是准公共产品，也是其他公共服务提供的基石。宗族纽带是一个社区具有凝聚力的关键所在，甚至是中华民族的凝聚力之一（苏叔阳，2011），而情感又是宗族纽带的粘合剂，对社区建设具有不可替代的作用。

随着社会转型，市场化的进一步推进，社区异质性增加，人与人之间关系有可能向马克思所描述的那种冷冰冰的金钱关系转变，以前那种互相帮助、互相爱护情感正在减弱，居民对社区的认同感、归属感逐渐消失。同时，农村社区"空巢"现象严重。据全国老龄办（2009）调查，全国农村有老年空巢和类空巢家庭共3288万户，占农村老年人家庭户数的48.9%。空巢、类空巢家庭中的老人共 4742 万人，占全国 1.08 亿的农村老年总人口的 43.9%。全国妇联调查报告——《我国农村留守儿童、城乡流动儿童状况研究报告》显示：2012 年我国留守儿童为 6102.55 万。他们很多缺少家庭的情亲，对认同感、归属感和亲情需求强烈，需要一种情感代替赤裸裸的金钱关系。在这种认同感、归属感、亲情供需的反差中，宗族起到了巨大的作用。由于宗族是具有血缘关系人们的结合体，血浓于水，族人间带有天然的情感因素，宗族自古就是社区自助合作、维持共同生活的最重要形式。宗族的复兴旨在人们希望重整宗族，希望发觉人文精神，重新复归温情脉脉的社区生活，大大激发了彼此之间敦亲睦邻的和谐气氛。尤其是"五服"内的宗族，相互之间在情感上给予了支持，使生活在社区的老人们（尤其是留守老人）在精神上有了寄慰，享受天伦之乐；留守儿童接受"亲子"教育仅次于父母教育，弥补了父母亲情缺失的困境。宗族情感通过各种活动，如祖宗崇拜、寻根问祖、婚丧嫁娶、清明扫墓、祖宗祭奠、庙会等宗族文化形式表现出来；社区有意识地发展睦邻文化，探索重建交往理性。这将社区人们有效地粘合在一起，互相帮助、相互守望，丰富族人的精神生活，增加凝聚力，使得在外工作的族人们（包括海外族人）心系故土，乃至是诸多在外工作的人们艰苦创业的动力。

单菁菁（2005）对城市社区进行研究发现，家庭和家人是人们获取精神支持和物质支持的中坚力量，87.6% 的居民遇到困难和困惑时会告诉家人并与家人商量，91.4% 的居民从家人获取支持与帮助。其中，老年人对宗亲有强烈的精神依赖，95.7% 从亲人获取精神安慰。由于我国农村"聚族而居"，宗亲家族分布与地域高度吻合，从而居民的地域社区和心理社区是高度吻合的。同时，由于农村社会网络狭窄，心理社区对地域社区的依赖程度高。因而，农村居民对社区和对宗亲的依赖程度比城市高得多。我们对单菁菁的调查指标进行修改、扩展后进行了调研，结果表明，社区居民在受挫时 91.2% 是从宗亲、家人得到精神安慰的；96.6% 的社区居民经常性地与族人交往，92.1% 的认为与族人交往感到快乐、满足；65 岁以上的农村老人中 92.2% 经常得到族人的探望，其中 94.7% 基本只与社区宗亲交往，并从中获得亲情；农村留守儿童与宗亲交往频繁，93.5% 是由家族（尤其是三代内的族人）照管的，其中 97.4% 乐于与直系亲属交往。

（二）农村宗族与农村社区非物质文化遗产的供给

宗祠、族谱、各种宗族民俗活动以及祖传医药等等是农村社区重要的文化现象，也是国家重要的非物质文化遗产，对研究人类社会具有重要的作用。

（1）宗祠。宗祠，又称祠堂、祖祠、宗庙、祖厝，作为农村社区重要的非物质文化遗产，它是社区范围内供设祖先的神主牌位、缅怀祖先、举行祭祖活动、对后人进行教化、执行族规家法、议事宴饮的重要场所。目前祠堂的某些传统功能已经弱化，但增加了科技传播等现代功能。民间宗祠多始建于唐五代时期，而大规模营造祠堂则在明清两代。至今为止，我国仍然保存着上千年历史的宗祠，这都是重要的历史文化资料。很多宗祠是古代建筑风格和建筑艺术活的宝库，布局完美、工艺独特、宽阔大气，其奇特的构思、精心的选材、精湛的建筑艺术不得不令今人折服，对现代建筑学具有重要的参考价值。各地祠堂保存的碑文、牌匾和谱牒，是历史文化研究的重要参考资料。宗祠是重要的非物质文化遗产，最典型的是天安门东侧的劳动人民文化宫，它是明清时期皇家太庙，是皇帝供奉祖先牌位、祭祀先人的宗祠（冯尔康，2012），是留给了国人和世界最宝贵的物质文化遗产之一。目前，一些农村社区宗祠已经成功地申报为国家或地区的非物质文化遗产。广东省陈家祠始建于清光绪十四年（1888），建成于光绪二十年（1894），占地面积1.5万平方米，建筑面积6400平方米，其建筑以规模宏大、装饰精巧、造型独特、富丽堂皇而著称于世，是保存较完整的富有代表性的清末民间建筑，早在1988年就被列为全国重点文物保护单位。海南省定安县龙梅村王氏宗祠建于明代，建筑风格和建筑艺术独特，1994年被海南省人民政府列为第一批省级文物保护单位。

（2）族谱。族谱又称为家谱、宗谱、祖谱、家乘，作为农村社区较为普遍的文化现象，记载一个以血缘关系为主体同宗共祖的家族世系繁衍和重要人物事迹的特殊图书体裁。族谱不仅是整个宗族精神延续的载体，还是家族成员之间血脉相承的记载，而且具有非常高的历史文化价值。家之有谱，犹国之有史。史所以纪一国之事迹，谱所以叙世代之源流。族谱是一部现成的历史，是探索族人的起源、发展、迁移等各方面的重要史料，是中国五千年文明史中最具有平民特色的特殊文献。冯尔康（2009）认为族谱是从事社会科学研究的巨大的资料宝库，是一部宗族史、家庭史、人口史和地方史，对于研究历史学、民俗学、人口学、社会学和经济学具有不可替代的独特功能。当前，族谱不断增加，宗族基本上都有了自己的族谱，据肖唐镖（2010）调查福建省和江西省家谱较为完善，两省的旧家谱分别达到了80%和70.7%，新修家谱分别达到了50.0%和52.6%。笔者也对湖南株洲、常德、岳阳、怀化等地区进行了抽样调查，结果显示湖南有78.6%的宗族有了自己的族谱。同时，族谱的内容发生了变化，除记载家族世系繁衍和重要人物事迹外，增加了族人的通讯录，附上族人的家庭地址、邮政编码、电话号码以及照片等，方便族人的联系、交往，尤其是便于散居宗亲或在外工作的宗亲交往，扩大了交往的半径，也便于后人考察先人的足迹，为后人留下了更为丰富、详细的史料，是祖先留给后世的一笔重要的非物质文化遗产，也是中国献给世界的一种重要文化资源。很多族谱被正式列为地区或国家级非物质文化遗产，如北京市顺义区李桥镇吴庄村"西张"家族的族谱已经延续400多年没有间断，被评为"国家非物质文化遗产"。

（3）宗族民俗活动。宗族民俗活动具有地域性，或者说是一定社区内的文化遗产，其内容很丰富，包括传统宗族民间人物传说活动、生产劳动民俗活动、日常生活民俗活动、人生礼仪民俗活动、岁时节日民俗活动、宗教及巫术活动、婚丧嫁娶民俗活动等，可以通过传统音乐、舞蹈、体育、杂技、祭祀等形式表现出来。我们目前还盛行着许多祖传的民俗活动，如宗族特有祖传杂技、民间技艺、祭祖仪式、×家拳、婚丧嫁娶、舞龙舞狮表演等。每一个民俗活动又可以分为很多小类，比如祭祖可分为常祭、专祭、特祭、大祭等种类。宗族这些民俗活动是一种宝贵的文化遗产，甚至在当代也发挥了重要作用。比如：《西游记》中表演孙悟空的张金来（六小龄童）就是祖传的"张氏猴戏"传人，成功地塑造了活灵活现的孙悟空。但是，当前也有很多民俗活动已经失传，而且还在继续失传，抢救祖宗留下的文化遗产应该成为我们的重要使命。可喜的是政府和民间都在为之努力，宗族在为自己的民俗活动奔走申遗，政府也积极将某些具有特色和重大意义的宗族民俗活动列入非物质文化遗产。比如：2005年年底，龙舟说唱登录在国务院公布的第一批国家级非物质文化遗产名录中，并于2006年正式公布；2008年，广东佛山以光华村为代表的"人龙舞"被列入第二批国家级非物质文化遗产名录；焦作修武县薛氏宗祠祭祖仪式入选河南省非物质文化遗产名录；祁门县和黟县申报的徽州祠祭被列为安徽非物质文化遗产。目前，为了保护这些宝贵的文化财富，宗族在积极奔走呼号、"申遗"，政府也在采取措施进行保护。

（4）祖传医药。对于医药方面的家传秘方，人们可能会不屑一顾。但是，的确还有很多流传的医著药方，很多医家抄本、孤本、著作手稿乃至处方真迹为他们的后人收藏。其治疗方法采用手术针灸、内服外治、高温烙法等，涉及内科、外科、妇科、眼鼻喉科、伤科等，由于其学术价值和文物价值较高，现如今已成为祖国医学宝库的重要组成部分。很多祖传医药已成为国家或省级重要的非物质文化遗产。新安医学以世医家族链为特征，形成了各个宗族的医学流派，具有较大的疗效和价值，被列为省级非物质文化遗产。以内科为主的"张一帖"家族是传统医学历史最悠久、当代影响最大的家族之一，目前已经流传到第 15 代传人张其成教授手中。"张一帖"内科也已被安徽省列为省级非物质文化遗产。这样的案例还很多，我们也急需保护这些文化遗产，防止这些宝贵的财富失传。

（三）农村宗族丰富农村社区文化生活

祖宗留下的文化遗产，不仅仅可以作为传统的财富加以保护，而且丰富了当前农村社区居民文化生活，满足了居民的精神生活需要。

随着劳动生产率的提高，收入的快速增长，农村居民的休闲时间越来越多（见表 6.1），对文化娱乐需求越来越强烈。当政府提供的农村社区文化不够或者结构不合理，市场也无法将文化资源配置到农村社区时，宗族"自编自演"，充当文化娱乐的提供者，通过权威的组织者或者其常设机构（如庙会）在春节、谷雨、清明、端午节、七月半等各类节气期间、在族人生老病死婚丧嫁娶时、在宗族自己的节日或者其他时间开展各种文化娱乐活动。这些文化活动的内容包括两类：第一类是族人上演自己的传统民俗娱乐活动；第二类是宗族活动"引致"或"衍生"的文化活动，即在这些民俗节日期间，宗族把现代文艺队请进来开展现代文化娱乐活动。无论是哪一类，宗族从多个方位为农村社区带来文化娱乐活动，丰富了社区居民文化生活。

表 6.1　　　　　　　农村社区劳动时间及全年休闲状况调查　　　　　　单位：天

项目	联产承包责任制前	联产承包责任制后		
		20 世纪 80 年代	20 世纪 90 年代	现在
集中劳动时间	53	28	19	7
其他劳动时间	300	242	208	95
全年休闲总时间	12	95	138	263

　　注：调查对象只针对长期居住在农村、从事农业生产的居民，不包括在外打工、基本不从事农业生产的居民；此表是调查结果的加权平均数。

　　（1）宗族祭祀活动。宗族祭祀活动一般在春节、清明节、端午节、中秋节、中元节等传统节日进行。当然，有些宗族有自己的节日，如将本族有名望的历史人物的生日定为节日，进行祭祀活动。不同地区、不同宗族、不同的节日的祭祀活动不同。春节、端午节、中秋节等传统节日不是专门的祭祀节日，一般是以家人团聚、探亲访友为主，同时三代或四代内的族人坐在一起，以请列祖列宗用餐等方式进行小型的家庭祭祀活动，没有较大的以宗族名义进行的娱乐活动。清明节和中元节是专门的祭祀祖宗的节日。清明节是我国最重要的传统节日之一，也是一个富有特色的节日。在这个节日里既有人们扫墓祭祖、缅怀先人、祭奠追思的感伤，又有通过远足踏青、插柳、牵钩、放风筝、蚕花会、荡秋千、射柳、斗鸡等一系列风俗活动所带来的欢乐赏春的气氛和笑声，还是中华民族认祖归宗的纽带。中元节，又称祭祖节或七月半，也有叫鬼节、冥节、瓜节等，时间为阴历七月十五日，是祭祀祖先的特殊节日，从地方节日体系来看，中元节完全是宗族节日，以敬奉祖先达到对子孙进行孝道、家风的教育。风俗习惯严格的宗族，中元节当天是不允许外姓人进入宅内的，如果不得不进入主人家，就得以小辈的身份对着祖宗牌位磕头。中元节目前已经完全蜕变为一个宗族的文化节日（刁统菊，孙金奉等，2010）。中元节的活动内容丰富多彩，各地差别也较大。祭祀活动一般分为两个部分，第一部分是请家堂，把去世的先人请进来聚餐，并在晚上通过打发"路费"的形式把他们送走。第二部分为文化活动。如把诸位先辈的丰功伟绩（尤其是前辈历史人物）事迹编为"故事书"，在这天以说书的形式讲述给子孙后代；有的地方通过放河灯、念经、搬演目连戏等为祖宗赎罪；

有的地方过跳钟馗、发平安米保宗族后人平安，有的宗族如果举行大型的宗族祭祀仪式，还将请现代歌舞团进行吹拉弹唱。这客观上丰富了社区居民的文化生活。另外，一些宗族具有自己的、非节假日的特殊祠堂祭典活动。按照宗族流传下来的惯例，定期举行祭典活动，活动一般由二部分组成：祭祀仪式和庆祝活动。祭祀仪式各有不同，一般会有鸣炮、起鼓、奏乐、点烛上香、献贡品、请主祭人、跪拜等，庆祝活动传统的舞龙舞狮、大锣鼓表演、戏曲表演、放电影等，气氛浓烈而喜悦，满足社区村民的文化生活需求。

（2）宗族系谱活动。宗族系谱一般会在社区举行较大规模的庆祝活动。以有一定经济势力或政治势力的族人为主，其他族人为辅，共同出资的形式筹措资金。利用这些资金完善族谱，举行大规模的庆祝活动。庆祝活动一般由年纪较大、具有一定的社会地位的退休教师、退伍军人、退休干部、退休工人或其他"名望"主持，首先，是宗族公认的"元老"发言，介绍宗族的历史，介绍历史上有影响的族人，对促进宗族发展、族人幸福提出建议。其次，是目前有经济势力或政治势力的族人（一般是活动中出资最多的族人）发表演讲，阐述其创业史，并感谢族人养育之恩，承诺将一如既往地支持家乡建设。最后，举行大规模的文艺演出活动。这些文艺娱乐活动形式多样。宗族如果有自己传统民俗节目，将会成为表演活动的首选，如宗族传统的舞龙舞狮、祖传的宗族拳和祖传武术、大刀表演、踩街、老艺人乱弹戏等。当然，更多的是充满现代气息、愉悦快乐的娱乐节目。文艺娱乐活动不限于在固定舞台以"静"的形式举行，也采取"动"的形式进行，从宗祠出发在社区范围内巡游演出，敲锣打鼓、吹拉弹唱，一片非常热闹的景象，给社区带来无限的快乐。

（3）宗族生老病死、婚丧嫁娶活动。生老病死、婚丧嫁娶是带有宗族性的。生老病死、婚丧嫁娶之事，族人会将宗族召集起来，商量具体活动议程。年纪大、有威信的宗族"长老"将会发挥协调、指挥作用，族人采取各种方式支持，期间将开展大量的文化娱乐活动，社区居民尽情享受这些文化娱乐活动。不同地区围绕宗族安排的文化娱乐活动内容不同。我们以湖南农村为例（省内的不同地方，活动内容也有差别），具体说说生老病死、婚丧嫁娶的娱乐活动内容。首先，孩子出世这一喜庆的事情，将会有一系列的仪式和娱乐活动安排。小孩降生的第一时间男子将带着礼物和鞭炮去岳父岳母家报喜，与岳父岳母宗亲一起庆贺；同时邀请男方姓氏中有文化的老人给取名，给宗族发放请帖，满月时宴请宗亲聚餐，当然是要随礼金的。在满月日大多会有族人筹措资金，邀请文艺团表演。其次，进入老年期的老人，在他们60岁、70岁等整数年纪时儿女连同宗亲会给他们进行庆祝，举行庆祝仪式。再次，族人嫁娶活动中，宗亲聚集，父母叮嘱女儿相夫教子、持家养老之道，少不了宗族"长老"对女方的告诫，并安排"女儿宴""回门"，个别宗族还安排女儿到父亲所在的宗庙中行"告庙"活动，祭告先祖知晓出嫁之事。宗亲一般会在女儿出嫁去夫家前天为她进行文艺演出活动。结婚意味着男人成熟、长大，独立门户，男方父母邀请亲族团聚，给儿子"上课"，告知从此开始独立承担家庭责任。有些宗族把新娘接回男家后，安排新婚夫妇去夫族宗庙行"庙见"之礼，祭告先祖结婚之事。男方在娶回女方的当天将会举行较大规模的文艺演出活动。最后，老人去世是一种典型意义宗族活动。届时，族人齐聚共同为逝者操办丧事，非本族的社区居民也参与进来，但不参与决策、不承担义务，仅仅帮忙干活。丧事具体的日程和活动由已故老人在世的辈分最大、年纪最大的族人安排。先人去世也会安排文艺活动，但这些文艺活动大多是和尚念经做法，也有文工团演出的。文艺活动持续时间长短由家庭经济条件决定，可以是一、二天，也可以是一个星期不等。

二、农村宗族与农村社区社会保障

社会保障是国家通过立法对面临生活困境的群体由国家和社会给予一定的物质帮助的措施、制度（郑成功，2000；葛寿昌，1990）。它由社会保险、社会救济、医疗保健、社会福利、优待抚恤等构成。农村社区社会保障是社区农民面临年老、疾病、伤残、失业、遭遇灾害、生活困难等情况时，政府和社会依法给予物质帮助。从社会保障的定义上来说，社会保障应该是有国家公共财政来提供的一种公共服务，但自古以来，家庭在农村社会保障中一直起着基础性作用，具有深厚的社会心理基础和法理基础。在传统社会，家庭、宗族是农村社区社会保障的重要主体；新中国成立后的人民公社时期，农村名义上是国家全民社会保障，但是保障物质基本由"聚族而居"的宗族创造，或者说保障来自农民家庭、宗族，只是由国家来组织；改革开放后的一段时期农村社会保障陷于困境，农民的养老等公共服务基本由家庭来承担。加之农民社会保障本身具有特殊性，尤其是农村养老方面，由于农民宗族意识、乡土意识强，不愿意离开故土，不愿进入机构养老，而是待在原地居家养老，在农村空巢现实下，农民养老问题非常突出。目前，国家加大了对农村社区社会保障的投入，但是，农村地广人多，农村保障的特殊性，宗族的部分保障作用短时间内还不会消失。我们重点阐述一下社区农民养老、社区农民医疗、社区农民救济与农村宗族的关系。

（一）农村宗族与农村社区养老保障

全国 60 岁及以上的老年人口超过 2.22 亿人，其中，3/4 居住在农村（高瑞琴、叶敬忠，2017），也就是 1.65 亿人居住在农村。农村养老问题成为一个重大的社会问题，引起政府和学界的高度重视。我们将从养老资金来源和供养模式来进行分析。

1. 家庭或宗族仍然是社区农民养老资金的主要来源

农民养老资金主要来源包括：农民自己的储蓄、家庭或宗族提供、土地收入、社区集体、社会统筹等。这几种来源中，由于农民收入低，农民自己的储蓄养老非常稀少；土地稀缺，人均拥有的土地不足以养活一对老年夫妇；分田到户后，农村社区集体空壳，大多数集体经济不景气，无法提供养老资金，只是在发达地区存在这种方式；农民人口多，国家和社会财政投入的资金非常有限，不是农民养老的主流。虽然，近年来政府给予老年人一点养老金，但数额太少。家庭或宗族是老年人失去劳动能力时养老资金的重要来源之一。需要说明的是，农民作为一个弱势群体，在家庭养老方面不是以年龄为依据，而是以劳动能力为依据，一般只有当农民没有劳动能力的时候，才开始接受子女的赡养。

在国家无力提供养老状况下，农村家庭养老成为首选方式，中共十六届三中全会通过的《关于完善社会主义市场经济体制若干问题的决定》提出："农村养老保障以家庭为主，同社区保障、国家救济相结合。"《中华人民共和国老年人权益保障法》中设计了我国的养老体系是以居家为基础、社区为依托、机构为支撑的社会养老服务体系，并专设一章即第二章家庭赡养与扶养，规定家庭赡养的义务，其中第十四条规定："赡养人应当履行对老年人经济上供养、生活上照料和精神上慰藉的义务，照顾老年人的特殊需要。"明确规定了"赡养人是指老年人的子女以及其他依法负有赡养义务的人。"

农村家庭养老出资主体与形式多样。家庭子女是农村养老出资最主要的主体；有子女但是子女非常贫困的老人，源于宗族成员间的血缘关系，所在宗族权威人士会出面协调，由宗族出资协助赡养（农村无子女的"五保户"一般有政府或农村集体赡养，也有宗族来负责赡养的情况），这是家庭养老的延伸。另外，还有海内外的非常富有的族人成立养老基金会，为本族老年人提供物质帮助。养老金的出资形式可以是食物（如给老年人粮食、蔬菜、蛋和肉类等），也可以是给老年人现金，老人有多个子女的采取既不给钱也不给食物，而是老人轮流跟着子女吃住。

2. 家庭或宗族仍然是农民养老供养的主要模式

农村老年人的养老居住地点或供养模式可分为两大类：家居养老（传统家庭养老）和机构养老（居住于家庭以外）。我国农村居民宗族意识、乡土情怀、落叶归根等传统文化意识较强，决定了其养老模式绝非大型机构养老，而是一种不离家、不离土的社区家庭或宗族养老模式。因为我国传统农村是"聚族而居"的社会，形成"沾亲带故"的社区，长期居住在一起的都是亲属，有别于长期迁徙的传统西方游牧社会。由此，形成了传统农村养老习惯：因为世代定居，农民不愿意离开社区亲族去其他地方养老；因为"聚族而居"的亲缘关系，形成了世代父辈抚养子辈、子辈进行反哺的家庭内部代际交换的"反哺式"养老模式，家庭养老中的亲子关系折射出了由孝而忠、由孝而悌、由孝而从，孝观念是核心，并确定了父辈对子辈的绝对权威——君臣父子关系，确定了传统家庭制度的伦理纲常和历代推崇的大家庭制度、生活方式，形成了中华民族的"尊老、敬老、养老"的优良传统。由此，受传统思想影响，父与子都认为照顾与奉养是应尽的责任。父辈不愿意离家或走出社区接受机构养老，子辈觉得让父母离家养老是不道德、不孝顺的事情。父母应该在自己家和熟悉的社区享天伦之乐，老人在精神有所慰藉。

虽然，家庭养老有其特有的优势，是传统文化的结果，但是，家庭养老也面临巨大的挑战。随着农村老年人口规模不断扩大，农民养老的经济负担和养老服务负担不堪重负。尤其是随着计划生育带来的生育率下降，一对夫妇只有一个孩子，这意味着下一代一对夫妇需要赡养四个老人。即使目前放开"二孩"，养老的负担仍然很重。而且，随着人口流动加快，大量年轻农村劳动力进城工作，空巢老人增多。并且远在异地和工作压力大，他们无暇顾及农村的父母，使得农村老人照料不够，精神空虚和苦闷。随着生活条件改善和医疗卫生进步，农村平均寿命不断延长，农村老年人的日常护理需求也日益增加，但针对农村老人的生活照料和其他社会服务严重短缺。加之传统价值观念与道德观念减弱，农村年轻人对赡养老人意识日趋淡薄，家庭养老纠纷不断增加，对缺少国家和社会保障的农村老年人来说，养老问题更是雪上加霜，家庭养老面临着困境。

鉴于这些困境，政府开始承担起部分农村养老责任，但是宗族仍然将继续发挥作用。如前所述，宗族文化使得老人不愿意离开社区，而是居家养老，由于农村较为分散，政府不可能给每一个家庭或社区派驻人员直接提供服务，而是提供资金购买服务，社区内族人成为养老服务的直接提供者，形成了政府出资购买族人服务的模式。这也应该是今后很长一段时间内农村养老模式。

（二）农村宗族与农村社区医疗保障

在我国远古社会，农村社区医疗保障与宗族是交织在一起的，特别是明中叶开始形成了以"族医"为核心、以宗族医疗救助和保障为特色的宗族医疗卫生体系。"族医"是疾病预防和治疗的核心力量，宗族成为族人医疗救助的重要主体，建立了应对疾病的族医医疗机制（苏卫平，2009）。族医在我国传统社会一直发挥作用，直至新中国成立后，采取合作医疗，政府派出一批医疗人员进社区，将族医收归集体所有，为农村社区治病。人民公社解体后，很多医务人员进城开办诊所，只有家住农村社区的医生就近在农村行医，农村居民处于一个无国家医疗保障的时期，当时社区医生发挥了较大作用。农村新型合作医疗实行后，国家开始担负起农村居民的医疗保障，但原有的农村社区医生仍然发挥作用，特别是族人间进行大病医疗费用的救助较为普遍。

（1）农村社区行医者为宗族医疗服务提供方便。现行的农村医疗体制与人民公社时期有类似之处，实行县、乡、村三级医疗卫生保健网络，村社区医疗是农村医疗的重要组成部分，为社区农民解决了初诊问题，同时也提供了其他方便。很多农村社区卫生室是人民公社时期"赤脚医生"开设的，而"赤脚医生"大多来自社区，带有地域性和宗族性，方便为族人诊治。宗族医疗服务有如下优点：一是解决医患信任问题。现在医患之间不信任问题总是存在着，病者担心医生以营利为目的而给自己开出昂贵的药。这个问题在"聚族而居"的社区就不存在了，村民相信自己的族人不会"坑""自家人"，所以村社区卫生室往往成为社区农民小病的首选诊疗地点。二是解决患者费用暂时短缺问题。农村尤其是不发达农村，农民收入不高，农民收入存在着季节性，每年"青黄不接"时，也是急需花费的时候，农民往往把农资化肥开销放在首位，而看病之类的放在次要位置。农村社区卫生室在这个知根知底的熟人社会里往往遵循一个最大规矩是"赊账不讲理由"，看完病给医生说一句"先挂上"，拿药即走人，医生不过问为什么赊账、何时还款。当然，一般而言，还钱也不需要医生过问，在农业收成之时或行医者急用钱之际，族人会主动上门偿还医疗费用。这和一般医院交钱再看病明显不同。三是宗族也支撑着族人的医疗服务。社区农民地域观念与宗族观念比较强，只要社区卫生室能治疗的疾病一般会选择社区卫生室，就近又信任。当然，宗族的内卷性决定了在医疗保护方面的负面影响。族人在保证宗族成员在自家人就诊的同时，还表现在与政府部门的对峙上。在卫生部门对诊所进行清理和整顿时，宗族全体成员抵制执法甚至出现过激的行为。

（2）宗族为族人提供大病救助费用。目前，农村实行了新型农村合作制度，对解决农民看病贵、看病难和因病致贫、因病返贫起到了一定的作用。但是，由于农村合作医疗报销费用有限，加上合作医疗承保之外的医疗诊治费和其他如车费、生活费、陪护费等杂费，农民难以负担，在政府与社会保障不够的情况下，宗族实现"自保"。宗族（尤其是三代内的宗族）将会通过召开家庭会议给予筹资，远在外地的族人也会给予捐资，支持族人治疗。

（三）农村宗族与农村社区救济

社会救济是指国家和社会对处于困境中的成员提供物质性的救助和支援，使其免于贫困破产，并增强其适应社会能力的制度和措施（邵正坤，2013）。古代社会生产力低下，对于处于困境中的个体政府救助非常有限，单个个体生存较为困难，宗族应运而生。宗族的义田、义仓、义屋、义冢、学田等是开展族内救济重要途径，以此帮助弱势族人战胜困难、渡过难关。可以这样说，宗族正是为了生存和相互救济而形成的初级群体，是它的存在维持了人类的生存与繁衍。当前，国家加大了对居民的扶持力度，尤其是加强了对困境中的农村居民群体的救助和支援力度。由于国家之大、政府财力有限，手续复杂，难以面面俱到，时限性差，对社区居民救助存在某些的缺陷。宗族虽然可以进行社区救济，但其资源有限，救助的覆盖范围偏窄、力度不够，不过，宗族作为族人自己的血缘组织，具有自己特有的优势：救助资源筹集便捷，宗族社会救助针对性强，宗族社会救助反应迅速、程序简便，救助及时有效（钟灵，2009），对国家救济起到了一定的补充作用，缓解了族人的困境。

（1）宗族的第一种社区救济是灾难救济。随着社会转型发展，环境破坏，自然灾害和意外事故频发，人类面临的灾难似乎越来越多，农村社区居民需要救济的范围越来越广。火山、地震、泥石流、冻雨、雪灾、水灾、旱灾、火灾、虫灾等自然灾害以及生态环境、鞭炮事故、爆炸、交通事故、食物中毒等人为灾害严重地影响了社区居民的生产与社会，政府的救济是主体，灾难越大政府的作用越显著。但是，宗族的相互支援必不可少，尤其是范围较小、力度不大的小型灾难，宗族作用较为明显，如灾害发生后族人出资出力组织救助，精神上的给予安慰，抑或提供暂时的避难所，解决衣食住行等基本生活需要。

（2）宗族另外一种重要的社区救济是济贫助困。此类救济表现为族人对底子薄的家庭或成员进行扶持与救济。家庭拮据的子女考上了大学是宗族的荣誉，具有影响力的族人会召集宗族召开会议，商议如何支持学子完成学业，并在口头上形成"决议"，进行长期的支持。贫困族人的婚丧嫁娶以及日常生活的维持，也是族内事务，宗族会给予扶助。赡养族中孤老疾弱，抚育幼年失怙的子侄，宗族会尽力而为之。宗族扶持救助族人的目的就是不让"外人看笑话"，把族内自己的事情处理好。不过，现在对这种非突发性的非灾害救助之类的支持不是所有的宗族都参与，参与支持的宗族范围日益缩小，大多限于三服之内的宗族。

> W 村被当地称为"相依为命村"，以一个宗族为主。该村地处山区，村落经济并不发达，自然灾害或人为突发事件时有发生，但是在"非常时期"从没有出现无人照管的惨状。用他们的话说"无论事件发生在哪家哪户哪人，我们都像对待自己一样对待族人"。宗亲利用一切人力物力财力解决眼前的困难。为此，2003 年，他们在家庭经济拮据的情况下，族人共同筹资成立了"灾害基金会"，制定了口头的应对"方案"，突发事件发生，立即可以启动应对方案。随着一批批外出务工人员的发财致富，2013 年他们筹资 10 万元设立"学子奖学金"，支持家庭条件差、学业成绩优秀的学生，尤其是支持考上大学的贫困生，并要求签订协议，在未来毕业发财致富后，捐助资金支持同族他人。

三、农村宗族与农村社区基础设施建设

学者费孝通（1997）说过"从基层上看去，中国社会是乡土性的"。我们认为目前农村基础设施等公共服务的民间供给也是乡土的和血缘的。宗族在农村社区基础设施供给中发挥的作用不仅表现在宗族合作提供基础设施，而且表现在以宗族血缘为纽带和中介，吸引海内外资金为地方公益事业服务（王铭铭，1997）。蔡晓丽（Tsai，2007）研究中国和其他发展中国家农村后发现，宗族在促进村庄公共设施供给方面是一种更有效的组织形式，公共设施比较健全的农村社区，社区凝聚力和道德权威较强；在同样的经济文化条件下，宗族意识强的村庄，其公共设施相对完善得多。如果说宗族为社区提供文化是基于风俗，提供社区保障是基于伦理，那么提供基础设施就完全是

出于自愿。一是为了满足宗亲的需要而自愿，二是为了经济利益，三是为了获得声誉和面子而自愿，且后者作用更为显著。尤其是远住社区外的族人，为了获得声誉和面子而自愿提供基础设施等显形公共服务的力度越来越大，弥补了政府投入不足和市场拒绝投入的困境。宗族在提供农村基础设施方面，呈现出供给主体区域范围广泛、供给种类多样化、提供形式多元化、资金数额趋大化等特点。

（一）农村宗族多渠道提供社区基础设施建设的主体来源

宗族提供基础设施来源多样化。按照区域来源，可以将公共服务供给主体分为农村社区内宗族合作供给，社区外在国内的族人资助和国外族人的捐赠三类。

（1）农村社区内的族人合作供给。社区内宗族合作供给自古以来就是社区基础设施提供方式。同住社区内的宗族，为了解决社区内道路交通、水利设施或文化设施等基础设施不足，宗族往往成立"修路委员会""老年人协会"等组织，这些组织带领宗族共出资解决社区内紧缺基础设施提供问题。同时，这些组织也利用各类资源在外"化缘"获取资金，解决基础设施生产的资金不足。社区内宗族合作，即有为解决社区基础实施供给不足给生产生活带来不方便而具有"自愿冲动"，也有迫于宗族的这些组织的压力的被动。

（2）农村社区外的国内族人供给。通过考学、招工招干或自主创业走出社区、飞黄腾达、并在国内工作的族人，为社区基础设施生产提供资助。资助分为两种情况，一是社区宗亲带点家乡的土特产，找到在外工作的族人，"汇报"家乡的建设情况，感谢在外工作的优秀儿女对家乡的关心与支持，邀请方便时候去家乡探亲、指导，并提出家乡的困难，希望得到支持。一般而言，族人会顾及家乡父老乡亲面子，或多或少地给予一些资金支持。二是发财致富的族人为了回馈宗族的养育之恩，主动地提出给予家乡一些投入。这部分投资者大多带有自愿性。

（3）海外族人提供赞助。唐代以前出国定居人较少。南宋以后，随着航海业和海上贸易的不断发展，沿海一带的很多国民为了生存或者为了致富，到南洋经商和定居。明代郑和下西洋后，我国居民到南洋经商与定居的越来越多。清朝与民国时期，去往欧美发达国家的国民较多。安顿后的族人不断发展壮大，发财致富，时刻不忘家乡，希望为家乡出资出力。改革开放后，他们有机会回家乡，参与家乡的宗族团聚，参加家乡的宗族活动，富裕的族人给予家乡基础设施建设提供资金。宗族目前也成为政府吸引外资的一个桥梁。一些地方政府为吸引外资，利用包括宗族在内的各种网络，采取了"重点侨贤，政府联络；各界名流，社团交往；广大侨胞，宗亲联系"的多层次联系方式（陈建玲，2004）。

（二）农村宗族促进社区基础设施供给向纵深发展

农村基础设施是社区生产、生活和发展的基础和保障。改革开放后，社区内外、海内外宗族积极为社区提供基础设施。社区基础设施作为农村社区居民自己的分内事，社区内宗族合作提供各类基础设施非常普遍，可以说宗族在社区基础设施提供中都发挥了一定的作用。在此，我们不多谈论社区内宗族，而是分析社区外的族人为社区基础设施提供所做的贡献。研究发现，社区外族人提供基础设施种类繁多，并由生存型逐渐转向发展型基础设施，金额趋大化。

（1）提供农业生产性基础设施。国内外发财致富的族人给予了社区生产性基础设施建设以极大支持，出资改良土壤、修建小型水库、堤坝、沟渠，且投资的金额一般较大，比如：1992年开始，旅美乡亲黄锦文投资1300万美元，开发荒山荒地、更新疏残林，改良土壤（柴圣洁，2010）。黄氏宗族斥资10万元修建坂东变压站（陈建玲，2004）。

（2）提供农民生活性基础设施。宗族投入的农民生活性基础设施类型较多，主要包括农村道路交通、饮水安全、农村沼气、农村电力等关系到农民生存和方便农民生活的设施。2005年11月陈策文出资1200多万元为社区修建大桥和引桥公路（柴圣洁，2010）。侨乡坂东虎丘的黄氏宗族长期以来投资社区生活性基础设施，改进农民生活条件，投入资金207.5万元修建了17条长约737米水泥马路，投入资金65万元为社区修建了4座长约470米的桥梁，投入资金25万元修建了2个自来水厂，生活性基础设施总投入资金近300万元（陈建玲，2004）。

（3）提供农村社会发展基础设施。族人对这方面的投入较多、较为普遍，包括农村社区文化基础设施、教育、卫生、体育等。一是提供社区文化娱乐设施。来自全国多地的齐氏宗族，欢聚在河南新野县上港乡齐花园村，拜谒齐氏先祖，并捐资兴建村民俗文化广场（王秋兰，2012）。侨乡坂东虎丘黄氏宗族投入 82 万元建立了 8 所村老人会所，投资 180 万元修建坂东影剧院，约 3200 平方米（陈建玲，2004）。二是文化教育设施，如来自美国、泰国等国家和中国香港、台湾 70 多位华裔邓氏同胞回河南省邓州市寻根联谊，香港邓氏同胞捐款 50 余万元，在夏集乡邓营村建起希望小学（孙先伟，2011）。2005 年伍氏家族中的伍兆灿捐赠 800 万元建设培英中学新校区（柴圣洁，2010）。侨乡坂东虎丘黄氏宗族修建的教育设施更多（见表 6.2）。三是投资于卫生医疗服务，侨乡坂东虎丘黄氏宗族 4 次对当地的六都医院进行投资，共计 102 万元（陈建玲，2004）。

表 6.2　　侨乡坂东虎丘黄氏宗族对农村社区发展型基础设施投入
（1950～2001 年 4 月）

项目	数量	投入资金
村幼儿园	17 所/765 平方米	545 万元
村小学校	16 所/1285 平方米	6850 万元
培英中学	3 所/4800 平方米	960 万元
六都医院	（不是全额投入）	102 万元

资料来源：陈建玲. 侨乡坂东虎丘黄氏宗族研究［D］. 福建师范大学，2004：65。

（4）加强生态环境建设。为了解决社区宗族生计和长远发展，美化环境，改善社区环境和居民生活条件，族人为社区提供垃圾处理、给水和污水处理设施，投资于种苗工程建设、防护林体系、天然林资源保护、湿地保护和建设、退耕还林等多个方面。一般而言，由于生态环境的重要性没有意识到，且投入见效较慢，投入金额较大，除垃圾处理、给水和污水处理设施外，相较其他农村社区基础设施而言，族人对此投入较少。

以下是课题组在湖南附近的两个农村社区看到和听到的情况：

　　　　两个临近的村，面积与人口相近，但社区环境天壤之别。H 村一条绿树成荫而又干净的公路，通往国道。在社区修建了一个占地800平方米的祠堂，一个占地1000多平方米的广场。社区图书馆、电脑室、文体娱乐室、儿童活动中心、各类体育设施、社区养老院、医务室、便民服务中心等，应有尽有。社区兴办了一个养殖场和一个食品加工厂。但隔壁的M村除了政府修建了一条通往外面的公路外，村部杂草丛生，公共设施较少。M村支书调侃说自己是农村，而H村是城市，城乡差别在两个村体现得淋漓尽致。当问及其原因时，他笑道"他们（H村）的祖宗会造人啊，外面有能人，在沿海办企业的老板就有几个，更重要的是在国外有富翁，都是他们投资"。这在H村得到了证实。H村村干部拿出了一个册子，册子清楚记载着社区基础设施的投入和资金的来源，资金大多来自在外发财致富的族人，尤其是海外族人的捐赠，其中一笔就多达100万元，而且多年不断投入，完善基础设施。

四、农村宗族与农村社区治安治理

社区治安是指政府和自治组织依靠社区群众，协同公安、司法机关，对涉及社区的社会秩序和人民群众生命财产安全依法进行治理的活动。它具有区域性、法律性、综合性、群众性特点。社区治安的群众性特性决定了社区居民在社区治安中的作用。我国农村社区聚族而居决定了宗族在社区治安中的地位。在远古社会正是为了维护居民自身安全、抵御外来侵略形成了聚族而居的格局，在国家保护缺位的古代社会，宗族也真正起到了团结与保护族人、维护社区稳定、抵御外来侵害的作用。当前，宗族在农村社区治安管理上仍然发挥着作用。虽然政府机关在农村社区治安维护方面发挥主导作用，但是在警力不足尤其是农村社区警力严重缺乏下，农村宗族的自保尤显重要，但也出现了负面影响。

社区治安的内容很多，且划分标准不一。有将社区治安划分为社区法制教育、人民调解、治安防范、秩序维持、社区矫正和事故预防等，也有将社区治安划分为人口管理、危险物品管理、社区治安秩序管理、交通道路管理、消防安全管理等。本书结合农村宗族状况和农村社区治安现状，根据农村宗族对农村社区治安的实际影响，从农村宗族与农村社区内治安、农村宗族与农村社区外部民间矛盾的处理、农村宗族与社区政府矛盾的处理三个层面来进行研究。

（一）农村宗族与农村社区内的治安维护

转型期社区各种治安问题频繁出现，农村警力不够，单个家庭难以应对各项治安困境。由此，以血缘、地缘、亲缘为纽带的群体在社区治安维护中发挥着重要作用。同时，也发生了危害社区治安的现象。

1. 维护社区内治安秩序

实行家庭联产承包责任制，特别是市场经济以来，农民解除了被困在土地上的束缚，人口流动大大增加。农村社会空壳现象主要体现在随着社会转型，在城市第二产业比较利益的吸引下，农村人口飞速地向城市流动，有知识、有文化的农村青壮年劳动力进入城市，使得农村社会主要由老、少、妇构成，不利于农村社区治安的维护。

农村社会空壳，青壮年的外出，使得单个家庭无法保护自身的安全，也给不法分子可乘之机。媒体多次报道犯罪分子专门寻找青壮年劳动力缺失的农村社区，进行诈骗，肆无忌惮地从村庄将牲畜或把钱物偷走，甚至从老人手中抢走财物、抱走小孩。犯罪分子在农村社区作案呈现团伙化、专业化、智能化趋势，防不胜防，严重侵害了群众的财产利益。另外，社区的防火和防止青少年违法犯罪也是一个重要工作。对这些劳动密集型的公共服务，长期以来宗族作用显著。即使个别农村社区设立了警务室，但警力有限，警察只能处理发生后了的"较大的事情"，防火、防盗以及其他治安事件的防御性工作必须要有全民参与，出现了煤气电、公共娱乐、公共卫生、盗窃、抢劫、车祸等灾害事故或突发事件，宗族在第一时间开展自救。而没有设立警务室的农村社区更是如此。我们在对一些农村社区调研时发现，一些农村社区的宗族自发组织起来，轮流安排值班，免费担负起治安巡逻义务，有的社区晚上组织 2~3 人执勤，有效地防范了偷盗事件和其他事件的发生，维护了社区治安秩序。

另外，宗族丰富的社会资本有利于平衡社区内居民关系，维护社区秩序。通过乡规民约、互惠、互信约束居民行为，利用舆论、边沿化方式规范居民的行为。故此，社区内部较少出现偷盗、抢劫，也很少发生不尽孝道的矛盾。即使发生诸如田土纷争、家庭纠纷等矛盾，在抬头不见低头见的熟人社会，解决方式大多不会伤及面子，不会提交法庭，而是可以通过宗族中有威望的人进行协商调解，通过宗族内部调解，解决成本低，避免了矛盾进一步升级，促进了社区和谐稳定。

2. 给"黄、毒、赌"等社会丑恶现象在社区蔓延留下滋生土壤

作为历史沉淀物的"黄、毒、赌"，改革开放后因种种原因重新在农村社区沉渣泛起、死灰复燃，尤其是赌博现象在农村已经是蔚然成风。为了获取利益，有些农村居民利用其社区便利的地理位置、居多的外来人口、多样化的需求以及其他优势，组织淫秽活动、聚众赌博、放高利贷、吸食贩卖毒品，严重危害社会治安。而这些违法犯罪活动的组织，需要在信任度高的群体间合作，宗族是农村信任度最高群体，族人间这些合作无疑会较多。由此，宗族在其中起到了推波助澜的作用。

一是随着农村居民收入水平的提高，居民的需求不断多样化，加上一些农民素质较低，旧社会的那些黄色淫秽的东西开始出现，族人共同开设淫秽歌舞厅、录像厅，通过音像制品、影视放映、"三俗"演出等多种方式传播黄色淫秽思想，甚至组织卖淫嫖娼，尤其是社区毗邻城郊和国道、省道，这些场所尤为严重。社区的这些场所主要不是为族人服务，而是为流动人口提供服务，从中获取利益。二是宗族参与吸毒与贩毒。只要一个族人吸食毒品，由于族人间联系密切，交往也非常频繁，将会带动更多的族人吸毒，形成了我们经常在媒体上看到的"吸毒村"。为获取更多的利益，族人不惜铤而走险，干着贩毒违法犯罪活动。为了保密、安全和"共同致富"，犯罪分子将自己最亲密的族人带入贩毒卖毒"行业"中，形成了家族贩毒卖毒组织，形成了"贩毒卖毒村"。我们在湖南多地调研时发现，有多起宗族参与贩毒卖毒事件。其中某县的杨氏家族最为严重，参与贩毒卖毒数额巨大，案件被侦破后，死刑1人，无期徒刑2人，判刑有期徒刑的有9人，还有拘役管制和

年幼的免于处罚的多人。参与人除 2 人不是本族的外，其余都来自本宗族。三是由于劳动生产率的提高，农民从繁重的体力劳动中解放出来，劳动时间缩短，休闲时间拉长，在社区公共文化缺位的情况下，赌成为农村社区主流，农村社会流传着一句顺口溜："三分之一的时间种田，三分之一的时间赌钱，三分之一的时间过年"。而且，赌博也存在差序格局，秉承"肥水不流外人田"的理念，关系密切的族人聚集在一起赌博的现象较为普遍，带有聚族赌博特性。很多族人为方便赌博，也为获取收益，积极在社区开设赌博场所，方便族人和社区其他居民娱乐。另外，封建迷信活动也造成了治安问题。如 2004 年 2 月 25 日，湖北一地的张姓村民进行祭拜活动时发生了惨案，77 位村民和 5 名道士，途中租乘渔船沉没，11 人死亡。这是一起典型的因迷信活动造成的惨剧。另外，地下"六合彩"赌博活动也在宗族社区下不断蔓延。

（二）农村宗族与农村社区外的民间矛盾处理

社会转型加强了农村社区与外界的交流，也引发了社区与外界的一系列矛盾，如周边社区的土地纠纷、社区居民与外界的人际交往纠纷、社区居民与外界发生事故纠纷以及其他纠纷和矛盾。土地纠纷历来是农村社区与外界最主要的矛盾。尤其是近些年来，取消了农业税，增加了良种补贴、水稻种植直补等惠农支农政策，以前抛荒的土地现在成为一块肥肉，围绕土地产权产生的矛盾日益增加，尤其是土地被社区外居民占有而产生的矛盾非常尖锐。其次是迷信活动抬头，社区与外界在节假日期间因祭祖、争祖坟引发的纠纷与日俱增，成为比较重要的矛盾。另外，社区族人出现交通事故、斗殴等事件或其他的事故或事件，引发宗族与外界的冲突。

宗族在处理本社区与社区外部的民间矛盾时，遵循着与社区内部不同的规则。农村对外的矛盾从来就不单单是一个人的矛盾，而是一个宗族与外界的矛盾，也将会发生宗族集体面对外界矛盾。解决途径无非有两种：一是通过社区族人出面和平解决；二是通过极端是方式、甚至是械斗解决。第一种解决方式往往是有影响、有地位的族人出面，通过友好协商、各自让步解决。协商不成，矛盾将会激化；或者是矛盾一开始就是以极端的形式出现，致使矛盾升级，并且随着事件的进展，将会有更多的族人卷入进来。这样，本为一两个人的事情转化为一个宗族的事情。最后发展为宗族冲突，严重地影响了农村社区的治安。我们对湖南部分村民进行调查统计得知：目前极端方式解决纠纷在农村有所减少，但是仍然存在，而且一旦发生，就是较大规模的冲突，后果较为严重，乃至发生死伤问题。

（三）农村宗族与农村"政社"矛盾的处理

政府在对农村社区进行管理和服务过程中总会出现矛盾，我们称之为"政社"矛盾，在处理这些矛盾的过程中宗族扮演重要角色。这种角色包括正反两个方面，即可以协助或协调化解"政社"矛盾，在一定的时候也可能将矛盾扩大化，引发各类冲突。

1. 农村宗族引发或解决"政社"群体事件

目前，随着社会的发展，改革的深入，利益格局的调整，利益主体间各种矛盾与纠纷不断增加。就农村社区而言，土地与山林承包和征用、房屋拆迁、水利水库建设、环境污染、劳资纠纷、事故赔偿、家庭婚姻、干部选举与作风、各类事故等引发的一系列冲突，危及农村社区的治安稳定。这些矛盾一开始可能是民间矛盾，进而演化为政府与民间矛盾，或者一开始就直接是表现为政府矛盾。这些事关农民切身利益的矛盾不能得到有效的解决，极易引发群体性事件。这些群体性事件都呈现出组织性、规模性、突发性、持续性、地域性、对抗性、破坏性等特点。持续时间越长，组织规模将会越大，越易被犯罪分子所利用，造成的影响与危害也就越大，严重的危机了农村社区秩序。

农村群体性事件或多或少掺杂了宗族因素，这是一个不争的事实。宗族既可以是"政社"群体事件的激化者，也可以成为矛盾的协调解决者。宗族是一个具有血缘亲缘的初级组织，当社区族人利益受到侵害或问题得不到解决而政府又迟迟不作为时，这种宗亲组织将会发挥其"应有的作用"，不惜一切代价为族人争取利益，当然不排除有些利益是非正当的。而且，由有能力和阅历的族人进行精细的组织，不断地推波助澜，越演越烈，破坏性极强。

宗族作为一个信任度较高的组织也可以化解矛盾。政府也经常利用这一优势解决问题。在解决社区纠纷方面，宗族一个具有影响力的族人作用力很大。一般而言，只要与宗族的"头领"谈妥了，群体性事件也基本得到平息。也只有和宗族的"头领"谈妥了，事件才能平息。

2. 农村宗族促进或阻碍社区矫正

社区矫正是一种与监禁刑相对应的非监禁行刑方式，是一种不使罪犯与社会隔离并利用社区资源改造罪犯的方法，是所有社区环境中管理教育罪犯方式的总称（康树华，2003）。其实质是多元社会主体参与社会公共事务管理。这一制度早在20世纪三四十年代就已经在欧美国家出现，在20世纪70年代广泛兴起。而我国在21世纪才开始相继在上海、南京、北京举行试点，对被判处管制、被宣告缓刑、被暂予监外执行、被裁定假释、刑满释放后继续剥夺政治权的进行社区矫正（吕欣，2005）。

传统社会宗族对族人的违法犯罪行为一般不是报官，而是按照自己的族规、宗法进行教育、改造和惩罚，让其改邪归正。这种"社区矫正"虽与当今的内涵不同，但作用是明显的，减轻了政府惩罚犯罪、维护社会秩序的压力。目前，宗族仍然可以在农村社区矫正中发挥其他社会力量无法替代的作用，配合政府完成社区改造。

行动者总是嵌入于一个具体的、当前的社会关系网络中，我国农村社会人际交往崇尚以自我沿着家人→宗族→其他熟人→生人这一差序格局原则。中国人人际关系的逻辑起点是亲缘和血缘关系。这种关系是先赋性的且被泛化在社会生活的各个方面（井世洁，2012）。"亲族原则""血缘原则"是中国社会中居于支配地位的组织原则，也是中国人相互依赖的支柱（许烺光，2002）。在我国，社区矫正立法缺失、公民社会发育不全、社会参与不够、社会歧视与偏见普遍存在的状况下，将社区矫正人员置于"生于斯养于斯"的环境中，使其触景生情，认识到自己的过错。在社会歧视普遍存在，社会支持网络难以获取下，亲情、血缘、亲缘关系作为最亲密、牢不可破的网络，不可能也无法排斥"犯事者"，以父母、兄弟、姐妹、配偶等家庭关系为主导，辅之以扩大化的家庭——宗族，发自内心的对其进行帮助、教育、感化，这种温情必将使其配合司法机构改造，利于控制其行为。正如学者丁钢（2006）所言：将改造者融入社区文化，能在理想的社区文化中顺利实现矫正目标。我国某些地区的试点证明了这一现象。我国有些地区将青少年犯罪者、吸毒者置于自己生养的社区，通过社区宗亲情亲引导、教育和潜移默化的影响，矫正了社区服刑人员思想，改造了其行为，收到了较好的效果。

我们也应该看到宗族在社区矫正中负面作用的一面。比如：亲族对自己改造者过于溺爱，而放松要求；与改造者合作共同欺骗司法部门，宗亲包庇改造者的缺点；缺乏民间组织、中介组织、非政府机构、社会运动等社会力量的支持，仅仅宗族参与，或拒绝社会加入，社区矫正的社会网络半径狭窄，易出现社会网络结构断裂，等等。

3. 农村宗族与公共事业建设中社区纠纷的处理

公共事业是以社会发展和进步为前提，以实现公众整体利益为目的公共服务，包括供水、供电、废物和污水处理、水库建设、燃气供应、道路交通建设、环境保护等等。公共事业关乎国家长远利益，在建设中也会涉及农村社区利益，如大量的占用农田、撤除房屋、迁移祖坟、破坏庄稼、环境保护中侵害农民利益等。社区农民为了维护自身的利益或仅仅从社区自身的短期利益出发，会对其进行抵制，产生"政社"矛盾。这些矛盾的产生与激化中少不了宗族因素，宗族是问题的引发者、扩大者，也是纠纷的解决者。农民的问题一切都可以归结为利益问题。农民与外界的交往中，是最典型的理性经济人，甚至是"超理性者"。在一些组织缺乏的农村社区，宗族将在"能人"带领下，与政府博弈，甚至发展为对抗，采取非法集会或其他的聚集闹事方式，影响社区正常秩序，威胁公共安全，不断的使矛盾激化。将矛盾化解在社区不失为一个很好的方法。通过宗族"能人"说服全体族人，在国法执行难的情况下，宗族可以起到有效的补充作用，达成最终的协议，也促成了问题的有效解决。

五、农村宗族与农村社区公共服务的无形协同供给

农村宗族的作用不仅仅体现在为社区直接提供公共服务，而且还表现在

能获取信息、降低交易成本和消减集体行动困境，协同政府和市场提供社区公共服务，促进公共服务数量增加、结构改善、效率提高。

（一）农村宗族与农村社区公共服务信息获取

公共服务的非竞争性和非排他性使得消费者的信息尤为特殊和重要。无论是政府还是市场提供公共服务，信息不对称始终是一个难以化解的困境。在组织稀缺、高度分散、原子化的农村尤为明显。了解农村居民公共服务需求状况非常困难，偏好显示成本大。为了"免费搭车"，居民会设法掩饰自己的偏好，政府或市场搜索信息较为困难，且所搜索的信息还存在失真，使公共服务供需数量或结构失衡。宗族因素的加入将会部分化解这一困境。我们在与农民交流时，他们流露出了其对内奉行"两小无猜"规则，对外是一套应付心理。尤其是宗族成员之间不会隐瞒信息，也根本无法隐瞒自己对公共服务的需求。居民长期同住一社区，相互了如指掌，亲如一家。在"熟人社会"里奉行的一套"差序格局"的处事方式，促使居民之间无法回避自己的偏好。只要族人所提出的某个公共服务需求信息的确是社区不可或缺的，96%以上的三代内宗族，89%的"五服"族人和76%社区族人大多会"附和"、不隐瞒自己的需求信息，并且愿意与政府一起出资建设。吸纳宗族代表参与公共服务决策，畅通宗族需求表达机制，通过代表"连带"一系列宗族成员，利用有限的成员获取更多的信息，更多地了解农村居民对公共服务的需求数量、质量及结构等信息，减少了农村社会需求表达不畅和供需失衡的摩擦，一定程度上解决了信息不对称的问题，为政府和市场投资社区公共服务提供准确依据。

（二）农村宗族与农村社区公共服务的交易费用降低

在公共服务供给方面，政府与市场直接与高度分散的农户交易，成本更高（见表6.3），甚至交易无法进行，导致公共服务供给短缺、结构失衡、效率低下。通过宗族，吸纳宗族群体参与，政府与市场不再直接面对分散的农户个体，而是面对宗族整体，宗族以"地缘""血缘""亲缘"为纽带，利用契约以及熟人社会的网络机制、信任机制、声誉机制，能有效降低搜索信息成本、执行成本和监督成本。我们在进行农村社区调查时，发现宗族组织在减少政府和市场提供公共服务交易成本，协同政府与市场提供公共服务，提高效率、改善结构等方面作用巨大。比如：修建一条社区公路，宗族参与组织能起到节省交易成本，节约谈判时间，如表 6.4 所示宗族参与修路征地谈判比政府或企业单方面与村民谈判效果好。而且宗族的凝聚力、归属感状况与农村社区公共服务的交易成本成正比，宗族凝聚力、归属感越强的农村社区，与政府合作供给公共服务的协调程度越高，在同等条件下社区的公共服务供给状况相对较好。

表6.3　　　　　我国公共服务的政府与市场供给过程中的交易费用　　　　单位：亿元

年份	公共服务交易费用	政府供给的交易费用	市场供给的交易费用	政府供给公共服务的相对交易费用（占 GDP 的比重）（%）
1997	7194.10	7145.50	48.60	9.05
1998	8141.43	8045.16	96.27	9.53
1999	8978.09	8853.26	124.83	9.87
2000	10234.62	10078.60	156.02	10.16
2001	11421.26	11302.16	119.10	10.31
2002	12485.36	12203.69	281.67	10.14
2003	15589.70	15073.33	516.37	11.10
2004	24535.61	23594.47	941.14	14.76

　　资料来源：根据王磊《公共服务供给主体选择——基于交易费用经济学的理论分析框架及在中国的应用》一文以及各年统计年鉴整理而得出。

表6.4　　　　　　修建农村社区公路交易费用高低情况调查　　　　单位：%

项目	公路途经土地的补偿	土地征用谈判时间
农村社区宗族参与修路征地谈判	要价低（69） 要价高（12） 要价一样（19）	长（28） 短（59） 一样（13）

项目	公路途经土地的补偿	土地征用谈判时间
政府进行修路征地谈判	要价低（25） 要价高（58） 要价一样（17）	长（48） 短（37） 一样（15）
路桥公司进行修路征地谈判	要价低（11） 要价高（76） 要价一样（13）	长（68） 短（25） 一样（7）

注：括号内百分比表示占调查样本比例。

（三）宗族与农村社区公共服务的集体行动困境

社区是"囚徒困境"重复博弈的产物，宗族是博弈中的元素。经过反复的博弈，参与者都尝到了不合作导致的后果，加之宗族亲缘、血缘关系，不愿也羞于违背社区利益。从而，使世世代代居住在一起的博弈者——农村社区居民由非合作走向合作，促成了集体困境的破解。

很多学者对集体行动困境进行了研究，认为公共服务供给存在集体行动困境、"公用地悲剧"和"囚徒困境"，使公共服务供给偏离最优水平。这些研究无疑有正确的一面，但我们在了解农村社区实际状况后，认为如果改变环境，改变初始条件，则可能得出相反的结果。如把制度嵌入到一定在社会关系中，将宗族和社区文化融入进去，利用乡村制度的规范约束力，结合宗族社会资本等强大的非正式力量，特别是农村社区成员经过了成千上万年的若干次博弈，加之宗族血缘纽带关系，双方在合作、背叛及惩罚中，最终走向合作（陈万灵，2002），公共服务的集体行动困境得到遏制。"村庄宗族结构的社会关联对村民参与农村公共服务供给存在影响，村庄姓氏越集中，越容易形成集体行动，从而促进村民参与农村公共服务的供给"（卫龙宝、凌玲、阮建青，2011），避免"集体行动的困境"。我们的调研结果与以上研究是吻合的，血缘纽带关系强、宗族凝聚力大的农村社区，其公共服务供给是"一呼百应"、积极配合。这可有力缓解政府、市场或者社区自己提供公共服务时，居民的不配合、不合作行为。

总之，宗族无论是直接提供社区公共服务还是协同政府与市场提供社区公共服务，有其积极的一面，也会存在消极的一面。撇开宗族在历史上的作用，分析当前宗族对公共服务供给的影响，其积极作用是主要的，如前所述，宗族对农村社区文化供给、农村社区社会保障提供、农村社区基础设施建设、维护农村社区治安等方面具有重要的作用，对解决农村社区公共服务供给中信息不对称、集体行动困境和减少公共服务供给中的交易成本、提高供给效率问题具有不可替代的作用，宗族参与公共服务供给体现了人性，是落实以人为本的举措。但是，宗族在公共服务供给方面也存在缺陷。首先，由于农村宗族具有内卷性，强调自我服务意识，公共服务所覆盖范围也仅限于自己所在的社区，为社区利益服务，排斥外界受益。其次，宗族的网络半径狭窄，获取资源能力有限，宗族提供公共服务仅仅是社区公共服务供给的一种补充，而绝非全部。最后，由于农民知识水平有限或自我利益驱动，宗族所提供的信息可能失真，宗族参与公共服务决策、执行、监督也会出现错误。另外，宗族小农意识影响下，在公共服务供给中，可能出现短期行为。宗族热衷提供见效快、具有眼前利益的公共服务，而没有意识到环境保护等外部效应较强、具有长远收益的公共服务供给的作用。由此，宗族在提供公共服务供给时，需要与政府、市场对接，形成包括政府、市场、宗族等多元供给主体，协同供给公共服务。

六、顺应农村宗族血缘纽带关系，构筑 农村社区文化生活共同体

党和国家高度重视农村社区建设，尤其是中共十八大以来把建设美丽乡村建设作为重点工作，在十九大报告中提出了"乡村振兴"，并用较大的篇幅进行专门阐述。有人认为社会生活共同体是指由若干社会个人、群体和组织在社会互动的基础上，依据一定的方式和社会规范结合而成的一个生活上相互关联的大集体，其成员之间具有共同的价值认同和生活方式，共同的利益和需求，以及强烈的认同意识，对于生活于其中的成员个体来说，依靠共同体满足各种自身无法满足的需要，如应付重大的灾害、疾病等带来的困难，通过参加共同体的各种活动来满足成员社会认同和归属感等精神需要（张广

利，2007）。民政部《关于在全国推进城市社区建设的意见》认为社区是
"聚居在一定地域范围内的人们所组成的社会生活共同体"，我们将之称为
"社区生活共同体"。虽然社区是构建社区生活共同体的组织实体（池忠军，
2010），但我们认为社区并不一定就是生活共同体，一个社区能否构成一个生
活共同体至少必须满足两个条件：一是物质层面的，必须有完善的有形公共
服务；二是精神层面的，必须对社区有归属感、认同感，共同的价值观，形
成互动关系和认同意识，这是无形的公共服务。这两个条件都是公共服务供
给问题。他们是相辅相成、缺一不可，两者协调会形成相互建构、彼此形塑
的良性互动局面。相反，则会阻碍社区生活共同体建设：缺少物质基础，社
区生活共同体是虚无缥缈的共同体；而精神方面的缺失，社区生活共同体只
能是冷冰冰的物质关系，成为"互不相关的邻里"。针对目前社区归属感与
认同感缺失的现实，有学者认为社区生活共同体建设其实质就是重建在现代
化过程中被侵蚀了的亲密感、归属感等共同体精神，以维系现代社会中人与
人之间的情感联系与团结。

当前，农村社会转型，市场无情，人与人之间的利益关系强化，传统的
友情淡化，社区成为人们缓解压力、享受生活与温暖的港湾，人们对社区生
活的期待不断提高。如何提高农村社区居民的生活环境，改善生活质量，增
加居民生活的幸福感、归属感是摆在我们面前的重大课题。宗族这一具有血
缘关系和亲情的组织，在这些方面可以起到很大的作用，尤其是"精神家
园"方面作用显著。如上所述，农村宗族无论是历史上、现在还是在将来对
农村社区公共服务的直接供给和间接协同供给所发挥的作用难以替代，在增
强社区凝聚力、认同感、归属感，破解"冷冰冰"的利益关系，化解集体行
动困境等方面更具优势。但是，由于宗族网络半径小，存在短视行为，自我
意识强、排斥外界受益等等因素的影响，社区公共服务依靠宗族进行自我供
给存在着缺陷，供给严重不足的，且公共服务的公共性决定了供给主体理应
为政府。由此，将传统社会的文化伦理价值进行现代转换，将传统社会"小
共同体性"的礼俗秩序、伦理之治植入社区生活的现实改变实践中，使国家
的外在力量与社区自在自为的内生力量形成有机的合力，促进社区生活"共
同体化"（池忠军，2010）。尊重农村社区"聚族而居"的现实，适应农村社
区血缘关系，利用宗族积极的一面，克服其不足；加强政府的引导、社会的

支持，崇尚个人人格独立、法理秩序，构建社区公共服务供给机制，建立农村社区生活共同体。

（一）凝聚宗族正能量，共筑农村社区文化生活共同体体系

如上所述，农村社区生活共同体实际上就是具有完善的公共服务，包括物质的与精神的，从另外一个划分标准来说包括文化的、生态的和基本生活（生存）的共同体（公共服务）。物质性的公共服务容易被生产和提供，且相对较快，而精神性的公共服务不是简单的被生产，它需要一个长期的过程。但在目前的农村现实下，无论是物质还是精神的公共服务生产都缺少不了宗族因素。农村社区是建立在传统的血缘、地缘社会关系网络上的，传统的惯例、习俗、规则曾经在农村社区公共服务提供上发挥了重要作用。宗族特有的血缘纽带既能提供公共服务，破除公共服务供给中的集体行动困境，使人们感觉到亲情与人文关怀，使社区生活更为和谐、有乐趣，体现社区"家园共同体"。合理利用宗族的有利一面，激活和重建农村传统性社会资本，发挥居民的互惠合作精神，增强居民的信任，共筑包括农村社区基本生存、农村社区文化、农村社区生态等完善的生活共同体体系，改善农村居民的生活，增加其幸福指数。

1. 合理利用宗族的积极因素，建设农村社区文化共同体

农村社区文化是分层次的，由浅入深包括社区文化设施、社区文化娱乐活动、社区文化遗产、认同感和归属感等四个层次（袁德，2010）。这四个方面都少不了宗族的影响。在发展农村社区文化时，必须将现代文化植根于传统文化中，正如十八大所言："加大对农村和欠发达地区文化建设的帮扶力度……建设优秀传统文化传承体系，弘扬中华优秀传统文化"。宗族文化大多是可以利用的优秀文化，是当前农村社区文化建设不可或缺、不可跳跃和必须传承的文化。如前所述，宗族在农村社区文化设施、社区文化娱乐活动、社区文化遗产、社区认同感和归属感等方面发挥了重要的作用。其中，农村社区文化设施随着居民收入增加和财政收入增长，可以逐步得到解决。但是农村社区文化娱乐活动、社区文化遗产、社区认同感和归属感等带有宗

族元素，难以与宗族分离，难以通过发展经济解决。农村社区文化娱乐活动还得与宗族的需要结合，将宗族色彩融入进去，才能更好满足社区广大族民的需求；同时社区文化遗产本身就是宗族文化遗产；尤其是社区认同感和归属感在市场经济条件下，没有一种强有力的纽带作为粘合剂，是难以形成的。宗族血缘就是一个重要的纽带，是农村社区认同感与归属感的来源，也是真正形成农村社区生活共同体的动力。它丰富了人们的群体生活，提高了人们的生活情趣，使人们精神有所寄托，给人们生活带来积极意义（冯尔康，2009）。

我们利用宗族建立农村社区生活共同体，必须发挥宗族在传统文化供给的作用，同时利用宗族的现代性，促进社区文化共同体建设。利用血缘、亲缘纽带，通过宗族系谱、婚丧嫁娶、宗祠茶话会等文化活动和宗祠、祖先等象征性的文化遗产的认同，为社区居民提供情感，增加凝聚力，重塑归属感，让居民体会到社区是自己幸福、快乐生活的港湾。"睦邻文化"是中国传统文化的重要特色，通过举办"邻居节"，开展"睦邻文化"活动，打造"睦邻文化"，重构社区居民交往理性，加强社区居民互惠交往，强化社区凝聚力，促进社区和睦。特别注重利用血缘、亲缘关系丰富居民的精神生活、锤炼共同的价值体系，完善农村社区精神生活共同体和价值目标共同体。建设新型农村社区生活共同体，将宗族的现代元素加入到社区文化共同体中，积极利用带有宗族色彩的社区老人艺术团、合唱团、腰鼓队、秧歌队、太极队等现代文娱组织，根据当前农村居民的精神生活需求，发展唱歌、跳舞、打篮球等各类文化体育项目；建设新型农村社区生活共同体要发挥现代社会各类组织的作用，建设社区培训室、图书馆、棋牌室、展览馆、文化广场等科技文化休闲场所，组建社区歌舞团，举办各类文艺表演或比赛，吸引居民参与文化活动，打发闲暇时间，丰富人们的生活，促进"幸福家园"建设。这些也是新农村建设的一个努力方向。

2. 合理利用宗族的积极因素，建设农村社区生态共同体

在人们的思维里总把农村描绘为山清水秀、绿树成荫、鸟语花香、空气清新。那是过去的状况。现在农村居民生活废物，农业生产过程中残留的农药、化肥、农用薄膜，畜禽养殖的粪便、恶臭气体和水产养殖的水体污染物，破坏了生态环境，给农村社区生活环境造成了重大影响。由于经济理性思维的惯性，加之认识不到位、环保观念落后、措施缺失，农村社区生态环境还会进一步恶化。治理农村社区生态环境成为社区的重大工作。党和政府对生态环境非常重视，中共十八大明确规定："建设生态文明，是关系人民福祉、关乎民族未来的长远大计……把生态文明建设放在突出地位，融入经济建设、政治建设、文化建设、社会建设各方面和全过程，努力建设美丽中国"，并提出"生产空间集约高效、生活空间宜居适度、生态空间山清水秀，给自然留下更多修复空间，给农业留下更多良田，给子孙后代留下天蓝、地绿、水净的美好家园"。中共十九大提出的"乡村振兴"中，就包括"环境振兴"。"十二五"规划专设"推进农村环境综合整治"一节，加强对农药、化肥和农膜和畜禽养殖污染防治，保护农村饮用水水源地，综合治理农村河道和水污染，强化土壤污染防治监督管理，推动农村垃圾集中处理，开展农村环境集中连片整治，禁止城市和工业污染向农村扩散。"十三五"规划对农村环境保护进行了相关规定。党和政府给农村社区生态环境治理和生态共同体建设提供了蓝图、指明了方向。但是，农村社区生态共同体建设的根本还在于农村社区居民群体的生态意识和行为，农村社区居民群体的生态意识和行为中聚族而居的宗族是其重要的因素之一。宗族的影响力、号召力，以及家族血缘、亲缘关系和"后代优先"意识将会对社区生态环境保护和社区生态共同体建设起到一定作用。应该采取多种措施，发动多种力量，促进农村社区生态共同体建设。首先是建立、健全生态法制制度和生态保护机制。按照生态文明的要求，制定新的生态环境法律法规，健全生态环境法律体系。建立全国统一的生态环境保护管理体制和跨区域的生态环境保护监督机制，实行生态环境首长问责机制，将生态保护落到实处（吕忠梅，2013）。建立环境保护社区参与机制。外来势力是破坏当地生态的重要主体。外来势力开发自然资源是以经济效益为中心，难免破坏当地环境。而环境破坏的成本由当地社区人承担，社区居民是生态环境变化的直接利益相关方或者说生态环境保护的受益者。由此，在社区自然资源开发过程中，政府应该吸收当地居民的参与，使社区成为环境保护的行动者，将环境保护的行动者与受益者统一起来，遏制外来势力过渡开发资源，促进其保护环境（王晓毅，2013）。同时，应该畅通吸纳包括宗族在内的社区组织参与社区生态环境保护的渠道和机制。

其次，大力宣传，加强社区环保意识。在农村调研时，一位老村长说过：农村很多问题只要掺入血缘和亲缘元素，得到宗族支持，就好办多了。因而，在宣传时，重点说明生态环境对后代持续发展的影响，增强宗族爱护环境的意识，增加农村居民保护环境的自发性与自觉性，促进社区居民观念转变，以"生态理性"代替工业文明时代的"经济理性"（吕忠梅，2013）。再次，完善生态环境保护设施。政府投入一部分资金建设诸如社区雨污管道、垃圾周转箱、生活垃圾压缩中转站、垃圾装卸车、密封式垃圾运输车，实现农村社区垃圾集中收集转运，构建比较完备的基础设施平台。同时，发动宗族对这些生态环境设施进行保护，并且利用宗族精英带动族人进行拾遗补阙，对社区范围内政府没有投入到的领域进行资金投入。最后，整合农村社区力量，利用宗族连带关系，发动社区更多的力量守护生态环境，为生态环境保护提供劳动力支持。

3. 合理利用宗族的积极因素，建设农村社区基本生存共同体

社会转型时期，利益成为人们追求的主流，人情淡薄、关系疏远，社区集体行动困境明显增强，社区公共服务难以提供。宗族这一带有血缘、亲缘关系的组织在化解这些困境方面具有重要的优势。正确、合理的运用宗族，加强社区合作，建立农村社区基本生存共同体，为社区居民生活提供基本保障。农村社区基本生存共同体建设应该包括社区基础设施建设、社区医疗服务、社区救助、社区养老保障等。在政府财力有限、服务不到位的现实下，可以发挥宗族传统的功能。首先，在农村社区范围内，更好地发挥宗族的优势，利用宗族纽带吸引海内外有经济实力的族人对社区进行基本生存设施投资。其次，发挥宗族在农村社区医疗服务中的作用。当前，优质医疗资源集中在城市，而且还有进一步向城市集中的趋势，农村医疗服务非常薄弱，农村社区医疗人才短缺严重。可以借鉴某些农村社区经验，动员社区居民把自己宗族医疗人才吸纳到农村社区，或者驻城市的宗族医疗人才定期到自己出生的社区进行服务。最后，利用宗族纽带，吸纳社会资金，成立社区救助基金，为大病、自然灾害和意外事故的族人提供拨助，提高农村社区的"抗震"能力。另外，借用传统宗族养老模式，增强农村社区养老能力。新中国成立后，农村宗族的族田、义田、义庄等不复存在，宗族失去了经济基础，

农村养老也基本不是以大宗族模式进行，而是实行核心宗族——家庭养老模式，养老的范围狭窄、保障能力差。针对农村社会养老保障缺失，家庭小型化，应利用宗族纽带关系，将家庭养老扩大到整个宗族，并提倡宗族之间的联合，扩大宗族养老的范围，将宗族养老扩大到社区养老。成立社区养老基金，按照家庭人口、年龄缴纳资金，并加强政府的扶持力度，确保农村居民老有所养。

（二）加强社区组织建设，实现服务主体的多元化

如前所述，宗族在提供公共服务、建立社区生活共同体中存在着缺陷，仅仅依靠宗族这一血缘组织还远远不够，需要更多的社区组织参与，尤其是应加强政府、社区服务中心和社区民间组织建设，共筑社区生活共同体，弥补宗族的缺陷，变社区宗族自我服务向由多个主体共同提供公共服务，增加公共服务数量、改变结构、提高效率。

1. 转变政府职能，强化政府的服务功能

政府在农村社区生活共同体中应起到指导与调控作用，正确引导包括宗族在内的各个组织，投身于社区生活共同体建设中，遏制其负面影响。农村社区公共服务供给是农村社区生活共同体建设的重要内容，而政府应该是公共服务供给的主体之一。具体而言，政府应该是农村社区公共服务的宏观规划指导者、监督者、协调者、制度的供给者、资金的主要提供者。

第一，搞好社区规划，方便公共服务供给。目前我国农村社区布局缺乏规划，村落无序发展，社区设施不足，"脏、乱、差"现象严重，离党和国家政府所提出的"美丽乡村"的目标相差甚远。为此，应考虑宗族居住传统，强化农村社区范围划分和农村居民居住布局，方便资源整合和公共服务供给，增加公共服务的可得性和可及性，强化公共服务的公共性，增强政府对公共服务供给，弱化宗族供给作用。具体而言，政府应高度重视社区规划，组织专家、社区负责人、宗族代表参与社区范围规划的制定；在尊重居民意愿和"聚族而居"的历史传统的基础上，改变分散居住现况，提倡居民适当集中居住，解决农村居民过度分散居住给自来水设施、用电设施、电缆设施、

休闲设施以及信息化建设等公共服务供给带来不便，以利于公共服务供给，减少公共服务供给的交易成本；将农村社区居住布局纳入政府审批程序之中，采取统一规划、统一申报、统一审方式规划社区居住点，方便公共服务供给；大力推进村庄整治工作，按照方便农民生活、促进农村发展和"美丽乡村"的原则，整治农村社区：清理农村社区露天粪坑、道路垃圾、私搭乱建的房屋和闲置宅基地，对原有不合乎规范的社区居民区限期进行整改，改造农村社区落后的生产、生活设施，取缔农村消极的娱乐方式和场所，如打牌赌博的茶馆和淫秽场所。

第二，加强制度建设，约束宗族在社区生活中的负面影响。政府应加强农村社区制度建设，约束包括宗族在内的社区组织在社区生活中的某些负面影响，维护社会的公平正义，促进社区和谐。首先，建立健全制度，发挥制度对社区的规范作用。通过法律、法规来界定农村社区居民的权责，尤其是参加社区公共事务、提供和接受公共服务中的权力和责任，规范宗族行为，弱化宗族对社区生活的控制。通过法律法规的规范作用来使宗族发展、社区进步与个人自由相融合，培育社区现代社会资本，遏制公共服务中的免费搭车，促进居民合作，减少公共服务提供中的交易成本。其次，建立健全制度，促进农村社区居民合作、互信。利用制度给违约者以惩罚，约束宗族小团体行为，影响居民个人选择的偏好动机，增强社区居民合作、互信，维护社区公平与正义，为社区居民提供稳定的行为预期。

第三，增加财政统筹力度，改变宗族在社区公共服务供给中的地位。首先，改进公共服务供给的财政体系。长期以来，我国农村社区公共服务一部分是由体制外供给，包括社区集体资产、宗族和其他组织，另外一部分是中央和地方财政投资。其中，政府供给主要集中在县、乡政府，县乡两级政府向全国70%的人口提供了主要公共服务，其中农村人口占到了60%以上，但县乡政府财政收支状况差，公共服务的提供能力差（胡鞍钢、魏星，2007），宗族往往不得不承担社区公共服务供给。为此，应增强地方政府，尤其是县级地方政府的财力。一是增加一般性转移支付，它可增加地方政府的财政能力。减少随意性比较大的专项转移支付，新增的专项转移支付项目应主要集中在对农村社区基本公共服务的供给范围内。二是减少财政层级，落实省管县财政体制和"乡财县管"，由县财政派出驻乡镇机构，对社区资金进行直接管理，减少截留资金，真正把资金投入到农村社区公共服务。其次，中央、省级政府做好农村公共服务的社区财政投入规划并认真付诸实施。地方政府协同中央政府根据经济发展状况，参照城市社区及居民享受的公共服务状况，制定农村10年和5年中长期公共服务发展规划以及每年的发展规划和应达到的标准，并逐级形成全国范围内统一的建设目标和建设标准。然后，县乡级政府协同省级政府对农村社区进行摸底，搞清楚农村社区的人口、面积、人口密度以及原有的社区公共服务供给状况。并按照农村社区的人口、面积、人口密度以及原有的社区公共服务供给状况，由中央安排农村专项转移支付、由省级配套，将资金划归县级政府，由县级政府投入到农村社区。同时，中央和省级政府对公共服务社区投入规划的实施情况进行督导、检查。最后，中央设立农村社区发展专项资金支持农村社区公共服务供给。同时，将新增的财政事业经费投入到农村社区。为实现公共服务均等化，政府应将财政新增的公共事业经费及固定资产投资增量更多的投资于农村社区，并加大土地出让金用于农村社区公共服务。通过这些措施，弥补农村社区公共服务中的资金不足，增加公共服务供给。通过政府提供各类公共服务，尤其是政府提供社会保障，建立农村社区最低生活保障、医疗保障与养老保险制度，满足人们生存和发展的基本需求，取代宗族对成员保护功能，弱化宗族的某些负面影响。

另外，建立有效的政府监督、评估制度，增强政府与农村居民的信任和合作，减少宗族小团体不合理、内卷性的干预。

2. 建立农村社区服务中心，实行政社分开

宗族可以部分提供某些公共服务，但提供能力有限，而且某些方面的服务（如计划生育、办理政府证件等等）是没法提供的。为了实现城乡基本公共服务均等化，促进公共服务向农村延伸，消除城乡"二元化"格局，实现城乡基本公共服务一体化，必须建立农村社区服务中心。并以此为载体，打破目前居住现状，引导农民集中居住，提供各类公共服务，实行"一站式服务"，提高农村居民生活质量。

建立农村社区服务中心，满足社区各类人群的各类公共服务需求。虽然法律规定村委会不是一级政府，但实际履行着政府的职责，政府的许多事务

下放到村委会由其解决，形成了"上面千条线，下面一根针"的局面，使得村委会应接不暇，无力顾及为社区居民提供服务，没有尽到应尽的职责。成立社区服务中心，将社区公共服务提供的服务机构与履行上级交给的行政任务机构分离，专门解决公共服务的提供，负责承接政府部门依法延伸的政务服务、提供其他公共服务。为便于公共服务供给，应按照"地域相近、习俗相似、科学定位、布局合理、贴近基层、服务农民"的原则，合理确定农村社区服务中心的空间布局、选择中心村、明确社区服务中心的服务范围，中心的服务半径一般应该在 2 公里范围内，可以涵盖多个村，服务的农户 1500户左右，一般不能超过 2000 户，形成"20 分钟"服务圈。农村社区服务中心可以整合并充分利用农村社区已有的资源，将废弃的学校、厂矿以及其他闲置的资源利用起来，设立综合服务大厅，为农民办理或代办各类证件、缴纳费用以及其他政府与政府相关的手续，同时设立社区环卫、医疗卫生、计划生育、文教体育、社会保障、志愿者、社区治保、农业技术服务等服务站，形成"一中心多服务站"（见图 6.1），能全方位"一站式"的为社区居民提供公共服务，重点解决农村居民最关心的行路难、看病难、办事难、休闲难、治安难、保障等难题，满足农村居民的各类需求，形成政府公共服务与农村居民自我服务相衔接的格局，为农村居民创造便利的生产生活条件，推进基本公共服务均等化。同时，农村社区服务中心的服务应该具有全局性、开放性和包容性，克服宗族服务的内卷性。服务对象不仅仅包括社区村民，还应该包括驻村单位、社区内的外来务工人员以及其他非社区居民。

农村社区服务中心运作中，实行政社分开。农村社区服务中心应该是便于农民、服务于农民、为农民提供公共服务的平台。其人员由乡镇选派、从村级选拔以及从社会招聘人员组成，并注重吸收农村居民参与。为避免社区服务人员"官僚化"和公共服务被"异化"，规定所设立的社区服务中心不是一级行政管理机构，不属政府直接管理，政府不能随意安排行政事务。如果非得安排，须与社区服务中心进行协商。社区服务中心与社区内村级组织不存在上下级隶属关系，社区服务中心不干预村级内部事务。村委会主要侧重经营村级集体资产，用集体经营资产来保障本村村民在生产、生活等方面的基本需求，承接政府提交的行政任务。而社区服务中心则主要侧重于为居民提供就业、培训、医疗、社会保障、社会救助等公共服务。但是，实行政社分开并不意味着两者没有任何关系。社区服务中心与村级组织应相互支持与促进，村"两委"支持社区服务体系建设，提供各种便利，社区服务中心促进村委会建设。

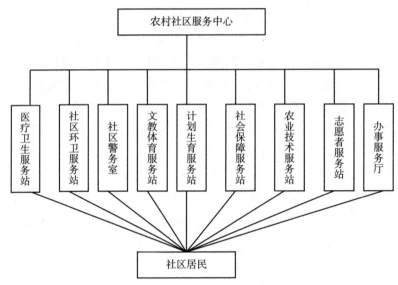

图 6.1　农村社区服务中心模式

　　农村社区服务中心的建立旨在改变农村社区公共服务"边缘化"状况，打破公共服务供给的"城乡二元结构"，让农村居民家住农村而过着城里人的生活，真正享受到公共服务给生活带来的好处，实现城乡公共服务与社会管理的一体化，减少农村社区公共服务供给中存在着的宗族小团体的缺陷，构建开放、包容、方便、和谐的农村社区生活共同体。

3. 培育农村社区民间组织，造就公共服务多样化供给载体

　　在西方，社区民间组织非常活跃。美国在 20 世纪 90 年代初已有约 140 万个非营利组织，这些组织主要包括医疗、教育、社会和法律服务、公民和社会团体、艺术和文化团体、宗教、基金会等。德国、瑞典等西欧国家的社区民间组织较多，是政府与居民沟通的桥梁和纽带，发挥着为社区居民提供多样、方便服务的作用。莱比锡市有 2000 多个不同市民协会组织，从事各种社会服务，如就业技能培训服务、信息服务、家政服务等。其组织中志愿者居多，主要从事一些公益性的活动。美国等西方国家还成立了志愿者"社区银行"，将某时段的义务服务"存储"起来，到需要时可"支取"，获得别人的服务。西方政府为社区民间组织的发展提供了政策、资金等多方面的支持。各国颁布了促进社区民间组织发展的各种法律法规，健全了各种制度，为社区民间组织发展提供良好的环境。此外，政府还为社区民间组织发展提供资金支持，萨拉蒙和安海尔于 1994~1997 年对欧美八国的考察中发现政府的资助占了非营利组织收入的 41%。澳大利亚的社区民间团体的活动经费中，政府占 56%（王启友，2006）。西方在实践上取得成就的同时，许多知名的专家在理论上也进行了论证。奥斯特罗姆认为实现公共服务多元化是公共服务有效供给的重要途径，而多元化的供给需要供给主体的多元化，需要进入竞争。"……竞争具有减少成本和改善服务质量的潜力……没有竞争可能导致服务水平的下降"（约翰·R. 迈耶，2000）。"在公共服务供给中要取消垄断，引进竞争……只要竞争的程序健康有效，公众就会从竞争中受益"（E. S. 萨瓦斯，2002）。

西方各国的理论、实践与政策对我国政府促进社区民间组织发展，为社区公共服务提供多元化供给载体，具有重要的借鉴意义。目前，我国农村社区公共服务中的生产主体相对缺乏，除了宗族和村委会外，农村社区基本没有其他群众组织，社区内组织无法承担公共服务生产，更谈不上通过竞争获取公共服务的生产权。同时，在公共服务供给中，政府和市场无视农村居民的存在，居民对公共服务需求信息得不到有效表达，因而，需要培育公共服务主体，增加公共服务多样化供给载体，完善竞争机制。给予农村社区组织以政策和资金支持，协助培养组织人才，培育各类代表不同居民利益的农村社区组织，农民通过加入农村社区组织表达居民的利益诉求，克服在竞争中的信息不对称给社区造成损失，维护自身的利益。另外，培养更多的社区组织可以起到"拾遗补阙"，弥补政府、市场和社区公共服务供给不足，满足居民多样化、个性化需求，解决其生产、生活上的各种问题和困难，有效消除社区居民对宗族的依赖，压缩宗族存在与发展的空间，增加居民的幸福感和对社区的满足感，促进农村社区生活共同体发展。

（三）构建多方联动机制，促进农村社区生活共同体有效运作

一个农村居民的社区生活共同体，应该是公共服务齐备、最大限度满足居民多样化需求、社区组织和居民能参与公共服务供给、居民具有归属感、感到幸福的共同体。为此，改变政府、村委会或宗族等某一单一主体控制社区公共服务供给的弊端，尊重农村社区现实，采用法治和礼治的手段，以法律法规为依据，以社区为平台，利用社区血缘、地缘社会资本，充分发挥社区组织的功能，通过社区居民广泛参与，构建以社区为中心、各个流程首尾呼应、多元化参与的农村社区公共服务供给机制，实现公共服务多元化联动供给，促进农村社区生活共同体有效运作，不断回应居民的需求，减少交易成本、提高供给效率。

1. 农村社区公共服务供给机制的缺陷

由于农村社区公共服务的政府和市场运作机制存在着信息失真、作为消费者的居民参与不够，供给中存在"道德风险"与"逆向选择"以及腐败行为，公共服务供给中加强了社区的作用，社区公共服务"一事一议"制度就是强化社区和居民作用的尝试。的确，这一制度增加的居民的参与，发挥了农村社区的作用，破解了农村社区公共服务供给的某些困境。但是，制度设计存在一些问题，没有很好地利用农村社区平台、没有将居民参与贯穿始终、排斥多元化参与，还需建立和完善社区重大公共事务听证制度、村民代表议事制度、信访代理制度、一事一议制度、村务公开制度等，将社区公共服务的决策、出资、配置、生产、消费各个流程割裂开来，社区公共服务供给缺乏有机连接，社区作用发挥不够充分，影响了社区共同体作用的发挥。

如图 6.2 所示，目前农村社区公共服务供给运作机制存在一系列问题。首先，公共服务供给的各个主体难以独立行使"主权"，都受到其他主体影响。如：理论上的公共服务的决策提出者村支两委受到政府或宗族影响，决策者居民代表大会受村委会或宗族影响，出资者居民受宗族影响，出资者政

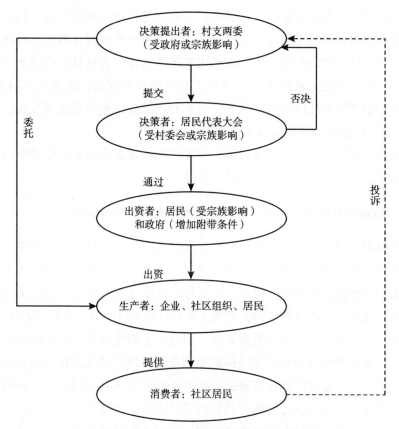

图6.2 农村社区公共服务供给运作机制

府往往以出资为由提出一些附带条件。其次，社区公共服务供给的各个流程基本是单向性运作的。村支两委提出生产某项公共服务的决策后，由于需向居民收取生产费用，决策被提交村民代表大会讨论，此阶段有居民的参与。一旦村民代表大会讨论通过，尤其是居民缴纳费用后，公共服务供给的其他流程就没有了居民的参与或参与很少，开始出现了单向性的运作。虽然居民对公共服务供给不满时会向村支两委投诉，但是由于村支两委与生产者存在利益关系，投诉无效。最后，公共服务供给中效率低下，尤其是决策效率低下。村支两委选择生产者也就决定了村支两委与生产者的合谋关系，可能出现了类似于政府与市场供给时的问题：合谋、腐败、生产中的低效率等，造成居民对村支两委的不信任。为下一轮筹资提供公共服务埋下了祸根。正是由于居民对村支两委不信任，在公共服务的筹资讨论过程中社区居民一般采取不合作方式，对村支两委的决定进行否决，从而出现村支两委与社区居民处于一种无休止的讨价还价中，交易成本极大，致使农村社区公共服务无法提供。另外，社区公共服务供给中缺乏政府的有效规划，缺乏学界的支持，缺乏社会的支援和社区组织的参与，呈现封闭状态，易出现决策失误，资金单一，影响公共服务的有效供给。

为此，需要从理论上寻找根据，从实践上构建运作模型，促进公共服务多方联动供给，促进农村社区共同体建设。

2. 构建农村社区公共服务多方联动机制模型的理论依据

公共服务供给的流程具有可分性，由此可以实行以社区为中心的多元化供给模式。很多著名学者也从理论上进行了论证。传统理论认为由于公共服务具有非排他性与非竞争性特点，人们都希望从他人的提供中"免费搭车"，所以私人或市场是难以提供的，必须由政府供给，政府是公共服务的规划者、决策者、投入者、生产者与监督者等。但是，正如理论界所言，政府也存在"失灵"。政府有效提供公共服务的前提假设是：政府及其工作人员是大公无私的，能够进行有效的自我监督；公共服务的消费者具有同质性，其需求偏好没有差异；消费者能通过单一的渠道表达需求，政府及其工作人员能回应其需求；大规模的组织生产能提高效率，促进公共服务公平的实现等。但这些理论受到了挑战，假设条件也存在问题。新公共管理理论认为政府职责是"掌舵"而非"划桨"。新公共服务理论则认为政府的职能是"服务"而非"掌舵"，政府应该与其他组织一起共同努力，解决社区所面临的问题，政府只是为社区服务的若干组织中的一个。奥斯特罗姆、蒂布特和沃伦（Ostrom,Tibout & Warren, 1961）提出在市场经济条件下，公共服务的提供者与生产者是合还是分离，其选择的意义巨大。威廉森（Williamson, 1979）认为提供者和生产者合一的总成本要远远大于将两者分离时的总成本（包括外部交易成本），将提供者和生产者功能分开可增加公共总福利。奥斯特罗姆（2000）提出了多中心秩序理论。该理论将政府视为是由一个自发创造的秩序构成的多元体制。它打破了公共服务的政府垄断，认为可将政府公共服务的过程进行分解。杨团（2002）提出可根据居民的需求实际划定公共服务的供给区域，以使区域内需求差异最小化，区域间需求差异增大化。萨瓦斯（2002）提出了要区分公共服务的三个基本参与者：安排者、生产者、消费者，并论述了由不同的主体充当三个基本参与者的重大意义。

根据这些理论，我们可以确定农村社区公共服务运作机制的如下原则。

第一，合理分解农村社区公共服务供给的各个流程，有效分配给各个组织，形成以社区为核心的多元化合作模式。加强各个主体之间的分工与合作，将公共服务供给中的规划、决策、生产、消费、监督等流程进行分解，按照公共服务的特点配置给各个组织（包括政府、市场、宗族或社区其他组织），实现优势互补，有效地克服政府失灵与市场失灵，促使公共服务供给效率最大化。

第二，广开需求表达渠道，增强社区组织和居民参与力度，满足居民的多元化需求。社区居民作为消费主体最清楚自己所需要的公共服务，应由其决定公共服务的供给数量与结构。这在农村异质化的现实下尤显重要。

第三，农村社区应成为公共服务供给的载体和中心。社会转型导致社会问题社区化，社区成为农村居民获取公共服务的重要场所，成为解决居民问题的中心。社区有其天然的优势，具有巨大的社会资本存量，它上联政府、下系居民，利于将政府与市场结合起来，优化公共服务。社区理应是公共服务供给的载体和中心。

第四，以社区为平台就近统筹公共服务、配置公共服务资源，让农村居民就近享受公共服务，实现城乡基本公共服务均等化的目标。

3. 农村社区公共服务多方联动供给机制模型的构建

为了合理利用农村社区社会资本，促进社区居民参与，增强农村社区公共服务供给的有效性，满足居民的需求，必须重构公共服务的运作机制，构建多方联动供给机制模型，以使公共服务的各个主体各尽所能，互相配合，形成以社区为载体的多中心供给主体，形成公共服务的产业及产业链体系。公共服务产业是指参与公共服务的决策者、提供者、生产者及消费者相互之间结成的类似于私人生产机构在市场中的那种相互促进、共同发展的常规关系。它是不同于政府与市场提供的另一条道路（杨团，2006）。

（1）农村社区公共服务多方联动供给的主体及其职责。如前所述，为提高效率、改善结构，应将农村公共服务各个流程分开，实现公共服务的多主体经营，形成以农村社区为载体的多中心秩序和公共服务产业，必须要有多个公共服务参与者（见图6.3）。

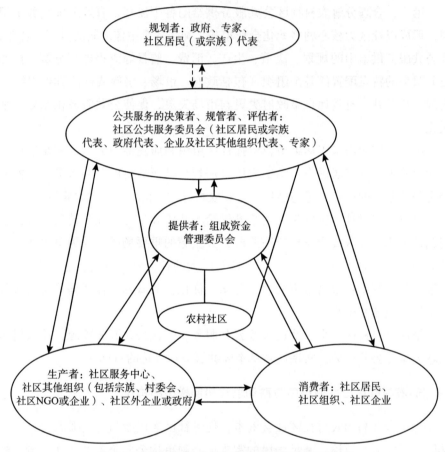

图 6.3　农村社区公共服务多方联动供给机制模型

　　第一，农村公共服务的规划者。规划者必须能高瞻远瞩，能从长计议，综合农村经济、政治、文化的发展情况，对农村公共服务的远期、中期和短期做出具有指导意义的规划。它作为农村公共服务的指导性纲领，统领公共服务全局，是公共服务投入、生产与消费的基础。能充当规划者的只有政府和相应的专家，当然也不能缺少居民的参与。

第二，农村公共服务的决策者、规管者和评估者。以社区居民为主，由社区居民所选出的居民（或宗族）代表、政府委派的代表、相关专家、社区企业代表及社区非营利组织代表共同组成农村社区公共服务委员会，来对公共服务进行决策、规管和评估。由于前面我们没有专门对此机构进行论及，在此我们对其进行说明。为了减少政府对公共服务委员会的过度干预和市场化运作的低效率，实现公共目标，我们应将农村社区公共服务委员会定位为"非官非企"、社区居民拥有的、具有非营利组织性质、又不同于非营利组织的社区自我组织，是一个常设组织，是联系政府与社区的桥梁，除个别人员外，成员基本不固定、不从社区获取工资或低报酬，实现"联席会议制度"，设定在固定的时间进行碰面。农村社区公共服务委员会负责研究、上报和实施社区公共服务的年度计划，接受规划者和反馈规划者的规划，并进行具体决策；组织各类组织开展服务活动；发动包括宗族在内的各类社会力量参与公共服务供给；收取居民消费信息和投诉；协调社区各单位、村委会和社区组织参与社区建设，提供社区成员的归属感与认同感，形成真正的生活共同体。

第三，农村公共服务的提供者。我们将提供者界定为出资者或融资者。应该统筹城乡各类公共资源。根据公共服务性质，针对农村的经济状况及政府对农村社区公共服务的"欠债"事实，农村社区公共服务出资者首当其冲的是政府，政府在农村公共服务的投入中具有不可推卸的责任；其次就是消费者的投入和社区集体的投入。另外，利用宗族社会资本获取社会资金也是一种重要的来源。

第四，农村公共服务的生产者。它是接受决策者和提供者的委托，为农村居民提供服务的个人或组织，可以是政府，也可以是社区内外企业、社区内外非营利组织、居民等。它负责公共服务生产，确保按照委托者的规程、质量、数量以及成本运作。

第五，农村公共服务的消费者。它是公共服务的接受者，主要是社区居民、社区企业和社区其他经营者等。消费公共服务是社区居民的权利，但也应负责公共服务的协同生产、适当付费、对所接受的公共服务进行监督与评价。

第六，农村公共服务的监督者。公共服务的规划者、提供者、决策者、生产者及消费者处于一种相互制约、相互监督中，各自充当了对方的监督者，尤其是对公共服务的生产者与提供者处于多种监督状态，利于公共服务的有效提供。

（2）农村社区公共服务多方联动供给机制模型。将公共服务的各个主体与各个流程有机地结合起来，使其处于首尾相连、相互促进、连续不断的双向互动过程中，是弥补政府与市场不足，提高公共服务供给效率的重要手段。如图6.3所示，无论是公共服务的规划者、决策者及规管者、还是生产者、消费者，相互之间都是以社区为载体和中心处于双向交流过程中。通过双方的交流与沟通，互换信息，增加透明度，加强监督，增强彼此的信任，促进公共服务的有效供给。

第一，政府与专家作为规划者，在社区居民代表参与下，根据农村社区公共服务管理委员会收集的信息做出总体规划，然后委托社区公共服务委员会进行决策，由其提出资金计划，并组织融资、安排生产。

第二，社区公共服务委员会负责组织资金，汇集政府投入资金、居民投入资金以及社会投入资金，并将资金通过夺标或其他方式组织生产，并对生产者进行监督和生产后的评估。另外，社区公共服务委员会连接社区消费者，搜寻消费者的需求偏好，主动征求消费者意见，接受消费者的投诉，并据此对生产者进行规管，回应消费者的需求。

第三，社区公共服务委员会下设资金管理委员会，由各个提供者组成，负责资金的管理和使用。资金管理委员会在社区公共服务委员会的指导下，吸收多方资金，在居民参与的基础上，按照公共服务的生产进度对生产者进行投入，并对其进行监督。这种由资金管理委员会而非社区公共服务委员掌握资金，有利于"收支"两条线、"管办分离"，促进资金的有效运作，防止决策者与生产者合谋而产生腐败。

第四，生产者为消费者提供服务的同时，要将生产的相关信息公开，接受消费者、决策者与规管者的监督。消费者应积极提出建议，协同生产者进行生产。

第五，消费者使用公共服务，监督生产者，并将信息反映给社区公共服务委员会。社区公共服务委员会按照居民的满意度、供给的效应与效率等指标，对社区基础设施、医疗保健、社会保障、治安状况、生态环境、体育文化等公共服务进行评估，提出评估报告，作为奖惩公共服务生产者、提供者的标准，或者为下一轮公共服务供给提供参考。

通过公共服务各主体间互动，统筹城乡公共资源，吸纳包括宗族在内的各类组织、居民参与公共服务供给，形成有效信息反馈系统和有居民、政府以及专家参加的理性决策体制，充分发挥各自的优势，以提高公共服务供给效率、改善结构，促进居民福利最大化，增加社区居民的幸福感，增强农村社区生活共同体的凝聚力，构建和谐、便捷农村社区生活共同体。

需要强调的是在整个运行过程中，农村社区是公共服务的平台和载体，公共服务一切流程都是围绕社区和居民的需求与具体实际而展开的，是公共服务供给机制的核心，也是农村社区生活共同体发挥作用的基础。

| 第七章 |
合理利用与有效改造宗族
促进农村社区建设的政策建议

宗族这一人类社会产生以来就赖以存在的组织，在我国延续至今。宗族繁衍发展形成了目前农村社区"聚族而居"的格局。长期以来，农村宗族对农村社区建设发挥了巨大的作用，至今仍然还有一定的影响。尊重农村社区"聚族而居"的现实，合理利用、有效改造农村宗族这一内源性力量，是促进农村社区建设、发展新农村的基础之一。政府应发挥其独有的优势，采取措施，利用宗族在农村社区建设中的积极作用，将农村宗族改造为现代社团，遏制其消极影响，使农村社区和谐、有序发展。

一、尊重现实，发挥宗族在农村社区建设中的作用

（一）正视宗族，认同宗族在农村社区建设中的地位

农村宗族是一种"草根"性的社会组织，这一组织是现代化的实现者，又是中国传统文化的主要承载者（王烈中，2005）。农村宗族对农村社区建设的作用在过去传统农业阶段非常重要，关乎人类的生存与繁衍，在当前的农业现代化阶段还将发挥较大的作用，乃至在将来的后现代化阶段其影响也

不会消失。在生产力比较低的时期，虽然条件差、环境恶劣，但社区族人相互关爱，农民生活在含情脉脉、相濡以沫的社区中，感到幸福和快乐。在中国农村现代化过程中，对待宗族的态度，就是对待农民与对待传统这两个问题的态度。我们不能以近视、挑剔、蔑视的眼光看待农民，不能脱离农村社区具体生存与发展环境来谈论社区建设和新农村建设。丧失"以平等待我"之心，用"贵族的眼光"来看农民，必然会得出农民自私、农民组织封建、农民意识落后的结论；缺乏善待农民的包容胸怀，割裂宗族与农民的关系，藐视农村宗族对当地社区和农民的作用，漠视广大农民及其生存环境对选择宗族组织的决定性影响，无视农民的现代化给宗族带来的变迁，必将得出宗族无用、"剿灭"宗族的结论。只有站稳农民立场，摈弃自我优越论，才会公正地对待农村宗族（王烈中，2005）。

正视宗族，承认宗族组织及其活动的合法性，引导和保护宗族活动有序开展，保护古村落物质和非物质文化遗产，重拾失落的宗族文化，肯定宗族及其活动对社区建设中的积极影响，开发符合现代精神的宗族文化产业，引导宗族向正确的方向持续发展。

（二）尊重现实，发挥宗族在农村社区建设中的作用

任何组织都有其优缺点，宗族也一样，有优点也难免会存在不足，不能有一点小瑕疵、出现一点小问题就否认它、打击它，甚至消灭它。正视宗族的存在，正视在政府缺位下宗族替代了政府的部分职能这些事实，正视宗族在农村社区经济建设、社区政治建设和社区生活建设中的积极作用。宗族组织几千年来长期存在，说明了农村社区居民选择宗族组织不是一时的冲动，而是基于理性的思考，是基于实现自身的需要，正如郭于华（1994）所言，"人们选定某一社会组织形式，不仅出于历史感、归属感等'本体性'需求，具体的实际利益要求和该组织形式的功能实现才是更直接迫切的考虑。"市场经济崇尚利益主体多元化、多样化，崇尚民主，单一政府组织无法真正实现市场化，也无法保护各个主体的利益，这要求公众参与，需要更多的组织保护单个主体的利益。就农村而言，宗族长久以来所构建社会网络，把一盘散沙的农村社区居民有机地联系起来，社区居民通过宗族实现单个个体难以

实现的利益，满足农村居民的需求。市场遵从"弱肉强食"的丛林法则，农村居民为获取更多的资源、维护自身的利益，在政府无法保障、社区组织也无力保护的情况下，便可依靠血缘、亲缘这一初级群体。宗族道德规范、社会舆论是国家法律法规的补充，支撑着国家法律法规的执行，与国家法律一起维护农村社区秩序，促进国家利益与居民个人利益的实现。

发挥和挖掘宗族传统功能，吸收宗族传统文化中的优秀成分，开发宗族的现代价值，利用宗族网络、伦理、道德舆论和信任维护社区的利益和规范农民的行为，将继承传统优秀文化与发展农村社区社会主义新文化有机结合起来，将传统历史文化中的积极因素引入到农村社区建设中，让宗族的积极元素渗透到农村社区经济建设、社区政治建设和社区生态文化建设等各个方面，促进农村社区经济发展、社区政治民主、社区生态文化繁荣，使农村社区呈现出一片持续、健康、和谐的发展景象。

据此，政府和社会应考虑农民的生存环境，正确对待传统文化，正视农民的需求，尊重农民的选择，加强对农民的人文关怀，鼓励农民参与。承认宗族在农村社区建设中的影响，发挥宗族在农村社区建设中的积极作用，并在政策上给予支持，以促进宗族的正能量的发挥。

二、创新社会管理与完善制度规约，引导和改造农村宗族

政府承认宗族的存在还远远不够，还得加以疏导、改造，使之成为现代社区组织。制订或颁布宗族法律法规政策，发挥政府调控和法律法规约束作用，加强宗族及其活动的法律法规制度建设，加强对宗族组织的监管、引导和改造，加强对宗族领导的教育、改造，规范宗族功能、引导宗族秩序，促进宗族规范有序良性发展，促进社区和谐稳定，"实现当代宗族与新的制度供给的对接，让传统的灵光穿越深厚的历史之墙，在激荡的现实中发挥作用"（李成贵，1994）。

（一）加强法律法规制度建设，规范、引导农村宗族组织

任何组织离不开制度。建立一套对宗族具有指导作用的法律法规制度是宗族有序发展的基础。"从长远来讲，实现农村宗族规范有序地良性发展，应该注重程序化、法制化的制度建设"（肖唐镖，2002）。改变目前政府对宗族问题采取的回避与暧昧态度，健全宗族管理制度，规范宗族及其活动，消除地方政府对待宗族问题无所适从的被动状态，确定宗族的法律地位、将其视为一般性的社区组织，共同适用社会团体管理法律。由于宗族涉及面广，农村普遍存在，所以地方政府应专门制定宗族管理制度。通过一套程序性的机制实现宗族行为的规范化、有序化，在规范化中实现不同宗族的利益诉求，并遏制宗族的消极影响。

提高社会团体、社会组织法律效力的等级，完善宗族等社会团体、社会组织的准入制度和监督管理制度，地方政府制定专门的有关宗族管理制度，建立宗族的制度化运作机制，是当前宗族有序发展的现实需要。

首先，提高社会团体、社会组织的法律效力等级，规范包括宗族在内的社会团体、社会组织的行为。社会团体、社会组织范围非常广泛，数量非常巨大，作用不可小视，是社会发展的重要力量。应该确立一部由全国人大及其常委会颁布的法律，保证人民依法享有的结社权，提高社会团体的地位，增强对社会团体、社会组织的保护力度，加强对社团、社会组织的规范，使其良性有序发展，也为宗族的发展起到规范、引导和改造作用。

其次，建立农村社区组织的准入制度，将农村宗族纳入准入管理范围内。完善社会团体、社会组织登记管理有关法律法规，为农村社区组织的发展壮大提供环境；建立专门的农村社区组织准入制度，降低农村社区组织准入门槛，减少成立农村社区组织的注册资金和政策人员数量，注重"培育发展"和事后依法"监督管理"；改进农村社区公共服务组织登记管理办法，实行分类和分级登记和管理，对为本社区提供公共服务小型、没有技术含量、外部性较小的社区组织（如戏剧爱好者协会、文艺表演协会等休闲组织）由农村社区村（居）民委员会进行登记、上报乡镇基层政府备案，而对有一定的技术含量、外部性较大或可能给社会安定造成较大影响的社区组织（如社会化

社区组织、教育类社区组织、治疗康复团体组织等）规定在乡镇政府登记管理、在县级备案，对活动范围大、可能对经济社会造成重大影响的组织，由县级政府登记备案和管理。这些农村社区组织大多与宗族有千丝万缕的联系，通过这些准入制度即可以加强对宗族的管理，又可以引导、改造和规范宗族。

最后，地方政府制定并严格执行专门的有关宗族管理制度，创新宗族管理机制。与一般社团组织不同，宗族遍及全国农村，是历史最常、规模最大、数量最多、影响最深、关系最微妙、各地差别极大的社会团体。因此，各地政府制定宗族管理制度，明确宗族"可为"和"不可为"的界限，使宗族及其活动有清晰的依据，并严格执行制度，对违反者予以严惩，做到"有法可依，有法必依，执法必严，违法必究"，以此引导宗族参与农村社区建设，消除其危害社区建设行为，使宗族向现代社区组织发展。

（二）创新社会管理，促进农村宗族向现代农村社区组织转化

中共十八大第一次提出了"现代社会组织"的概念，提出"加快形成政社分开、权责明确、依法自治的现代社会组织体制"，现代社区组织是现代社会组织的一个重要组成部分。加快农村现代社区组织建设，促进农村居民以组织形式参与各类政治、经济和其他社会活动，避免社区由单个个体组成的碎片化现象，提高居民对于利益诉求的表达能力，减少非理性的行为，促进个体的集体行动，降低政府的行政成本（朱巍巍，2013）。宗族这一人类历史以来就存在的组织，长期以来是维护自己集团利益的忠实代表，也是目前农村少有的组织之一。农民的选择应该得到尊重，不因宗族组织存在缺陷就加以取缔，而是创新社会管理，引导、改造它，将其纳入现代社区组织范畴中。

根据现代社会组织政社分开、权责明确、依法自治的特征，为促进宗族组织的现代化，发挥宗族在社区事务中的作用，政府在管理、引导宗族时，应该满足这三个条件。政社分开是宗族现代化的前提。科学定位政府与宗族的关系，搞好政府与宗族在社区治理上的合理分工，合理划分政府与宗族在社区活动中的边界，发挥政府对宗族的引导、指导、监督作用，但政府应承认宗族的主体地位，减少对宗族活动的直接行政干预，以实现政府与宗族在

社区治理上的良性互动和有机衔接。权责明确是宗族现代化的关键。在明确政府对农村宗族管理的权力和责任边界的同时，明确宗族的权利范围与责任区间，让宗族在农村社区建设中既发挥积极作用，又能履行职责、承担相应责任。依法自治是农村宗族的目标取向。在法律法规制度内宗族独立自主的享有决策、资金筹措与使用、活动安排等权利，实现自我管理、自我服务、自我监督。

值得特别一提的是政府应该引导宗族建立、完善农村宗族内部治理结构，建立、健全以内部章程为核心的法人治理结构，建立会员大会、理事会和监事会制度。会员大会是最高权力机关，具有选举理事、监事并罢免理事监事权力；理事会拥有执行权，监事会拥有监督权。会员大会、理事会和监事会制度代替类似于传统宗族的祠堂族长制度，采取将决策、执行与监督分开，增强民主、提高决策科学性。对港澳台同胞以及在国外的华人华侨而言，宗族仍然发挥着巨大的作用，但是他们已经转化为现代社会组织，他们以宗亲会最为普遍，构筑了完善的内部治理结构，以法人治理结构代替了族长制度，以公司宗亲会财产代替了族田管理，不同性别的男女以个人自愿入会代替了血缘关系密切的家庭为单位参加宗亲活动。但是，宗亲会仍然没有放弃血缘原则（冯尔康，2009）。

在构筑农村宗族内部现代管理结构的同时，应创新基层政府与农村宗族的联系机制。为减轻政府管理的难度，体现《中华人民共和国村民委员会组织法》的村民自我管理、自我教育、自我服务的作用，探索建立农村宗族参与、社区自治与政府指导的有机结合机制势在必行。农村社区居民自己选举出的村民委员会的主要成员直接进入乡镇人大代表，以加强基层政府与农村社区的联系，也可以加强基层政府与农村宗族的联系（因为村民委员会成员也是归属于不同的宗族）。这样，村委会主要成员作为乡镇人大代表通过制度化的渠道向基层国家权力机关反映村民和族人的需求、表达村民意愿。同时，村民直接通过代表向政府表达意愿、满足其利益需求，可以降低对宗族"能人"的依赖。另外，村民委员会成员作为乡镇人大代表受到组织的约束，不管其代表哪一个宗族或宗派，都会在约束自己行为的同时，"安抚"自己的族人，限制宗族的负面影响。这样，通过制定和执行专门的有关宗族管理制度，创新管理机制，适度利用基层政府公共权威组织对社区的影响，有效发挥宗族对社区治理的积极作用，抑制宗族对村民自治负面影响，构建文明、和谐、发展的农村社区。

（三）加强宗族精英教育，培养现代农村社区组织领导人才

加强对宗族精英的教育是改造宗族、促进宗族向现代化转化的关键。农村宗族是通过宗族精英领导而发挥作用，一个族人认可、有号召力的宗族精英可以左右整个宗族的行动。宗族精英的道德思想、工作作风、处事原则、行为能力关系到宗族的发展方向，关系到农村社区建设。结合新型农民培养，加强对宗族精英的教育，除去一些落后的封建思想，使其成为社区组织的领导人，发挥其在宗族组织发展中的作用，促进宗族发展与现代农村社区建设相适应，促进宗族组织的现代化。

以县政府或乡政府为单位，举行农村能人教育培训。这些农村能人必然将宗族精英囊括进去，因为农村宗族已经改变了过去论资排辈选择族长的做法，有觉悟、有文化、懂技术、会经营、具有一定经济实力和政治影响力的能人本身就是本族的领导人，也是农村社区组织的领导人。利用村组区域与农村宗族重合的便利条件，以村组为单位，选派自己具有影响力、号召力人员，有意识地选择宗族精英进行教育培训和改造。第一，培养宗族精英的思想道德与政治素质。彻底改变宗族封闭自守、自我为中心、迷信盲从、安于现状、恐惧风险的狭隘与短视状况，培养他们具有创新冒险精神、开阔的视野、集体意识、开放包容的心态、公正公平处理问题的思想和追求自由幸福生活的思想觉悟，培养新的道德观、现代文明生活习惯，按照社会主义的荣辱观来勤而致富，富而思进，进而文明。当然，传统农民的勤劳、朴实、善良等优良品质应继续发扬光大。第二，提高宗族精英的科学文化素质。通过教育培训，改变领导人文化水平欠缺、科学技术知识甚少，提高他们的文化素养和科学技术水平，使之熟悉并能运用现代农业技术，掌握农业生产技能和技巧，成为有文化、懂科学技术的领导人，带动族人提高科学文化水平。第三，增强宗族精英的组织、经营能力。按照农业专业化生产、产业化经营要求和适应市场经济的需要，把宗族精英培养成为具有一定的经营管理、市场营销、产业创业开发能力的劳动者和带头人，带领社区共同发展、富裕。

同时，培养宗族精英作为领导人应具备的依法公正处事能力，让其了解党和国家的大政方针，能按照国家法律法规公正处理宗族内外事务。

鼓励农村宗族精英参与基层政府和社区事务，在参与实践中加强对宗族精英的教育和改造，使其成为合格的农村社区组织领导人，并带动更多的族人参与社区事务。很多地区农村，县乡政府的一些有关农村和农民事务，如路桥建设、水电设施、科技服务等都是依靠政府来推动，农民参与非常少，参与积极性低，政府成为社区建设的"代言人"。加强农民参与是建设和谐社区的关键，而农民参与不是人人参与，主要是通过其"代言人"——村委会和宗族精英参与。当前，农民对村委会不信任，对具有血缘关系的族人，尤其是精英领导人具有无限的信任。因此，乡政府在决定有关社区的重大事务时，除村党支书和村主任参与外，应该有意识地邀请更多大族的精英参与，听取他们的意见并改造宗族精英的思想观念，树立现代组织思维，提高他们的处事能力和思想觉悟，带动族人转变观念，共创社区和谐。

当然，在对宗族领导人进行教育的同时，加强对全体农民的教育也非常重要。首先，落实农村九年义务教育，将义务教育置于整个教育发展的战略地位，确保经费投入，确保农村无失学儿童，以提高农村青少年开放的思维、认识和理解社会的能力。其次，发展农村文化事业，培养农民的文化素养，排除封建迷信。扩大广播、电视、电影的覆盖面，建设社区图书馆，培养社区文化队伍，让更多的农民了解现代文化，将传统文化与现代文化融合，抵制落后的文化，营造一种与传统宗族文化结合、积极向上的文化。再次，加强农村职业教育，培育思维开阔、懂技术、会经营的新型农民。结合农村和农业发展现状，对农民进行科普教育，因地制宜地开展农业科技培训，提高农民技能及科学素质，增强农民科技种养能力和生产经营能力，以改变传统的种养方式和靠天吃饭模式，提高农民与自然灾害斗争的能力，改变对"天"的过度依赖，消除封建迷信思想。大力实施农村劳动力转移培训工程，增强农民"走出去"的能力，在市场博弈中发展自我，消除传统宗族的某些封闭思维和对宗族的过度依赖。最后，加强农民合法维权意识教育。农民是弱势群体，维权意识不强，维权能力差，为此，对农民加强合理、合法的维权教育，让农民学会通过正当的途径表达利益诉求，通过正当的手段保护自身利益，而非通过宗族、采用极端手段保护自身利益。

三、健全政府服务功能，不断替代
宗族组织而发挥作用

农民的正当权益得不到保护，不确定性的风险长期存在，无组织为农民分忧、保护农民利益时，传统的宗族组织就成为农民的选择，是农民利益的"代言人"和"保护者"，支撑着族人的生产与生活，分担着部分风险，是维护族人权益的重要力量。但是，宗族这种维权和承担风险的功能非常有限，难以达到预期的目标。为了实现目标，宗族往往会采取极端手段，造成一些负面影响。为此，政府应健全服务功能，通过完善农村社会保障、加强农民增收的确定性、发展农村社区组织，从而不断替代宗族组织而发挥作用，消除或减弱宗族的部分消极影响，解决农民基本生存和发展中的不确定性，促进社区和谐发展。

（一）维护农民正当权益，减少农民生存发展中的不确定性风险

政府应该是农民这一弱势群体的权益维护者，通过颁布一系列措施，不断替代宗族而发挥更大的作用，减少市场风险，确保农民在任何时候拥有基本生存能力和权利。

1. 加强社会保障建设，减少农民生活中的不确定性风险，确保农民基本生存权

城乡二元经济结构决定了我国社会保障也呈现二元结构态势。半个多世纪以来，农民被排斥在社会保障之外。为了维持生计，解决基本的生存问题，农民不得不依靠最原始的初级组织——宗族，出现了我们上一章所阐述的宗族在为农民提供保障方面的巨大作用。虽然宗族的保障能力有限，但往往能解决某些保障问题，农村普遍流传的"养儿防老"就是农民老年生活对宗族后代依靠的一个生动写照。这也是宗族长久不衰的重要缘由之一。但是，依靠后代和家庭养老已无力支撑农村养老事业。一是农村老年化非常严重。二

是我国家庭小型化，今后一对夫妇得供养多个老人。在这种情况下，仅仅依靠家庭或宗族，无论是在财力还是在精力上都无以为继，必须依靠政府在更大范围内统筹、提供服务。

近些年来，国家为了解决"三农"问题，解决农民的基本生存问题，建立了农村五保供养制度、新型农村社会养老保险制度、新型农村合作医疗制度、农村最低生活保障制度、农民社会救济制度等一系列的社会保障制度。但是，由于制度尚存在不足，财力有限，农村社会保障达不到应有的效果，必须不断完善和改进。首先，确保社会保障资金的来源。新型农村社会养老保险制度和新型农村合作医疗制度都规定费用缴纳采取个人（家庭）、集体、政府合理分担方式，这种费用的分担实际上就是个人和政府分担，因为在分田到户后的今天，农村几乎无集体资产或财产可言，根本无力为村民缴纳保险费用。为此，政府应该拿出更多的资金用于农村社会保障，确保农村社会保障资金到位，减轻个人或家庭的资金负担。其次，增加农村社会保障力度，实现城乡社会保障的一体化。不管是新型农村社会养老保险制度、新型农村合作医疗制度、农村最低生活保障制度还是农民社会救济制度，都采取城乡有别的方式，农村保障力度远远小于城市，甚至无法起到保障作用。故此，加强城乡统筹，增强农村保障力度。

总之，继续加强政府责任，增加政府投资，体现城市反哺农村，实现城乡养老保险一体化，确保农民在任何时候都具备基本的生存能力，消除农村宗族低水平保障，减少基本生存不确定性风险。

2. 强化支农惠农政策，减少农民生产中的不确定性风险，维护农民的发展权

农民是弱势群体，农业是弱质产业，面临着很多不确定性因素造成的风险。自然灾害严重影响着农业生产，加之农村基础设施薄弱，农业"靠天吃饭"的现象比较普遍，造成农民收入极其不稳定；国内实施的经济发展方式转变战略和国际经济形势恶化等宏观经济环境影响农业生产和农民工就业；市场环境的不确定性使得原本组织化程度低的农民无力与市场抗争，增加了农民生产和收入的不确定性；财政支农政策、农产品价格保护政策、土地经营权流转政策不到位、不完善或不稳定，影响着农民生产的积极性。针对

"三农"这些困境，政府应加强对农民扶持，提高农民应对各类风险的能力。政府应加强农田水利建设，加大对自然灾害的预报和预防，加强对种养业的风险评估，政府出资对种养业进行投保。为防止国内外宏观经济形势变化对农业这一弱质产业和农民这一弱势群体的影响，政府应有意识地保护农民利益，给农业生产以补偿。加大和落实种粮直补、良种补贴、农机购置补贴、农资综合补贴、农民培训补助、动物防疫补助等。保护农民工利益，为农民工提供更多的就业机会。政府应加强市场预警机制建设，协助农民获取市场信息，指导农民进行生产，采取农产品市场价格保护措施，确保农民利益。依靠国家支农惠农大政策而非宗族小圈子来承担农业生产风险，确保农民利益，使得农民有发展空间。

（二）促进农村劳动力有序流动，增强农民融入城市的能力

我国农民缺乏地域上的流动性，长期以来被固定在某一区域的土地上，造成了对这一地域的依赖，形成了乡土观念，也为宗族文化的滋长提供了肥沃的土壤。加之农民不能享受到市民的福利，造成了农民难以真正融入城市。农民"安土重迁"现象严重，"流而不动"是农民市民化较为困难的重要原因之一，其不利于农民自身发展，也给城市化带来了困难，对农村土地流转、土地规模化经营、农业产业结构调整、提高农业生产率具有较大影响。如果要打破这种格局，必须采取措施，加大农民走出去力度，扩大农民对外联系，扩大农民的视野，改变农民观念，以此削减农民心理上的地缘情结，弱化对宗族依赖，为农民市民化、农村劳动力实质意义上的转移和农村城镇化打下基础。而农村城镇化反过来又打破传统"聚族而居"状况，居民关系取代宗族成员关系，除接触家庭成员外，农民扩大了交往的半径，改变了封闭的思维，降低了宗族成员间"近亲繁殖"式的互助合作，有利于扩大农民视野，促进农民创新发展。

为此，应做好服务工作，加强农民培训，增加农民技能的同时，重点改变农民观念。保护转移农民利益，实现农民社保与城市居民社保统筹，培养农民市民精神。

第一，加强和改革农民培训制度。农民的培训应该在内容上、方式上、

力度上有所加强。对农民的培训内容除强化专业知识，开发就业技能，促进其就业外，重点还要加强农民观念的培训，破除小农意识和保守、僵化和迷信观念，破除安土重迁的乡土观念、小富即安的生活态度和伦理本位的处事方式，增强竞争意识，强化打拼精神和开拓、创新精神，脱掉农民身份，加速其融入城市。创新农民培训方式，改革僵化的、走过场的培训方式，反对花费大量的人财物把农民集中起来无目的的学习，而要有针对性地进行培训。对已经就业的农民，大力推行"干中学"，根据其工作过程中存在的知识或能力的不足进行培训；对准备从事非农就业的农民，根据其就业愿望和劳动力市场的需求状况，推行订单培养和定向联合培训模式，增强适应工作岗位的能力。建立培训责任制度，加强农民培训力度。通过建立农民培训一系列制度，实行行政一把手制度，落实培训责任，使农民规范化、制度化。利用经济、行政和法律手段，鼓励市场与社会多方参与，构建政府、企业、学校以及培训机构参与农民培训的多方社会化培训机制。全日制的职业学校应吸纳更多的农民子女接受教育，并在政策上给予支持，免除学杂费，对困难家庭子女给予生活补贴，增强农民下一代的就业和向城市转移的能力。

第二，实行进城农民享受均等化的公共服务。对转移到城市的农民在就业、住房、教育、文化服务、医疗保险、养老保险等方面实行城乡完全一体化和无差异化，让农民平等的、无歧视的享受城市公共服务。改革进城农民的管理方式，实行属地管理制度，按常住人口配置公共服务资源。不管是农民还是原有的市民，只要在所属地居住或工作满1年，就可以无差别地享受城市公共服务。城市输入地将这些常住人口纳入居民，按照这些人口配置当地公共服务人员、机构和经费，努力搞好服务。

第三，培育农民城市精神。农民市民化过程中，农民不同程度地凸显出了精神空虚。进城农民的社会交往活动仍然沿袭着农村的血缘关系、亲缘关系和地缘关系，业缘关系较弱，与原有的城市居民的交往更少，出现了城市中农民与城市交往的"隔离带"，出现了类似于农村聚族而居的"准宗族群体"或"城中村"，使农民很难真正融入城市。通过多种途径和方式，培育农民城市精神，改变农民的生活方式，扩大农民的交往半径，丰富农民精神文化生活，建立广泛的居民关系而非血缘或亲缘关系，摆脱对宗族的强依赖，使以宗族集体为中心的传统文化精神向以个体为中心的现代文化转型，强化农民对城市的认同感，增强农民对现代化与城市化的适应能力，加快其融入城市的能力，促进其全面融入城市主流社会。

（三）培育农村社区组织，增强农民维权自救能力

农村居民对宗族的强烈依赖除了情感需要外，利益的维护是重要因素。农村社区组织稀缺，如果目前没有宗族组织的联络，农民基本处于"原子化"状态，自我保护能力差，没有可以为其说话的"代言人"，无力与市场和社会"抗争"，处于"任人宰割"地位。发展社区组织，加强自我保护能力，利用社区内源性力量维护自身利益。在发展原有的"机械团结"组织（如传统宗族组织）外，还要大力发展"有机团结"组织（现代社会组织）。政府应为此做好服务，充当农村社区组织的孵化器，着力培育各类急需的社区组织。我们在前面就如何规范、引导宗族组织谈论了社区组织建设，在此不再赘述。以下我们将按照培养什么社区组织、如何培养，怎样发挥社区组织的作用来进行论述。

1. 明确培育农村社区组织的类型

按照轻重缓急，把培育急需的农村社区组织放在首位，切实维护农民的利益。首先是发展经济类社区组织。推进农村社区各类农业专业合作社建设，加强和完善农村致富合作组织、农业技术合作组织、农民帮工组织建设，从产供销和农民内部合作等各方面全方位的维护农民的利益。其次是政治类社区组织。当前，有些个别农村村委会存在专权或信任度低问题，农民要么无法参与村内事务，要么表现为"政治冷漠"、不屑参与，使得村内缺乏民主，扶持、发展维护农民民主政治权利组织，增强居民参与度，推进村内事务民主化。最后是发展科教文卫类社区组织。科教文卫在农村既是急需的，也是一块短板，急需发展。建立农业科技培训、农村劳动力转移培训等科教类社区组织，发展戏剧爱好者协会、文艺表演协会、社区活动俱乐部等休闲类组织，支持癌症康复俱乐部、心理疾病治疗俱乐部、戒毒俱乐部、保健俱乐部等治疗康复团体组织建设，以提高农民生存水平，促进就业，促进身心健康，丰富农民生活，促进农民全面发展。另外，发展农村社区社会化组织，如社

区妇女联合会、儿童团体、老年协会等组织，维护弱势群体的利益，确保其利益得到尊重。

2. 给予农村社区组织发展以支持

政府的支持是农村社区组织发展的关键。健全农村社区组织的制度环境，在人力、物力上给予支持，促进农村社区组织的建设、发展，让更多的农民参与各类社区组织，增强农民对外的谈判能力，维护自身的利益。

第一，优化农村社区组织的制度环境。包括完善农村社区宗族法律法规、降低农村社区组织的准入门槛、改进农村社区组织登记管理办法等等，我们前面已经论及，不再赘述。

第二，给予农村社区组织人力和资金支持。农村社区组织在初创和发展阶段需要大量的资金和人力资源，农村集体和农民个人资源非常有限，难以自我供给，需要政府采取措施、给予支持。一是实现农村社区组织资源投入的多元化。改变政府直接投入方式，实行政府委托性、奖励性、补贴性的方式。对有发展潜力或公益性强的社区组织给予奖励或补贴，鼓励社区组织注重公益性。对农村社区组织实行减税、免税等税收优惠政策，促进其发展、壮大。二是培养农村精英，加强对长期居住在农村社区、长期为农村社区服务的现有经济致富精英和具有政治号召力精英的培训教育，加强对宗族领导的教育，使其能带领社区组织发展与壮大。三是向农村社区组织直接输入人才，鼓励大学生下乡，鼓励有文化、懂技术、会经营的人力资源进驻农村，有意识地委派政府官员进入农村社区，帮助提出规划、帮助组建，直接参与社区组织培育，在条件成熟时政府选派人员从社区退出，让社区成员自我管理和服务。

3. 拓展农村社区组织在农村社区建设中的作用空间

摆脱思维定势，给予社区自组织力量合法的、相对独立的生存空间和发挥作用的空间，如此，社区组织才能不断产生、发展，社会才生长出民主的秩序（李俊鹏，2008），农民利益才能得到维护，农村社区才能真正和谐。政府应该在此方面有所作为。

第一，明确政府与社区组织职责，给予社区组织发展空间。加拿大和美国等西方发达国家的政府和社区民间组织分工明确。政府只负责制定社区规划、评估，根据评估进行拨款，解决社区不能解决的重大问题，等等。社区具体事务完全由社区组织运作。政府与社区组织是伙伴关系，政府起到组织协调作用，社区组织开展各种无偿低偿服务，争取社区居民、政府以及社会各界的支持和认同。这样给予民间组织极大的发展空间的同时，又扶持了民间组织。而我国农村很多社区组织都是政府牵头成立，自主性差，体制僵化。应改变政府与社区组织"争权"状况，让权于社区，由居民进行自主管理。改变管理模式，对农村社区组织由"控制"改变为"同治"或服务，以实现公共利益的最大化。政府与社区组织应建立合作伙伴关系，为其提供制度服务、资金支持，可与社区组织建立平等协商机制，将社区建设项目通过协议委托给社区组织。给予组织相应权利，尊重其主体意识，同时政府负责对其进行评估。

第二，扩展农村社区组织的作用领域，实现农村社区事务作用主体的多元化。我国政府为了社会的稳定，严格控制社会组织（包括社区组织）的作用范围，这有积极的一面，但也大大限制了社会组织的作用。为此，在对社区组织进行制度、法律规范的同时，扩大社会组织尤其是农村社区组织的作用领域。应允许农村社区组织进入经济、文化等领域。同时，改变目前仅仅宗族或村委会等少数组织参与社区建设状况，促进农村社区建设主体的多元化，增强农村社区主体参与社区建设的力度，将社区农民纳入多个组织，通过组织维护农民自身的权利，实现农村社区稳定、健康、持续、和谐发展。

| 第八章 |
主 要 结 论

通过前面的研究，我们可以得出以下主要结论。

（一）农村社区建设应植根于本土文化

农村社区建设应植根本土文化，走"内源式"的发展道路，注重挖掘"内源式"的资源，利用"内源式"的发展力量。农村宗族是农村社区建设重要的内生力量。这种在传统社会时期对人类社会的生存、繁衍与发展曾发挥过重大作用的组织，目前仍然具有较大的影响。利用农村宗族与农村社区在地缘范围上基本重合的优势，将宗族社会资本与农村社区建设结合起来，将血缘与地缘结合起来，实质上就是将人的研究与物的研究结合起来，将社区一系列以物的法则为中心造成的社会问题，通过宗族这一以人为本的法则来加以解决，体现了以物为中心转变为以人为中心的新发展观，利用宗族内聚力，通过宗族把农村社区建设作为自己内部的事务，本能地加以推进，必将提高农村社区建设的效率，推动农村社区经济社会协调发展，促进人性复归，提高农村居民的幸福指数。

（二）利用和改造宗族可促进农村社区共同体建设

积极有效利用宗族的正能量，可促进农村社区经济共同体和文化生活共同体建设。

当前，农村社区经济共同体建设的最大障碍是信任问题。根据信任的发展规律，将农村社区信任划分为个人身份信任、个人能力信任、社会信任三个阶段。利用宗族社会资本，利用血缘亲缘关系，并最终突破血缘关系，将信任扩大到社会信任；由个人人格信任，过渡到对社会组织的信任。并据此以宗族血缘性的人格信任为纽带，扩大信任范围和活动半径，扩大与外界的合作，建立经济共同体，并通过完善制度，建立经济共同体信任，确保农民应对市场风险、降低交易成本。并通过创新农村社区经济共同体运作机制，促进农村社区经济共同体良性发展。

对农村居民来说，社区是具有归属感和凝聚力的生活场所，社区文化生活共同体建设关系到居民幸福指数。宗族特有的血缘纽带既能提供公共服务，破除公共服务供给中的集体行动困境，使人们感觉到亲情与人文关怀，使社区生活更为和谐、有乐趣，体现社区"家园共同体"。合理利用宗族的有利一面，激活和重建农村传统性社会资本，发挥居民的互惠合作精神，增强居民的信任，共筑包括农村社区基本生存、农村社区文化、农村社区生态等完善的生活共同体体系。尊重农村社区现实，采用法治和礼治手段，以法律法规为依据，以社区为平台，利用社区血缘、地缘社会资本，充分发挥社区组织功能，通过社区居民广泛参与，构建以社区为中心、各个流程首尾呼应、多元化参与的农村社区公共服务供给机制，实现公共服务多元化联动供给，促进农村社区生活共同体有效运作，不断回应居民的需求，减少交易成本、提高供给效率。

（三）宗族社会资本是对农村社区建设两极失灵的有效补充

政府与市场是农村社区建设不可或缺的最重要力量。政府机制与市场机制是农村社区建设的重要作用机制，发挥着不可替代的作用，推动着农村社区建设的发展。但是，政府与市场也存在着不足。尤其是我国，市场发育不良、政府正在改革规范中，这为农村社区固有力量——"聚族而居"的宗族发挥作用留下了空间，尽管宗族社会资本存在某些消极作用。"聚族而居"的宗族是农村社区建设的重要内源式力量，宗族社会资本的某些功能甚至是政府与市场无法替代的，宗族的道德机制、信任机制、网络机制以及声誉机制等能弥补农村社区建设中的政府与市场某些不足。

（四）宗族对农村社区建设的作用是一把"双刃剑"

宗族是一把"双刃剑"。宗族社会资本作为资源配置的重要手段，促进了农村社区经济发展和公共服务供给。但其负面影响也是不可否认的。

为了应对市场经济带来的风险和机遇，农村居民利用宗族社会资本，依托宗族组织，维护农村市场运转，为经济发展结伙闯市场、提供新型农业生产合作、给予资金支持以及加强农村劳动力转移，促进农村社区经济社会发展。但是也存在诸如破坏市场秩序、阻碍农民市民化、妨碍现代企业制度建立等现象。

宗族提供社区公共服务是历史的选择，也会随着历史发展而发生变化。在生产力不发达时期，农村社区很多公共服务是依靠宗族直接提供的，这关系到人类的生存与繁衍。当前，社会转型使得农村公共服务供给数量增加和结构变化，而农村地域广阔、人口众多、政府财力有限，市场供给动力不足，作为农村社区重要"内生"力量的宗族社会资本，仍然对农村社区文化、社区保障、社区基础设施和社区公共安全等公共服务供给直接和间接发挥着重要的作用。在未来一定时期，宗族的影响仍然还不会消失。同时，宗族的某些特性，也决定了其在公共服务供给方面狭隘性和有限性。

参考文献

[1] 埃佛里特·M. 罗吉斯, 拉伯尔·J. 伯德格. 乡村社会变迁 [M]. 王晓毅, 王地宁, 译. 杭州: 浙江人民出版社, 1988.

[2] 埃莉诺·奥斯特罗姆. 公共事物的治理之道 [M]. 余逊达, 陈旭东, 译. 北京: 生活·读书·新知三联书店, 2000.

[3] 奥尔森. 集体行动的逻辑 [M]. 陈郁, 译. 上海: 上海人民出版社, 1995.

[4] 奥利弗·E. 威廉姆森. 资本主义经济制度 [M]. 北京: 商务印书馆, 2003.

[5] 巴新生. 西周的"德"与孔子的"仁"——中国传统文化的泛血缘特征初探 [J]. 史学集刊, 2008 (3): 3 – 11.

[6] 伯纳德·巴伯. 信任: 信任的逻辑和局限 [M]. 牟斌, 李红, 译. 福州: 福建人民出版社, 1989.

[7] 蔡立雄. 功能转换与当代中国农村宗族制度演化 [J]. 中国经济史研究, 2010 (4): 144 – 151.

[8] 蔡青. 论宗族观念在当今农村的复兴 [J]. 重庆科技学院学报 (社会科学版), 2011 (12): 63 – 64.

[9] 蔡曙光. 农民工群体分化与市民化——基于观念层面分析 [J]. 温州大学学报 (社会科学版), 2010 (2): 41 – 46.

[10] 蔡霞. 关于民主政治建设的几点思考 [J]. 学习月刊, 2012 (3): 15 – 17.

[11] 蔡霞. 建设现代政治共同体——中国共产党执政使命的历史维度 [J]. 中国改革, 2011 (11).

[12] 曹泳鑫. 中国乡村秩序和村政发展方面存在的几个问题分析 [J]. 中共福建省委党校学报, 1999 (2): 11 – 15.

[13] 柴圣洁. 新时期台山侨乡与海外乡亲的关系 [D]. 广州: 暨南大学, 2010: 31 – 35.

[14] 常建华. 二十世纪的中国宗族研究 [J]. 历史研究, 1998 (5): 140 – 162.

[15] 常建华. 宗族志 [M]. 上海: 上海人民出版社, 1998.

[16] 常铁威. 新社区论 [M]. 北京: 中国社会出版社, 2005 (1): 42 – 43.

[17] 陈百明. 农村社区更新理念模式及其立法 [J]. 自然资源学报, 2000 (4): 102 – 103.

[18] 陈东凌. 中国农村全面小康建设研讨会综述 [J]. 浙江社会科学, 2003 (6): 191.

[19] 陈宏光. 社会管理创新的宪政思考 [J]. 河南财经政法大学学报, 2012 (1): 154 – 158.

[20] 陈建玲. 侨乡坂东虎丘黄氏宗族研究 [D]. 福州: 福建师范大学, 2004: 64, 65.

[21] 陈建胜. 城乡一体化视野下的农村社区建设 [J]. 浙江学刊, 2011 (5): 41 – 46.

[22] 陈进国. 理性的驱驰与义利的兼容——宋明理学与东南家族社会经济变迁简论 [J]. 东南学术, 2001 (6): 30 – 37.

[23] 陈其南: 家族与社会 [M]. 台北: 连经出版事业公司, 1990: 217.

[24] 陈万灵. 社区研究的经济学模型——基于农村社区机制的研究 [J]. 经济研究, 2002 (9): 57 – 66.

[25] 陈伟民. 温州人人际契约观念的产生及经济效应 [J]. 学术交流, 2008 (2): 130 – 134.

[26] 陈文婷, 何轩. 家族社会资本与创业机会识别问题探讨 [J]. 外国

经济与管理, 2008 (10): 25-31.

[27] 陈小京. 湖北农村社区建设的调查与思考 [J]. 湖北社会科学, 2008 (11): 79-80.

[28] 陈雅丽. 国外社区服务相关研究综述 [J]. 云南行政学院学报, 2007 (4): 67-72.

[29] 陈永平, 李委莎. 宗族势力: 当前农村社区生活中一股潜在的破坏力量 [J]. 社会学研究, 1991 (5): 31-36.

[30] 陈至发. 社会资本与我国民营企业家族化管理的内在逻辑 [J]. 江西农业大学 (社会科学版), 2010 (9): 96-100.

[31] 程同顺. 农民组织与政治发展 [M]. 天津: 天津人民出版社, 2006: 243.

[32] 池忠军. 社区至社会生活共同体化的规范性分析 [J]. 社会主义研究, 2010 (8): 64-68.

[33] 崔树义. 当代农村宗族问题 [J]. 发展论坛, 1996 (2): 56-57.

[34] 道格拉斯·C. 诺思. 制度变迁与经济绩效 [M]. 刘守英, 译. 上海: 三联书店 1994.

[35] 邓罡. 论公共财政在政治共同体演变过程中的影响和异化防范 [D]. 西安: 陕西师范大学, 2012: 6.

[36] 刁统菊, 孙金奉, 等. 节日里的宗族——山东莱芜七月十五请家堂仪式考察 [J]. 民俗研究, 2010 (4): 203-209.

[37] 丁钢. 社区文化: 社区矫正的门槛与酵母 [J]. 江苏大学学报 (社会科学版), 2006 (2): 46-49.

[38] 丁建军. 论封建专制文化对我国民主宪政思想的影响 [J]. 学术交流, 2005 (6): 18-21.

[39] 董永强. 零赋税时代农村公共品提供难的博弈模型分析 [J]. 现代农业科技, 2006 (2): 92-97.

[40] 杜漪. 新农村社区建设的路径选择 [J]. 当代经济研究, 2009 (8): 61-64.

[41] 段炼. 当前农村社区建设存在的问题 [J]. 边疆经济与文化, 2009 (2): 23-25.

［42］樊怀洪. 私人利益和公共利益的含义及其辩证关系 ［J］. 学习论坛，2011（2）：45-49.

［43］范烨. 基于社会资本理论视角的家族企业治理研究 ［D］. 杭州：浙江大学，2009：25-26，59-63，86-89.

［44］斐迪南·滕尼斯. 共同体与社会——纯粹社会学的基本概念 ［M］. 林荣远，译. 北京：商务印书馆，1999.

［45］费成康. 中国的家法族规 ［M］. 上海：上海社会科学院出版社，1998：228-233.

［46］费孝通. 江村经济 ［M］. 北京：商务印书馆，2001：221-232.

［47］费孝通. 江村五十年 ［J］. 江苏社会科学，1986（10）：12-19.

［48］费孝通. 社会学初探 ［M］. 厦门：鹭江出版社，2003.

［49］费孝通. 乡土中国 ［M］. 上海：三联书店，1985：1，39，58-58.

［50］费孝通. 乡土中国生育制度 ［M］. 北京：北京大学出版社，1997.

［51］冯尔康，阎爱民. 宗族史话 ［M］. 北京：社会科学文献出版社，2012：10.

［52］冯尔康. 中国宗族社会 ［M］. 杭州：浙江人民出版社，1994.

［53］冯尔康. 中国宗族史 ［M］. 上海：上海人民出版社，2009：29，31，332-338，453-454.

［54］弗朗西斯. 福山，曹义. 社会资本、公民社会与发展 ［J］. 马克思主义与现实，2003（2）：36-44.

［55］盖伊·彼得斯著，吴爱明译. 政府未来的治理模式 ［M］. 北京：中国人民大学出版社，2001.

［56］甘信奎. 新农村社区建设模式及政策推进 ［J］. 江汉论坛，2009（2）：134.

［57］甘信奎. 中国当代新农村社区建设的现实条件及路径选择 ［J］. 理论学刊，2007（1）：57-59.

［58］葛寿昌. 社会保障经济学 ［M］. 上海：复旦大学出版社，1990.

［59］桂勇，黄荣贵. 社区社会资本测量：一项基于经验数据的研究 ［J］. 社会学研究，2008（3）：122-142.

［60］郭毅，朱熹．国外社会资本与管理学研究新进展——分析框架与应用述评［J］．外国经济与管理，2003（7）：2－7.

［61］郭于华．农村现代化过程中的传统亲缘关系［J］．社会学研究，1994（6）：49－58.

［62］郭云南，姚洋，Jeremy Foltz．宗族网络、农村金融与平滑消费：来自中国11省77村的经验［J］．中国农村观察，2012（1）：32－44.

［63］何清涟．当代中国农村宗法组织的复兴［J］．二十一世纪，1993（4）：141－146.

［64］何友良．苏区农村的宗族势力及其消亡［J］．江西社会科学，1994（12）：104－109.

［65］贺雪峰，仝志辉．论村庄社会关联——兼论村庄秩序的社会基础［J］．社会学研究，2002（3）：124－134.

［66］贺雪峰．论村级负债的区域差异［J］．管理世界，2005（11）：82－92.

［67］贺雪峰．乡村治理的社会基础［M］．北京：中国社会科学出版社，2003：43.

［68］胡鞍钢，魏星．财政发展与建设社会主义新农村：挑战与策略［J］．财经问题研究，2007（5）：3－9.

［69］胡金龙．宗族势力与村民自治——以温州地区考察为例［J］．武汉理工大学学报（社会科学版），2006（5）：657－664.

［70］胡克森．孔子泛血缘化理论在五缘文化形成中的作用［J］．史学月刊，2007（6）：19－28.

［71］胡荣．村民委员会选举中影响村民对候选人选择的因素［J］．厦门大学学报，2001（1）：124－131.

［72］胡霞．日本农业扩大经营规模的经验与启示［J］．经济理论与经济管理，2009（3）：63－65.

［73］胡晓玲．东南亚华人华侨经济网络的形成、发展与转型研究［D］．武汉：中南民族大学，2008：8.

［74］胡旭晟．论法律起源于道德［J］．法制与社会发展，1997（4）：1－6.

［75］胡中生．融资与互助：民间钱会功能研究——以徽州为中心［J］．

中国社会经济史研究，2011（1）：25－32.

[76] 华琛．中国宗族再研究：历史研究中的人类学观点 [J]．广东社会科学，1987（2）：70－72.

[77] 黄世楚．宗族现代化初探 [J]．社会学研究，2000（5）：105－107.

[78] 黄宗智．中国法律制度的经济史、社会史、文化史研究 [J]．中国经济史研究，1999（2）：99－107.

[79] 黄宗智．中国乡村研究 [M]．北京：社会科学文献出版社，2005.

[80] 黄祖辉，刘雅萍．农民工就业代际差异研究——基于杭州市浙江籍农民工就业状况调查 [J]．农业经济问题，2008（10）：51－59.

[81] 贾先文，黄正泉．乡村社会结构变迁与农村社区公共产品供给体制变迁 [J]．学术交流，2009（10）：94－97.

[82] 贾先文，李周．农村社区建设中宗族社会资本作用及其机理分析 [J]．湘潭大学学报（哲学社会科学版），2015（3）：128－132.

[83] 贾先文．农村公共服务社区化研究 [M]．北京：社会科学文献出版社，2015.

[84] 贾先文．农村社区经济发展中的宗族因素分析 [J]．现代经济探讨，2014（5）：45－49.

[85] 贾先文．三重失灵：连片特困地区公共服务供给难题与出路 [J]．学术界，2015（8）：231－238.

[86] 贾先文．社会资本嵌入下公共服务供给中农民合作行为选择 [J]．求索，2010（7）：53－55.

[87] 贾先文．我国社会转型期农村社区选举中的宗族影响及对策——基于55个农村社区调查研究 [J]．湖南师范大学社会科学学报，2015（2）：57－63.

[88] 江苏省社会科学联合会调查组．构筑社会现代化的基石——江苏农村社会政治稳定的规律性探索 [J]．政治学研究，1997（4）：38－45.

[89] 江泽民．江泽民文选（第三卷）[M]．北京：人民出版社，2006：200.

[90] 蒋传宓，周良才．法治农村与农村社区建设的问题及对策 [J]．传

承，2008（1）：65－67.

[91] 金家厚，吴新叶. 社区治理：对社区失灵的理论与实践的思考[J]. 广东社会科学，2002（5）：133－138.

[92] 井世洁. 社区矫正青少年社会排斥成因初探［J］. 青少年犯罪问题，2012（4）：87－90.

[93] 臼井佐知子著，何小刚译. 徽商及其网络［J］. 安徽史学，1991（4）：18－24.

[94] 居德里. 农村社区是新农村建设的有效载体［J］. 上海农村经济，2006（9）：35.

[95] 翟学伟. 社会流动与关系信任：也论关系强度与农民工的求职策略［J］. 社会学研究，2003（1）：1－11.

[96] 康芒斯. 制度经济学［M］. 北京：商务印书馆，1994.

[97] 康树华. 社区矫正的历史、现状和重大理论价值［J］. 法学杂志，2003（9）：32－25.

[98] 科斯. 企业的性质［A］. 科斯著，盛洪等译. 企业、市场与法律［M］. 上海：上海三联书店，1990.

[99] 莱斯特·萨拉蒙. 全球公民社会非营利部门国际指数［M］. 北京：北京大学出版社，2007：27.

[100] 劳佳迪. GDP增速垫底——温州之殇［N］. 新闻晚报，2012－09－024（1）.

[101] 黎熙元. 社区建设——理念、实践与模式比较［M］. 北京：商务印书馆，2006.

[102] 李宝库. 关于社区建设的几个问题［J］. 城市街居通讯，1999（12）：4.

[103] 李斌. 网络共同体：网络时代新型的政治参与主体［J］. 中共福建委党校学报，2006（4）：6－9.

[104] 李成贵. 当代中国农村宗族问题研究［J］. 管理世界，1994（5）：184－188.

[105] 李菲. 我国农村留守儿童数量约为5800万人［EB/OL］. 新华网 http：//news. xinhuanet. com/society/2009－05/26/content_ 11438529. htm. 2009－

05 - 26.

[106] 李敢, 曹琳琳. 海外华人对华投资的一个经济社会学解读——文化传统与社会资本结合的视角 [J]. 思想战线, 2012 (1): 43 - 47.

[107] 李航. 我国转型期弱势群体社会风险管理探析 [M]. 成都: 西南财经大学出版社, 2007.

[108] 李洁瑾, 桂勇, 陆铭. 村民异质性与农村社区的信任——一项对农村地区的实证研究 [J]. 中共福建省委党校学报, 2007 (2): 53 - 56.

[109] 李锦顺, 章淑华. 农村宗族: 内涵扩散、特质及其未来 [J]. 农业考古, 2006 (6): 82 - 85.

[110] 李俊鹏. 村落社区中的宗族与派系——胶东疆村调查 [D]. 武汉: 华中师范大学, 2008.

[111] 李培林. 再论 "另一只看不见的手" [J]. 社会学研究, 1994 (1): 17 - 19.

[112] 李卿. 秦汉魏晋南北朝家族宗族关系研究 [M]. 上海: 上海人民出版社, 2005.

[113] 李文治, 江太新. 中国宗法宗族制和族田义庄 [M]. 北京: 社会科学文献出版社, 2000: 72.

[114] 李小东, 赵旭东, 叶敬忠. 乡村文化与新农村建设 [M]. 北京: 社会科学文献出版社, 2008: 276, 327.

[115] 李新春. 信任、忠诚与家族主义困境 [J]. 管理世界, 2002 (6): 87 - 93.

[116] 李旭凤. 欠发达地区农村社区建设存在的问题探析 [J]. 法治与社会, 2011 (1): 227.

[117] 李旭辉. 家族企业的优势劣势分析及发展对策 [J]. 经济与管理, 2005 (2): 27 - 29.

[118] 李学举. 社区建设大有作为 [J]. 城市街居通讯, 1998 (10): 2.

[119] 李昱娇. 农业种植生产合作的需求逻辑 [J]. 郑州大学学报 (哲学社会科学版), 2010 (6): 80 - 84.

[120] 梁启超. 先秦政治思想史 [M]. 上海: 上海书店, 1986: 40.

[121] 梁漱溟. 乡村建设理论 [M]. 上海: 上海世纪出版集团, 2006:

368 – 370.

　　[122] 梁漱溟. 中国文化要义 [M]. 北京：中华书局，1983：36.

　　[123] 林金忠. 理性经济人与主流经济理论中的假设问题 [J]. 学术月刊，2008（11）：87 – 93.

　　[124] 林南. 社会资本——关于社会结构与行动的理论 [M]. 上海：上海人民出版社，2004：1.

　　[125] 林耀华. 义序的宗族研究 [M]. 北京：生活·读书·新知三联书店，2000.

　　[126] 刘凌波. 我国政府行为的博弈分析 [J]. 数量经济技术经济研究，2003（1）：26 – 30.

　　[127] 刘三. 对新农村社区建设若干问题的思考 [J]. 安徽农业科学，2006（17）：4420 – 4421.

　　[128] 刘圣中，艾春菲. 信任：乡村社会结构变迁的社会资本基础——以江西省村落社区建设为例 [J]. 调研世界，2008（9）：14 – 18.

　　[129] 刘宗棠. 论清代宗族法规的文化内涵和社会功能 [J]. 福建论坛（人文社会科学版).2009（6）：93 – 97.

　　[130] 卢梭. 社会契约论 [M]. 何兆武，译. 北京：商务印书馆，2003.

　　[131] 鲁先瑾. 宗族的传统与现代 [D]. 郑州：河南大学，2006：2.

　　[132] 陆绯云. 宗族、民族—国家与现代性——宗族作为政治共同体在现代社会存在的空间与张力 [A]. [美] 黄宗智. 中国乡村研究·第四辑 [M]. 北京：社会科学文献出版社，2006.

　　[133] 陆相欣. 农村社会学 [M]. 郑州：郑州大学出版社，2006：157.

　　[134] 陆学艺. 内发的村庄 [M]. 北京：社会科学文献出版社，2001.

　　[135] 吕洪平. 农村宗族问题与现代化 [M]. 保定：河北大学出版社，2001.

　　[136] 吕俊平. 城镇化的新路径——城乡一体化视角下的农村社区建设 [J]. 青岛农业大学学报（社会科学版），2010（8）：25 – 28.

　　[137] 吕绍清. 乡镇企业的权力家族化合股份制改造 [J]. 经济评论，1995（2）：49 – 50.

　　[138] 吕思勉. 论文明民族与野蛮民族之消长 [J]. 中华文史论丛，

2006（1）：1 - 5.

[139] 吕思勉. 中国制度史 [M]. 上海：上海教育出版社，1985：371.

[140] 吕欣. 恢复性司法问题研究 [D]. 济南：山东大学，2005.

[141] 吕忠梅. 中国生态法制建设的路线图 [J]. 中国社会科学，2013（5）：17 - 22.

[142] 罗伯特·D. 普特南. 使民主运转起来 [M]. 南昌：江西人民出版社，2006：195.

[143] 罗理章. 论我国农村社会发展与政府角色的互动 [J]. 求索，2012（6）：146 - 148.

[144] 骆东平. 当前农村宗族的纠纷解决功能——以重庆东部某村落为例 [J]. 兰州学刊，2009（11）：168 - 171.

[145] 马克思·韦伯. 论经济与社会中的法律 [M]. 张乃根，译. 北京：中国大百科全书出版社，1998：338.

[146] 马淑文. 家族社会资本、创业导向与初创期企业成长绩效关系研究 [J]. 商业经济与管理，2011（2）：51 - 57.

[147] 买文兰. 中国农村家族势力复兴的原因探析 [J]. 华北水利水电学院学报，2001（3）：69 - 71.

[148] 毛丹. 村庄的大转型 [J]. 浙江社会科学，2008（10）：2 - 13.

[149] 门献敏. 论农村社区公益性文化建设的理论基础与战略原则 [J]. 探索，2011（1）：122 - 126.

[150] 闵政. 如何促进社区经济发展 [N]. 福建日报，2001 - 11 - 20（A2）.

[151] 明恩溥. 中国乡村生活 [M]. 陈午晴，唐军，译. 北京：中华书局，2006：116 - 119.

[152] 莫里斯·弗里德曼. 中国东南的宗族组织 [M]. 刘晓春，译. 上海：上海人民出版社，2000.

[153] 莫书有. 传统与转型：村落宗族的昨天、今天与明天 [D]. 桂林：广西师范大学，2003：10 - 11.

[154] 莫天福. 海南村落宗族对新农村建设的影响及其对策研究 [D]. 海口：海南师范大学，2011：24 - 25.

［155］帕克.城市社会学［M］.宋峻岭,译.上海:华夏出版社,1987.

［156］潘必胜.乡镇企业中的家族经营问题——兼论家族企业在中国的命运［J］.中国农村观察,1998(1):12-18.

［157］潘屹.家园建设:中国农村社区建设模式分析［M］.北京:中国社会出版社,2009:81,88-100,203-209.

［158］彭玉生.当正式制度与非正式规范发生冲突:计划生育与宗族网络［J］.社会,2009(1):37-63.

［159］皮埃尔·布迪厄.文化资本与社会炼金术——布迪厄访谈录［M］.包亚明,译.上海:上海人民出版社,1997:202.

［160］蒲晓业.村民权威认同与农村社会稳定［J］.兰州学刊,2005(3):226-22.

［161］朴元熇.明清徽州宗族史研究［M］.北京:中国社会科学出版社,2009.

［162］钱杭,谢维扬.传统与转型:江西泰和农村宗族形态［M］.上海:上海社会科学院出版社,1995:22-29,57-58,112,307.

［163］钱杭,谢维扬.宗族问题:当代中国农村研究的一个视角［J］.社会科学,1990(5):21-24.

［164］钱杭.传统与转型:江西泰和农村宗族形态——一项社会人类学的研究［M］.上海:上海社会科学院出版社,1995:26-28.

［165］钱穆.现代中国学术论衡［M］.长沙:岳麓书社,1986:203.

［166］秦晖,苏文.田园诗与狂想曲［M］.北京:中央编译出版社,1996:295-296.

［167］秦位强,吕学芳.农村政治发展视野下的宗族和宗族文化分析——以武陵山区农村为例［J］.武陵学刊,2011(3):74-78.

［168］全国老龄办.农村空巢、类空巢家庭老人状况调查［N］.天津老年时报,2009-02(4).

［169］荣超.农村社区建设须坚持"五项原则"［J］.乡镇论坛,2009(5):24.

［170］萨瓦斯.民营化与公私部门的伙伴关系［M］.周志忍,等译.北京:中国人民大学出版社,2002.

［171］塞缪尔·亨廷顿. 变化社会中的政治秩序［M］. 王冠华，译. 北京：生活·读书·新知三联书店，1989.

［172］桑德斯. 论社区［M］. 徐震，译. 台北：黎明文化事业股份有限公司，1982.

［173］沙其敏，钱正民. 中国族谱与地方志研究［C］. 上海：上海科学技术文献出版社，2003.

［174］邵明伟. 农业技术模式转换与对策探讨——以河南省欠发达平原农业区为例［J］. 河南农业科学，2011（7）：1－4.

［175］邵正坤. 北朝的宗族与社会救济［J］. 求索，2013（2）：248－250.

［176］邵正坤. 造像记所见北朝民众的佛教信仰与拟血缘群体［J］. 学习与探索，2010（1）：223－227.

［177］沈亚南. 近年来中国农村社区化治理模式研究述评［J］. 经济研究导刊，2008（15）：50－51.

［178］盛立超，白福臣. 我国农村社区建设的问题与对策［J］. 南方农村，2011（3）：43－46.

［179］盛义龙，尹利民. 共治性社区：农村社区的构建及其走向——"L村"农村社区建设的经验与启示［J］. 社会主义研究，2011（3）：70－74.

［180］史风仪. 中国古代的家族与身份［M］. 北京：社会科学文献出版社，1999：56.

［181］司林波. 农村社区建设中"被城市化"问题及其防止［J］. 理论探索，2011（2）：89－90.

［182］苏叔阳. 中国读本［M］. 北京：海豚出版社，2011.

［183］苏卫平. 明清以来徽州区域的疾病与医疗卫生体系研究［D］. 上海：上海师范大学，2009：55－58.

［184］苏宇. 关于以德治国的思考［J］. 陕西行政学院学报，2002（1）：45－46.

［185］孙本文. 现代中国社会问题［M］. 北京：商务印书馆，1947：71.

［186］孙立平. 中国传统社会王朝周期中的重建机制［J］. 天津社会科学，1993（6）：57－63.

［187］孙秋云. 南方民族地区山村的村民自治与宗族意识——以湖北西

部少数民族地区农村为例 [J]. 贵州民族研究, 2001 (4): 61 - 67.

[188] 孙先伟. 宗亲会和宗亲活动现状及对策研究 [J]. 重庆社会主义学院学报, 2011 (5): 60 - 63.

[189] 孙秀林. 华南的村治与宗族———一个功能主义的分析路径 [J]. 社会学研究, 2011 (1): 133 - 166.

[190] 孙中山选集 [M]. 北京: 人民出版社, 1981: 675.

[191] 覃德清. 壮族文化开放性特征新探 [J]. 广西师范大学学报 (哲学社会科学版), 1999 (6): 42 - 47.

[192] 单菁菁. 社区情感与社区建设 [M]. 北京: 社会科学文献出版社, 2005: 109 - 110.

[193] 谭剑. 警惕村官腐败压制村民自治 [J]. 决策探索, 2012 (9): 77 - 78.

[194] 唐力行, 苏卫平. 明清以来徽州的疾疫与宗族医疗保障功能———兼论新安医学兴起的原因 [J]. 史林, 2009 (3): 43 - 53.

[195] 唐梅. 城市化进程中转制民族社区建设研究———"常营模式"及其实践 [D]. 中央民族大学, 2011.

[196] 唐政秋. 社区社会组织参与和谐社区建设相关问题研究 [J]. 长沙民政职业技术学院学报, 2008 (4): 6 - 8.

[197] 唐忠新. 中国城市社区服务的含义和主要特征 [J]. 理论与现代化, 2004 (2): 29 - 32.

[198] 滕尼斯. 共同体与社会 [M]. 林荣远, 译. 北京: 商务印书馆, 1999.

[199] 滕玉成, 牟维伟. 农村社区建设和治理研究述评 [J]. 东南学术, 2010 (6): 85 - 94.

[200] 田伟, 任中平. 农村组织化的宗族困境及其破解 [J]. 西南农业大学学报 (社会科学版), 2011 (8): 40 - 41.

[201] 田玉麒. 转型期农村宗族势力复兴原因探析 [J]. 改革与开放, 2010 (8): 56.

[202] 汪小红. 农村社区权力关系建构: 一种善治的话语分析 [J]. 社会主义研究, 2012 (1): 105 - 109.

[203] 汪洋，汪淼. 浅析宗族在乡村治理中的作用——《义序的宗族研究》读后感 [J]. 今日南国，2010（4）：195 - 199.

[204] 汪忠列. 当代农村宗族与农村社区建设 [D]. 福州：福建师范大学，2005：3 - 5，27 - 30.

[205] 王春伟，刘云涛，郭小荣，论当代宗族对农村现代化的影响 [J]. 安徽农业科学，2009（15）：7298 - 7300.

[206] 王国敏. 中国农村：面临高层次的变革与选择 [J]. 经济体制改革，1988（5）：14 - 18.

[207] 王沪宁. 当代中国村落家族文化——对中国社会现代化的一项探索 [M]. 上海：上海人民出版社，1991：6，64，212 - 213.

[208] 王建娥. 后殖民时代移民问题的本质与政治共同体的重建 [J]. 世界民族，2004（1）：1 - 8.

[209] 王凯元，何晓波. 农村社区建设背景下农业合作组织存在的问题及解决愿景 [J]. 山东省农业管理干部学院学报，2011（1）：35 - 37.

[210] 王铭铭. 村落视野中的文化与权力——闽台三村五论 [M]. 北京：生活·读书·新知三联书店，1997：41 - 46，63 - 64，78 - 83.

[211] 王铭铭. 走在乡土上——历史人类学札记 [M]. 北京：中国人民大学出版社，2003.

[212] 王启友. 论城市社区建设中的社区自治与委托代理 [J]. 当代财经，2006（11）：24 - 27.

[213] 王秋兰. 齐氏宗亲河南新野祖根地捐建民俗文化广场 [EB/OL]. 中国新闻网，2012 - 01.

[214] 王日根. 明清东南家族文化发展与经济发展的互动 [J]. 东南学术，2001（6）：23 - 29.

[215] 王朔柏，陈意新. 从血缘群到公民化：共和国时代安徽农村宗族变迁研究 [J]. 中国社会科学，2004（1）：180 - 193.

[216] 王思斌. 经济体制改革对农村社会关系的影响 [J]. 北京大学学报（哲学社会科学版），1987（3）：26 - 34.

[217] 王望波. 改革开放以来东南亚华商在中国大陆的投资研究 [D]. 厦门：厦门大学，2004：3.

［218］王正宇. 农村社区组织领导体制建设初探 ［J］. 重庆科技学院学报（社会科学版），2011（9）：32 – 34.

［219］威廉姆森. 交易费用经济学讲座 ［M］. 经济工作者学习资料（内部资料），1987：30.

［220］韦伯. 中国的宗教：儒教与道教 ［M］. 简惠美，译. 台北：远流出版事业股份有限公司，1989.

［221］卫龙宝，凌玲，阮建青. 村庄特征对村民参与农村公共产品供给的影响研究——基于集体行动理论 ［J］. 农业经济问题，2011（5）：48 – 53.

［222］温铁军，"三农"问题与制度变迁 ［M］. 北京：中国经济出版社，2009.

［223］吴光芸，李建华. 培育乡村社会资本、促进农民合作 ［J］. 当代经济管理，2007（2）：22 – 25.

［224］吴炯. 家族社会资本、企业所有权成本与家族企业分析案例研究 ［J］. 管理学报，2013（2）：179 – 190.

［225］吴理财. 从流动农民的视角看公共产品的供给——皖、川、鄂三省问卷调查 ［J］. 华中师范大学学报，2006（3）：8 – 14.

［226］吴梅，张忠勇. 个体与集体之争——兼论集体行动的逻辑悖论 ［J］. 理论与改革，2005（6）：127 – 128.

［227］吴业苗. 农村社会转型与社区服务样式的流变 ［J］. 学术界，2013（12）：51 – 62.

［228］吴毅. 双重边缘化：村干部角色与行为的类型学分析 ［J］. 管理世界，2002（11）：78 – 85.

［229］武经伟，方盛举. 经济人、道德人、全面发展的社会人——市场经济的体制创新与伦理困惑 ［M］. 北京：人民出版社，2002.

［230］奚从清. 社区建设的几个问题 ［J］. 温州大学学报，2001（1）：3 – 7.

［231］奚从清. 社区研究——社区建设与社区发展 ［M］. 北京：华夏出版社，1996.

［232］夏民，刘同君. 契约伦理与现代法制 ［J］. 唯实，2003（3）：41 – 45.

［233］项继权.从"社队"到"社区":我国农村基层组织与管理体制的三次变革［J］.理论学刊, 2007 (11): 85 – 89.

［234］项继权.论我国农村社区的范围与边界［J］.中共福建省委党校学报, 2009 (7): 5 – 10.

［235］项继权.中国农村社区及共同体的转型与重建［J］.华中师范大学学报 (人文社会科学版), 2009 (3): 2 – 9.

［236］肖百冶.我国传统行政文化与新世纪治国方略［J］.桂海论丛, 2004 (2): 63 – 66.

［237］肖桂云, 张蓉.农村社会学［M］.北京:中国社会出版社, 2001: 83 – 84.

［238］肖茂盛.推进农村社区建设的思路与对策［J］.中国行政管理, 2007 (6): 58 – 60.

［239］肖齐.利益诉求视野中的当代农村家族［J］.经济与社会发展, 2008 (6): 15 – 17.

［240］肖唐镖.村治中的宗族:对九个村的调查和研究［M］.上海:上海书店出版社, 2001.

［241］肖唐镖.宗族、乡村权力与选举:对江西省十二个村委会选举的观察研究［M］.西安:西北大学出版社, 2002.

［242］肖唐镖.宗族与村治村选举关系研究［J］.江西社会科学, 2001 (9): 125 – 130.

［243］肖唐镖.宗族政治——村治权力网络的分析［M］.北京:商务印书馆, 2010: 70, 226.

［244］谢建社.地方权力的冲突［D］.上海:上海大学, 2005: 10.

［245］邢春冰.中国农村非农就业机会的代际流动［J］.经济研究, 2006 (6): 103 – 116.

［246］徐斌.明清鄂东宗族与地方社会［M］.武汉:武汉大学出版社, 2003.

［247］徐杰舜.人类学教程［M］.上海:上海文艺出版社, 2005.

［248］徐声响.宗族在当代村治中的自我调适和影响——以苍南为例［J］.法制与社会, 2012 (14): 216 – 217.

［249］徐晓军．城市自治社区的定位及其特征［J］．北京社会科学，2001（4）：140－145.

［250］徐扬杰．中国家族制度史［M］．北京：人民出版社，1992.

［251］徐勇．城乡社区建设概论［M］．武汉：湖北科学技术出版社，2008.

［252］许建苏．关于健全河北省新型农村社会养老保险的思考［J］．河北学刊，2013（4）：102－104.

［253］许烺光．宗族·种姓·俱乐部［M］．北京：华夏出版社，1990：7，64.

［254］许晓芸．试析农村社区分化的原因及对策［J］．内蒙古农业大学学报（社会科学版），2009（6）：42－44.

［255］约翰斯顿．人文地理学词典［Z］．柴彦威，译．北京：商务印书馆，2004.

［256］杨复兴，梁君林．家庭组织的演变和重建家庭保障制度［J］．云南社会科学，2004（4）：74－77.

［257］杨平．湛江农村家族宗法制度调查［J］．战略与管理，1994（1）：81－85.

［258］杨善华，侯红蕊．缘、姻缘、亲情与利益——现阶段中国农村社会中"差序格局"的"理性化"趋势［J］．宁夏社会科学，1999（6）：51－58.

［259］杨团．社区公共服务论析［M］．北京：华夏出版社，2002.

［260］杨团．医疗卫生服务体系改革的第三条道路［J］．浙江学刊，2006（1）：37－47.

［261］杨雪冬．社会资本：对一种新解释范式的探索［J］．马克思主义与现实，1999（3）：52－60.

［262］杨迅．农村社区化：农村改革发展的模式取向［J］．山东省农业管理干部学院学报，2008（5）：1.

［263］杨中领，沈春光．宪政维度下村民宗族思想对村民自治的影响研究［J］．求索，2011（7）：130－131.

［264］叶齐茂．欧盟十国乡村社区建设见闻录［J］．国外城市规划，2006（4）：109－113.

［265］殷妙仲，高鉴国．社区社会工作：中外视野中的交流［M］．北京：中国社会科学出版社，2006（3）：27－28.

［266］尹旦萍．农村群体性事件应对中的社会动员策略——以"石首事件"后期的成功处置为例［J］．福建行政学院学报，2011（3）：11－14.

［267］于建嵘．要警惕宗族势力对农村基层政权的影响［J］．江苏社会科学，2004（4）：7－9.

［268］余坤明．如何确定社区的地域边界［J］．中国民政，2007（2）：47.

［269］俞可平．治理和善治引论［J］．马克思主义与现实，1999（5）：37－41.

［270］俞可平．中国农村民间组织与治理的变迁——以福建省漳浦县长桥镇东升村为例［A］．俞可平．中国公民社会的兴起与治理的变迁［C］．北京：社会科学文献出版社，2002.

［271］郁大海．政治伦理化与伦理政治化——我国传统德治理论与实践剖析［J］．理论学刊，2003（1）：56－59.

［272］元廷植．明末清中期闽南的市场和宗族［A］．第七届明史国际学术讨论会论文集［C］．长春：东北师范大学出版社，1999：206－214.

［273］袁德．社区文化论［M］．北京：中国社会出版社，2010：58－61.

［274］袁红丽．清代宗族组织调处的社会效力［J］．历史教学（高校版），2009（3）：63－67.

［275］袁霓．老人健康因素对子女劳动力迁移的影响——基于中国农村的证据［J］．求实，2011（2）：126－127.

［276］约翰·R.迈耶，约瑟·A.戈曼兹－伊伯尼兹．走向民营化：交通运输业民营化的国际经验［M］．曹钟勇，译．北京：中国铁道出版社，2000.

［277］约翰·密尔．论自由［M］．北京：商务印书馆，1982.

［278］岳庆平．家族文化与现代化［J］．社会科学战线，1994：107－117.

［279］詹姆斯·S.科尔曼．社会理论的基础［M］．北京：社会科学文献出版社，1999：366.

［280］詹姆斯·布坎南．民主进程中的财政［M］．上海：上海三联书店，1992.

[281] 张广利. 社会生活共同体就是社区组织吗 [N]. 解放日报, 2007 - 11 - 01 (2).

[282] 张广修. 村规民约的历史演变 [J]. 洛阳工学院学报 (社会科学版), 2000 (2): 25 - 29.

[283] 张华. 农民合作经济组织发展路径分析及其出路 [J]. 江海纵横, 2011 (7): 32 - 35.

[284] 张景峰. 村规民约与农村社区法治建设 [J]. 洛阳工学院学报 (社会科学版), 1999 (6): 9 - 11.

[285] 张莉. 网络人际中的信任产生机制 [J]. 重庆图情研究, 2006 (2): 27 - 29.

[286] 张铭. 乡土精英治理: 当下农村基层社区治理的可行模式 [J]. 兰州大学学报社会科学版, 2008 (1): 11.

[287] 张善斌. 试论社会转型时期中国传统宗族文化与农村社会发展 [J]. 中共福建省委党校学报, 2002 (3): 34 - 38.

[288] 张少卿. 论宪法是政治共同体的自发秩序 [J]. 中南财经政法大学研究生学报, 2007 (6): 114 - 118.

[289] 张为波. 宗族在乡村社会整合中的作用——基于江西省江南村的个案研究 [D]. 华中师范大学政治学研究院, 2011: 6 - 7.

[290] 张五常. 中国的经济制度 [M]. 北京: 中信出版社, 2009.

[291] 张先清, 詹石窗. 传统礼制与民间价值观的区域整合——明清东南民俗精神内涵及其与经济发展的关系 [J]. 东南学术, 2001 (6): 16 - 22.

[292] 张兴杰. 农村社区建设与管理研究 [M]. 广州: 华南理工大学出版社, 2007: 23.

[293] 章友德. 论清代宗族制对商品经济的影响 [J]. 华东师范大学学报 (哲学社会科学版), 1995 (5): 44 - 49.

[294] 折晓叶. 村庄的再造 [M]. 北京: 中国社会科学出版社, 1997: 88 - 89.

[295] 郑定, 马建兴. 论宗族制度与中国传统法律文化 [J]. 法学家, 2002 (2): 19 - 30.

[296] 郑功成. 社会保障学 [M]. 北京: 商务印书馆, 2000.

[297] 郑杭生，潘绥铭．社会学概论新修［M］．北京：中国人民大学出版社，1999（7）：226－227．

[298] 郑杭生．中国社会学百年轨迹［J］．东南学术，1999（5）：87－96．

[299] 钟灵．福建省 X 乡宗族社会救助研究［D］．沈阳：东北大学，2009：51－52．

[300] 周良才，胡柏翠．农村社区建设与建设社会主义新农村之间的关系［J］．广西社会科学，2007（2）：6－10．

[301] 周致元．明代徽州官府与宗族的救荒功能［J］．安徽大学学报，2006（1）：107－112．

[302] 朱健刚．论基层治理中政社分离的趋势、挑战与方向［J］．中国行政管理，2010（4）：39－42．

[303] 朱康对，黄卫堂，任晓．宗族文化与村民自治——浙江省苍南县钱库镇村级民主选举调查［J］．中国农村观察，2000（4）：64－69．

[304] 朱巍巍．建立现代社会组织体制：社会建设和社会体制改革的重要目标——建立现代社会组织体制专家座谈会综述［J］．中国民政，2013（1）：21－26．

[305] 朱又红．我国农村社会变迁与农村社会科学研究述评［J］．社会学研究，1997（6）：44－54．

[306] Anders, J. M., Nee, V. Immigrant self-employment: The family as social capital and the value of human capital ［J］. American Sociological Review, 1996, 61 (2): 231－242.

[307] Anne F. Thurston. Muddling toward Democracy: Political Change in Grassroots China ［M］. Washington: United States Institute of Peace, 1998.

[308] Baker H. D. R. Extended Kinship in the Traditional City. In G. W. Skinner (eds.). The City in late imperial China ［M］. Stanford: Stanford University Press, 1977: 499－518.

[309] Barney, J. B., Clark, D., Alvarez, S. Where does entrepreneurship come from? Network models of opportunity recognition and resource acquisition with application to the family firm ［R］. Paper Presented at the Theories of the Fam-

ily Enterprise Conference, University of Pennsylvania, Philadelphia, 2003.

[310] Buchanan J. The Theory of Publis Choice [M]. Michigan: The University of Michigan Press, 1972: 5 – 22.

[311] Cheung S N S. The Contractual natural of the firm [J]. Journal of Law and Economics, 1983, 26 (1): 1 – 21.

[312] Coleman J. S. Foundations of social theory [M]. Cambridge: Belknap Press of Harvard University Press, 1990.

[313] Delgado M. Community social work practice in an urban context [M]. New York: Oxford University Press, 2000.

[314] Dolfin S, Genicot G. What Do Networks Do? The Role of Networks on Migration and 'Coyote' Use [J]. Review of Development Economics, 2010, 14 (2).

[315] Dunham H W. Community and Schizophrenia: An Epidemiological Analysis [M]. Michigan: Wayne State University Press, 1965.

[316] Goldberg V. Relation Exchange: Economics and Complex Contracts [J]. American Behavioral Scientist, 1980, 23 (3): 337 – 352.

[317] Granovetter M. , Economic Action and Social Structure: The problem of Embedd-edness [J]. American Journal of Sociology, 1985, 91 (6): 17 – 58.

[318] Granovetter M. The strength of weak ties [J]. American Journal of Sociology, 1973 (6): 1360 – 1380.

[319] Hardin G. The Tragedy of the Commons [J]. Science, 1968: 162.

[320] Harpham T. The Measurement of Community Social Capital Through Surveys [M]. New York: Springer, 2007.

[321] Harvey J H. What Can the Family Contribute to Business Examining Cont Ractual Relationships [J]. Family Business Review, 1999, 12 (1): 612 – 621.

[322] Hsu F L K. Clan, Caste and Club [M]. New York: Van Nostrand Reinhold Company Press, 1963.

[323] James H S. Jr. What can the family contribute to business? Examining contractual relationships [J]. Family Business Review, 1999, 12 (1): 61 – 71.

［324］Kinnan, Cynthia, Townsend, Robert M. Kinship and Financial Network, Formal Financial Access and Risk Reduction, working paper, http: //www. ingentaconnect. com/content/ea/aer/2012/00000102/00000003/art00049, 2010.

［325］K. Arrow, The Limits of Organization ［M］. New York, Norton, 1974: 71.

［326］Lane R P. The Field of Community Organization, Proceedings of National Conference of Social Work, Buffalo, 1939, New York: Columbia University, 1939.

［327］Lily, Tsai. Cadres, Temple and Lineage Institutions, and Governance in Rural China ［J］. The China Journal, 2002 (7): 1 – 27.

［328］Linklater A. Men and Citizens in the Theory of International Relations ［M］. London: MacMillan Press, 1982: 28 – 32.

［329］Lochner K. Social Capita: A Guide to Its Measurement Italy ［M］. Health & P lace, 1999.

［330］Munshi K. Rosenzweig M. Why is Mobility in India So Low? Social Insurance, Inequality, and Growth ［D］. NBER working paper, No. 14850, 2009.

［331］Nahapiet J, Ghoshal S. Social capital, intellectual capital, and organizational advantage ［J］. Academy of Management Review, 1998, 23 (2): 242 – 268.

［332］North D C. Institutions, Institutional Change and Economic performance ［M］. Cambridge (UK) and New York: Cambridge University Press, 1990.

［333］Oliver E. Williamson. Transaction – Cost Economics: The Governance of Contractual Relations ［J］. Journal of Law and Economics, 1979 (2).

［334］Olson M. The Rise and Decline of Nations: Economic Growth, Stagflation and Social Rigidities ［M］. New Haven, Conn. : Yale University Press, 1982.

［335］Ostrom V, Tiebout C, Warren R. The Organization of Metropolitan Areas: A Theoretical Inquiry ［J］. American Political Science Review, 1961, 55 (4).

［336］Peng Y. Kinship Networks and Entrepreneurs in China's Transitional

Economy [J]. American Journal of Sociology, 2004, 109 (5): 1045 –74.

[337] Portes A, Landolt P. The Downside of Social Capital [J]. The Aineri-can ProsPect, 1996, (26): 18 –21.

[338] Putnam R D. Making Democracy Work: Civic Traditions in Modern It-aly [M]. Princeton: Princeton University Press, 1993.

[339] Redding S G. Weak Organizations and Strong Linkages: Managerial Ideology and Chinese Family Business Networks In Hamilton, G. (ed.), Busi-ness Networks and Economic Development in East and Southeast Asia [C]. Hong Kong: University of Hong Kong, 1991: 30 –47.

[340] Ross M. Community Organization: Theory, principle and Practice [M]. New York: Harper and Row, 1973: 39.

[341] Rothman J. Strategies of Community Intervention [M]. 6th Edi-tion. Itasca IL: F. E. Peacock Publishers, 2001.

[342] Stinner, William F, Van. Loon M Community Size Individual Social Position, and Community Attachment [J]. Rural Sociology, 1990: 55.

[343] Sundaramurthy C. Sustaining Trust Within Family Businesses [J]. Family Business Revie, 2008, 16 (1): 89 –101.

[344] Tsai L L. Accountability Without Democracy: Solidary Groups and Public Goods Provision in Rural China [M]. Cambridge: Cambridge University Press, 2007.

[345] Tsai L L. Solidary Groups, Informal Accountability, and Local Public Goods Provision in Rural China [J]. The American Political Science Review, 2007 (5).

[346] Wong S L. The Applicability of Asian Family Values to Other Socialcul-tural Settings [A]. P. Berger and H. M. Hsiao (ed). In Search of an East Asian Development Model [C]. New Brunswick N. J. : Transaction Books, 1988: 146.